北京市教委人文社科类项目、
北京青年政治学院学术创新团队成果

『左传』之礼研究

杨茂义 著

中国社会科学出版社

图书在版编目(CIP)数据

《左传》之礼研究 / 杨茂义著 . —北京:中国社会科学出版社,2015.3
ISBN 978 - 7 - 5161 - 5169 - 3

Ⅰ. ①左… Ⅱ. ①杨… Ⅲ. ①《左传》- 研究②礼仪 - 研究 - 中国 -
古代 Ⅳ. ①K225. 04②K892. 9

中国版本图书馆 CIP 数据核字(2014)第 279697 号

出 版 人 赵剑英
责任编辑 任 明
特约编辑 李晓丽
责任校对 石春梅
责任印制 何 艳

出 版 中国社会科学出版社
社 址 北京鼓楼西大街甲 158 号
邮 编 100720
网 址 http://www.csspw.cn
发 行 部 010 - 84083685
门 市 部 010 - 84029450
经 销 新华书店及其他书店

印刷装订 北京市兴怀印刷厂
版 次 2015 年 3 月第 1 版
印 次 2015 年 3 月第 1 次印刷

开 本 710×1000 1/16
印 张 13
插 页 2
字 数 215 千字
定 价 55.00 元

凡购买中国社会科学出版社图书,如有质量问题请与本社营销中心联系调换
电话:010 - 84083683

内容提要

　　本书以《左传》之礼为核心，从史学和子学的两个视角为切入点，分析了礼学思想对《左传》叙事的影响，说明子学时代的历史叙事子学化和政治化倾向。其次是分析了《左传》德礼一体的精神结构，为《左传》之礼的基本精神定位。三是围绕君臣伦理讨论《左传》之礼，从君臣这一礼文化的核心问题审视《左传》礼文化的特点。四是通过霸主政治与霸主之礼分析了《左传》之礼的特殊性。五是分析《左传》宗法伦理与《左传》之礼的关系以及宗法制下移对礼的影响和《左传》。此后各章均为具体礼仪行为的研究，重点涉及《左传》中的祭祀之礼、军礼、朝聘会盟之礼、丧葬之礼和婚姻礼仪等，在客观梳理礼仪行为的同时，也剖析了《左传》特有的礼学精神。

目　录

上　　篇

绪　论

　　中国礼文化是一个极其复杂而又有丰富文化内涵的历史存在。礼作为人类交往过程中的仪式化行为，存在于全人类。但是，在中国，礼有着特殊的内涵和功能。中国古代礼文化经历了从一开始的纯粹的礼仪行为到与政治制度关联的过程，最终成为政治制度立法的重要依据。由此，礼就不再属于简单的人与人或人与神的交往礼仪，而变成了与制度文化息息相关的伦理规范。礼将家与国、个人与国君连成了一个整体，试图以超强的伦理功能完成对个体和社会秩序的整合，由此形成了以伦理治国的伦理政治体系。礼的功能被不断放大。正如《礼记》所言，礼不仅可以"定亲疏，决嫌疑，别异同，明是非"，更是构建秩序世界不可缺少的条件："道德仁义，非礼不成，教训正俗，非礼不备。分争辩讼，非礼不决。君臣上下，父子兄弟，非礼不定。宦学事师，非礼不亲。班朝治军，莅官行法，非礼威严不行。供给鬼神，非礼不诚不庄。"礼是中国文化的核心。研究礼文化，是研究中国文化的关键。

　　礼与政治的结合是礼文化发展的关键阶段，它定型于宗周时期，在春秋战国时期被改造并进一步理论化、系统化。春秋战国时期礼崩乐坏的社会局面，既让宗周社会的礼乐文明走向瓦解，也让礼文化获得了重建的机会。正因为礼崩乐坏，才有春秋时期掀起的学礼尊礼的浪潮。礼文化没有能够阻止社会的进一步解体，却也刺激了一些思想者对礼的重新思考。在子学时代独立思考、百家争鸣学术氛围中，礼文化也被注入了新的理论和思想，促进了礼学思想的成熟。儒家尊礼，孔子、孟子、荀子是让礼学思想系统化的代表人物。此时，重要的礼学著作"三礼"被加工改造，为儒家思想与主流政治的结合创造了条件。在儒家思想的推动下，历史著述也掺杂了礼学思考，从另一个角度丰富了礼学内容。"春秋三传"乃至《国语》等历史著作都与礼有关。《左传》的礼学色彩尤为浓厚。汉郑玄认为："左氏善于礼，公羊善于谶，谷梁善于经。"《左传》既是史书，同时也是礼书。

《左传》善于礼，是子学精神对历史叙事影响的结果。春秋战国之交私人治史现象的出现绝非纯粹的历史学事件，它与当时历史变动激发的忧患意识密切相关。思想者们试图从对历史的审视中，寻找社会发展的来龙去脉，孟子说孔子治《春秋》的目的是要使"乱臣贼子惧"，就说明了治史的政治意图。《左传》也不是完全意义上的信史。《左传》作者一方面以史家的客观态度记录了春秋时期诸侯争霸的动荡历史，另一方面则以思想者的姿态对是非成败作出了评价并有选择地进行了历史叙事。礼成为左右《左传》历史叙事的重要因素。《左传》总是将对重大历史事件的展开和礼联系起来，礼与非礼成为《左传》历史判断的标准，礼仪形式无处不在。《左传》将礼和春秋时期霸主政治的现实联系起来，表现出与孔子、孟子、荀子等人既相似又不同的特征，显示出独特的礼学倾向。在这个意义上，《左传》之礼是春秋战国时代礼学发展过程中不应忽视的内容。研究《左传》之礼，既是对《左传》本身的礼文化面貌的观察，同时，在礼学思想研究方面，也具有"史"的意义和价值。

《左传》研究已经有近两千年的历史，《左传》研究成为一个独立的研究方向。但是，在很长的历史时期内，《左传》之礼并没有被当作一个独立的对象加以研究，但这并不意味着《左传》之礼被人完全忽略，《左传》中的礼学因素也一直受到古人的关注，由此也显示出礼在《左传》研究中不可缺少的地位并启示着后人。

《左传》发现于汉代，其礼学内容当时就为人所关注。汉代是礼学思想集大成的时代。汉武帝采纳了董仲舒的意见，"罢黜百家，独尊儒术"，使礼乐文化重新进入了庙堂世界。经学正统地位的确立也为礼学的发展创造了条件。礼不仅在制度上成为汉代治国的重要依据，而且在学理上亦得到了充分的总结。大小戴礼促使《礼记》精致化，郑玄对三礼的注释成为礼学发展的重要里程碑。《左传》中丰富的礼学内容，一直是古文学派争取官学地位的重要依据。刘歆是推动古文经学进入官学的始作俑者，在《七略》小序中他强调了《左传》与礼乐文化的关系。他认为《左传》与礼经相通，是孔子与左丘明"观其史记，据行事，仍人道，因兴以立功，就败以成罚，假日月以定历数，借朝聘以正礼乐"的结果。后汉郑玄则指出"左传善于礼"。贾逵向汉章帝上奏时也说认为"《左氏》皆君臣之正义，父子之纪纲"，与《公羊》比，"《左氏》义深于君父，《公羊》多任于权变，其相殊绝，固以甚远"，"《左氏》崇君父，卑臣子，强干弱枝，劝善戒恶，至明至切，至直至顺"（《后汉书·郑范陈贾张列传》）。古文学派的观点遭到今文学派的反击，形成旷日持久的今古文之争。其实，今文学派和古文学派关于《左传》的论争都围绕着《左传》是否为《春秋》作传和《左传》是不是在传达圣人之言展开的，其所彰显的内容不离君臣伦理，在这个意义上说，今古文之争也充满礼学内容。只是这些争议被经学思维束缚。一是为争正统常以公羊学派的观点解释《左传》，二是因对经的捍卫忽略了史的记事，也忽略了史书创作者的立场。

　　魏晋时期的社会动荡使儒学遭到了重创，经学不再拥有汉代那样的意识形态乃至学术上的统治地位，个人注疏成为研究的重要方式，这也为经学研究由政治走向学术创造了条件，对《左传》之礼的探究也显示出新气象。首先展现这一气象的是杜预。杜预著有《春秋左传集解》和《春秋释例》，他自创体系，提出五十凡之说，认为春秋经中存在着凡例和变例，凡例变例都和圣人之言有关。其义例说也多与礼法有关。他认为："发凡以言例，皆经国之常制，周公之垂法，史书之旧章。"因此，"凡例乃周公所治礼经也"（见孔颖达《春秋左传正义》，北京大学出版社2000年版）。其《春秋释例》以五十凡为条贯，对于《春秋》《左传》的有关义例进行分类归纳，现存四十三条主要内容都与礼有关。杜预打破了公羊学派过度解读《春秋》《左传》的历史旧套，重新解释《左传》。但在倾向上依然愿意将《左传》与圣人之言捆绑在一起。杜预坚信左氏深得《春秋》大义，故"专修丘明之传以释经"，五十凡明确地反映出他试图将《左传》与圣人之言打通的动机。尽管如此，其左传学自成一家，对后世影响深远。就礼学而言，其义例说客观上展现了《春秋》《左传》的礼学面貌，为后世研究《左传》及其礼学思想提供了重要的理论参考和学术资源，其学术价值是不可取代的。

　　杜预之后，值得注意的是隋刘炫和唐孔颖达。刘炫注疏《春秋左氏传述义》、《春秋左传杜预集解》。他对春秋左传注疏的成就主要表现在他遍涉汉学各家，并对杜预的观点进行补正，尤其是对杜预著作中附和公羊学派的尊王观点进行了质疑，提出"王正月"之类的记事并非都属于礼法，颇有新意。唐代将《左传》列入"九经"，高宗年间颁布了五经正义，经学又回到官学。唐孔颖达研究过《左传》，主持过经传注疏，但方法也是将《春秋》《左传》合一，在尊崇汉学的立场指导下，坚持"疏不破注"，并将杜预的观点视为权威，创新不多。

综观唐以前的经传以及《左传》之礼的研究，可见其在疏证和归类方面做出了极大的贡献。但是，受经学影响，在经传的关系上，多数人都采用以经解传的方式，忽略了传自身的独立性和史学特征。在礼的研究上，传所呈现的历史面貌和思想观点也没有得到充分重视。这一点，在中唐后有所改变。啖助、赵匡等人开舍经求传之风，虽有些矫枉过正，但也改变了经传研究中尊经的传统。宋代学术最深刻的变革就是用以义理探寻为中心的宋学取代以注疏为中心的汉学。在此基础上，宋人大胆疑古自创新说，进而形成对理学的热衷，人们对经学的兴趣逐渐减弱。《左传》研究并非宋代学术热点。值得一提的有张大亨的《春秋五礼列宗》。张大亨正式对《春秋》和《左传》中的礼制进行分类总结，具有一定的开创性。孙复、刘敞、吕祖谦等对《左传》也各有见识。其中值得注意的是，宋人打破了经传一体的成见，认为经是经、传是传，《左传》叙事具有自己的独立性。同时，许多学者进一步确认了《左传》的史书地位。如朱熹认为："左氏是史学，公羊谷梁是经学。"（《统论三传》卷五十七）叶梦得也认为《左传》"传事不传义"。从唐刘知几将《左传》从经学中剥离出来，还原其史书性质后，不少人都强调《左传》的史书性质，对《左传》史书性质的认定确实为《左传》研究开辟了新天地。人们可以从经学之外审视《左传》的思想，从而产生独立的思想和见解。宋人在研究《左传》之礼时能够从文本自身出发评价《左传》的立场。如吕祖谦在其《东莱博议》中就从礼学角度批评《左传》有不明君臣之礼之处，对周郑交质的记事态度就是如此。按照正统观点，吕的观点也不无道理。但是，宋人"六经注我"的学术精神在其中特别明显，其内容多为以历史事件借题发挥，一事一议的体例除了突出国家政治问题外，诸多内容是将历史事件和官场文化结合，成了为官之道的教科书。义例是《左传》礼学思想的重要呈现者，宋儒抛弃义例任性发挥，也影响了他们治史的眼光。这种治学方法为清人讥为空谈义理。就《左传》之礼而言，除张大亨遵循汉学进行文献整理外，宋人对《左传》之礼的关注亮点不多。

元明时期经学进入低谷。元人吴澄、明人石光霁对《左传》之礼有所关注。明代科举兴盛，修八股文成为读书的导向，加上统治者对五经的排斥，经学在明代较为黯淡。顾炎武在《日知录》中将八股对经史之学的伤害和秦始皇焚书坑儒等同，认为："八股盛而六经微，十八方兴而二十一史废。"（《日知录》卷十六）

清朝立国后，经学迎来了复兴时期。《左传》之礼也在清朝得到较为系统的研究。清代经学复兴基于三方面原因。一是清初一些文人深受亡明灭国苦痛的刺激，在反省历史中痛感八股虚妄误国，排斥宋明理学，将读经学史视为经世致用之学，由此兴起修读经史的热潮。钱穆因此认为"清代汉学激起于八股"。（《中国近三百年学术史》，商务印书馆 1997 年版，第 115 页）二是清朝统治者对经史有浓厚兴趣，也视经史为实学，并将经学纳入科举考试的内容，刺激了经学的复兴。三是在此基础上，乾嘉时期汉学勃兴，经史成为学者治学的主要内容，这也为清朝经史研究奠定了学术基础。此外，晚清知识分子借托古改制谋救亡图存，则在晚清掀起了经学研究的新高潮。清朝经学复兴有鲜明的时代特点。基于经世致用的目的，前清学者推崇汉学排斥宋学，对经学的定位是亦经亦史，六经皆史的说法为多数人接受，方法上是多以汉学为基础寻求义理，又不像汉学那样拘泥于圣人之言。同时他们也寓义理于疏证之中，避免了宋学之空衍，与晚清公羊派借题发挥的做法有较大不同。《左传》之礼逐渐成为较为独立的研究对象，以礼治经传成为普遍现象。清初惠士奇、毛奇龄、顾栋高对礼制内容进行分类归纳。惠士奇的《春秋说》十五卷"以礼为纲，而纬以春秋之事，以类相从，约取三传附于其下"，对春秋经传中礼的关注的意识更为自觉。顾栋高的《春秋大事表》对春秋礼制的概括较为全面，为后人研究《左传》之礼留下了宝贵的资源。早期乾嘉学派对《左传》之礼非议较多，以为《左传》不得《春秋》之精髓，对《左传》之礼也多加挑剔。惠栋有《春秋左传补注》，专纠杜预之错，对礼的考述较多。到了乾嘉后学时期，刘文淇家族一改前辈的否定态度，第一次将《左传》之礼作为较为独立的研究对象，对《左传》之礼进行了全面疏证。刘氏家族从刘文淇始到其子刘毓崧、其孙刘寿曾一家三代致力于经学，一直影响到后人刘师培，在经传研究上坚守家法又博采众长，成就不凡。刘师培在总结其家族经传研究时将《左传》研究重点列为礼、例、事三端。刘文淇家族的疏证实际上也是围绕这三端展开的。刘文淇的《春秋左氏传旧注疏证》以礼为疏证标准，以汉儒旧注为基础，在梳理旧注的过程中，结合《左传》原著提出自己的看法，以史实明礼义，以礼作褒贬，力图还原《左传》中礼仪制度的本来面目，并将目标指向对周代礼仪制度的探寻。《疏证》将《左传》之礼、周礼和旧注结合在一起，内容丰富，结构宏大。该书原稿多散佚，现仅见部分残稿，但是其对《左传》之礼的研究最为专业，水平也高。晚清刘师培、章太炎等对《左传》之礼有一定研究，但在深度广度上皆不及刘文淇及其子孙。

　　以上简单的梳理说明了礼一直就是《左传》学研究中不可缺少的内容。但是，必须看到，古代经传研究，都不同程度地附着于政治与皇权，这一态势必然使研究为政治所左右。进入现代社会以后，经传不再有原来的地位，经传研究摆脱了政治依附，这也为经传研究的学术化创造了条件。民国以来，随着新理论、新方法的应用，《左传》研究跨越了为帝王师和辞章义理的考释阶段，进入了理论化和系统化研究的新时期，与《左传》之礼有关的论著也不断出现。但是，这些研究除了应用新理论将研究整体化外，没有将《左传》之礼作为独立的研究内容。《左传》之礼的相关内容依然附着于整个礼文化的研究或者其他相关研究的框架中。比如，著作方面，1924 年张心澂的《春秋国际公法》一书研究春秋时期诸侯各国之间的交往，内容涉及到《左传》中的朝聘会盟之礼，但《左传》的相关内容依然是说明各国外交行为的论据。当代学者杨向奎的重要研究成果《宗周社会与礼乐文明》、陈成国的《中国礼制史》（先秦卷）、晁福林的《春秋时期的"诅"及其社会影响》都有很高的学术水平，但也没有结合《左传》的具体语境去讨论礼仪行为。近年来，将《左传》之礼作为独立研究对象的文章开始出现。如王春阳的《〈左传〉吉礼研究》、段正开的《论春秋战争之礼与军事文化——以〈左传〉为中心》、孙庆伟的《〈左传〉所见用玉事例研究》等文章都属此类。《左传》的独立价值开始受到重视。但是，这些讨论也大多针对五礼分门别类地展开，与《左传》的整体语境及春秋历史结合略有不足。《左传》之礼研究需要更深入更全面的研究视野。

　　本课题将《左传》之礼作为研究对象，试图对《左传》之礼做初步的研究。取名"《左传》之礼研究"是因为所涉及内容既有《左传》叙事者的主观立场，也有一些并非叙事者立场的客观礼仪规范。《左传》成书于百家争鸣的子学时代，深受子学时代独立思考的历史精神影响，这使得历史叙事也变为其表达其政治观念的载体。基于这一事实，本书主要从史学的角度出发，结合其中的叙事倾向对《左传》之礼展开论述，并将春秋时期的政治变动和文化环境作为论述展开的背景线索，同时顾及到《左传》作者的主观倾向。一是从子学时代的文化精神作为切入点，说明子学时代的历史叙事的子学化和政治化倾向，为《左传》叙事的主观性寻找依据。二是探讨《左传》的伦理政治立场，确立《左传》之礼的立足点和政治维度，并从史的角度分析《左传》之礼对历史的传承和损益。三是探讨《左传》德礼一体的精神结构，为《左传》之礼的基本精神定位。四是围绕君臣伦理讨论《左传》之礼，从君臣这一礼文化的核心问题审视《左传》礼学精神的特点。五是通过《左传》对霸主之礼的态度分析《左传》在普遍伦理和角色伦理之间的徘徊中的矛盾立场。六是分析《左传》宗法伦理与《左传》之礼的关系。主要涉及到宗法制下移对礼的影响和《左传》的态度。此后各章均为具体礼仪行为的研究。重点涉及祭祀之礼、军礼、朝聘会盟之礼、丧葬之礼和婚姻礼仪等。在客观展示礼仪行为的过程中，特别关注了政治因素对礼仪行为的影响以及《左传》在礼仪叙事中的主观立场。

　　研究《左传》之礼是一次冒险。杨伯峻先生说："《春秋》经传，礼制最难。"这是因为原始的周礼失传使《左传》之礼研究失去了权威的参照，致使人们在梳理周礼与《左传》的传承关系时找不到清晰的历史脉络，其次是《左传》作为对《春秋》进行解经作传的著作，非纯粹的礼书，因此，它对于礼的表述基本上是根据解经作传的需要有选择地进行的，缺少"三礼"那样的完整性、体统性，且在内容上也与"三礼""有合有不合"，把握起来比较困难。本人虽然有研究热情，但是对问题的研究刚刚起步。从学术研究的角度看，本书的欠缺也是显而易见的。一是对《左传》之礼研究历史没有进行全面分析，二是缺少对历代研究观点的吸纳，在文献学的利用上明显不足。三是对材料分析多有先入为主的强制性阐释，对许多问题把握得也不够准确。此外，《诗》与礼的关系也是《左传》礼学思想呈现的重要内容，它甚至可以从一个侧面说明礼乐文化的转折性变化。由于课题时间等原因，这一内容也没有来得及研究，实属遗憾。本书成果只是对问题的初步的基本的梳理。其中不少缺点错误，恳请方家提出批评。

上　篇

第一章

礼与《左传》叙事的基本精神

一 子学时代的历史叙事

所谓子学时代是指中国古代春秋战国时期百家争鸣的历史时期。子学时代在学术意义上是以私人著述和思想文化流派众多为标志的。章学诚在《文史通义》中说过："古未尝有著述之事也，官师守其典章，史臣录其职载。文字之道，百官以之治，万民以之察，而其用已备矣。是故圣王书同文以平天下，未有不用之于政教典章，而以文字为一人之著述者也。道不行而师儒立其教，我夫子之所以功贤尧舜也。"①

章学诚的概括比较清晰地描述了上古时期中国文化思想著述由官学到私人著述转变的轨迹，并指出"道不行而师儒立其教"是私人学术兴起的基本原因。从历史背景上看，"道不行"的出现和宗周宗法制国家解体、社会伦理失范密切相关。春秋之前，宗周社会通过周公制礼，实行宗法分封制，实现了天下的大一统。周天子处在"普天之下，莫非王土，率土之滨，莫非王臣"的权力顶端，控制着天下，从而将文明带入了相对统一的礼乐文化氛围中。但是，这种大一统的美好景象随着周王朝的衰败而改变。天子失位，诸侯与天子离心离德，礼仪征伐自诸侯出，历史进入了诸侯争霸时代。宗周时期的思想观念和政治观念已经无法适应新的时代。社会需要新理念、新思想和新制度。以前，思想文化的话语权在以天子为核心的贵族阶级那里，就像他们控制天下一样。所谓学在官府，就是贵族阶级才拥有文化思想的生产权、学习权和传播权。思想传播和政治控制一样都是自上而下的。而贵族阶级的思想也是以天子的意志和所谓上天

---

① 章学诚：《文史通义·诗教上》，辽宁教育出版社 1980 年版。

的意志展开的，其基本思想就是向天下宣示"普天之下，莫非王臣"的权力意志。记载着当时统治阶级言论的《尚书》内容不过都是训诰文书。春秋社会的历史变动使得宗周时期的官学思想体系走向解体。于是，来自私人和民间的力量开始为社会转换寻找理论基础。各种思想在私学的推动下开始生长和传播。所谓学在官府走向学在四夷的说法就概括了这样的历史转变。一批思想家和草根世界的精英走进历史，并形成不同流派。儒家、道家、法家、墨家等被称为诸子百家的思想流派和老子、孔子、孟子、庄子等历史人物成为思想解放和解释世界的主角。所谓"子"，就是对有学问和有思想的人的敬称。这些人物都有各自的观点和主张，因此，子的含义在这里也与思想者的独立精神有关。这使得他们和古代官学千篇一律的政治思维区别开来，并将中国带入了思想自由和思想文化硕果累累的时代。

子学时代思想流派众多，被称为百家争鸣。但是，和古希腊时代的思想者重视本体存在、重视形而上问题的回答情形不同的是，子学时代虽然声音各异，但是，关注的却是共同的问题，那就是为伦理失范、强权和暴力四处招摇的时代寻找药方。重人事的现实关怀使思想者没有兴趣展开形而上的思考，包括老庄这样以道为根本、以逍遥自适为生存方式的思想者，都是开始于形而上，目标却是对针社会和人向何处去这一现实命题的。这就让子学时代的思想都不同程度地带上了政治色彩。

子学时代的出现也让中国古代历史叙事进入了私人著述的时代。中国古代的历史叙事在春秋前就存在，但早期历史叙事权掌握在史官手中，史官是统治机构的组成部分。古代历史叙事始于巫史记事。史官最初是巫与史的集合体。巫史一半为巫，一半作史，上达于天，下观于人，承担着沟通天人的职责。三代以来，对神的笃信和敬意，使人们确信上天对人间权力秩序具有决定权。巫史的职责不仅是单纯地记录国家重大事件，还要将这些事件向上天禀报。巫史记事的这种神性特征决定了史官必须诚实地对上天负责，如实地将人间事件报告给上天，由此形成了中国古代强调"信史""实录"和"秉笔直书"的历史叙事观念。秉笔直书就是为了避免史官记事掺入私人情感，所言内容则简明扼要，几乎没有个人思想伸展的空间。

随着宗周社会的瓦解，人们对天命的质疑也在加强，巫官记事的政治功能和神性逐渐失去了权威。史官依然存在，但是已经不再是沟通天人的神圣角色。史学记事也突破了官学的控制，进入了个人修史的历史。《春秋》为多国历史的综合，多为对史官记事的加工。但是，编订者孔子却不是史官。《成公四十年》："《春秋》之称，微而显，志而晦，婉而成章，尽而不污，惩恶而劝善，非圣人谁能修之？"认定《春秋》是圣人修之，就认定了其作者的私人身份。《左传》是中国最早的历史叙事，关于《左传》作者和成书年代人们仍有不同的说法。有人认为《左传》非左丘明而是孔子后学所作，或者说此处左丘明非孔子所言的左丘明，《左传》成书于战国而非春秋。但这都不影响我们对《左传》非官学性质的认定。无论《左传》成书于春秋还是战国，它都属于子学时代的历史叙事。即便左丘明是史官，《左传》也不是史官左丘明而是左丘明个人的作品。此外，还有《国语》《战国策》也属于子学时代的历史叙事，它们无疑也都是私人叙事的产物。如果将《公羊传》《谷梁传》也算上，那么，子学时代的历史叙事就显得丰富多彩。子学时代也是中国历史叙事的辉煌时代。

　　子学时代的历史叙事无不打上了子学精神的烙印。具体表现为历史叙事在遵循实录精神的同时也融入了个人的主观倾向。孔子声称自己"述而不作"，其编订《春秋》似乎完全是客观的历史编年。但是，《春秋》在字里行间已经隐含了深刻的政治倾向，此所谓以"春秋笔法"表达"春秋大义"。所谓"尽而不污，惩恶而劝善"就有鲜明的主观意图在。此中褒贬大义或者是历史文献中固有，或者是孔子有意为之，都表明孔子对政治立场的选择和创意。而在《左传》《国语》中，叙事的选择性和主观立场的直接表达经常出现于文本中。《公羊传》《谷梁传》都不能算严格意义上的历史文本，其基本内容都是围绕"微言大义"展开的。总而言之，春秋战国时代的历史叙事有鲜明的个人色彩。叙事者的兴趣既有对历史事件的关注，也有利用历史表达自己思想的企图。借历史抒己见在思想者那里也屡见不鲜，如韩非子。

　　历史叙事的主观性并不违背历史叙事的基本精神，史学的纯粹性并不意味着完全排斥个人观点的融入。中国古代史学素来提倡"秉笔直书"。《汉书》言"其文直，其事核，不虚美，不隐恶"（《司马迁传》，《汉书》卷六十二），刘知几也认为"良史以实录直书为贵"，"善恶必书，斯为实录"（《史通·外篇·惑经第四》）。但是，录与书、善与恶终究是经过人的选择和判断，不可避免地带有一定的主观性，否则历史观的概念就成了无的放矢。历史叙事本身就是对历史的阐释，阐释本身就是对历史的再加工。所谓一切历史都是当代史的观点就是表明历史叙事总是体现了当代人的视角和立场。现代解释学就承认人在阐释历史的时候存在着主观预设对对象的影响，理解和阐释是主体视界和对象融合的结果。因此，主观性是一切历史叙事不可避免的因素。但我们注意到的是，子学时代的历史叙事有一种刻意显示主观立场的倾向。这种倾向都表现出对政治秩序建构的强烈兴趣。这种鲜明的政治倾向正与子学时代的历史精神吻合。

　　我们可以从春秋战国时期所有的史学著作中看到其中的政治倾向。孟子将《春秋》视为"天子之书"。但"天子之书"表达的是个人试图力挽历史狂澜的精神。孟子曰："世衰道微，邪说暴行有作，臣弑其君者有之，子弑其父者有之，孔子惧，作《春秋》。《春秋》，天子之事也。"（《孟子·滕文公下》）而《春秋》出现的原因与礼乐文明的衰落密切相关："王者之迹熄而《诗》亡，《诗》亡然后《春秋》作。晋之《乘》，楚之《梼杌》，鲁之《春秋》，一也。'其事则齐桓、晋文，其文则史。'孔子曰：'其义则丘窃取之矣。'"（《孟子·离娄下》）《春秋》所形成的政治效应更为孟子赞许："孔子成《春秋》而乱臣贼子惧，"就是让人们知道历史记事的这种巨大威力。用历史警示当代人，宣扬王道，是孔子编订《春秋》的目的。司马迁受孟子和董仲舒的影响，也赞成《春秋》具有政治经典的意义。《史记·太史公自序》曰："余闻董生曰：'周道衰废，孔子为鲁司寇，诸侯害之，大夫壅之。孔子知言之不用，道之不行也，是非二百四十二年之中，以为天下仪表，贬天子，退诸侯，讨大夫，以达王事而已矣。'""《春秋》辩是非，故长于治人。""《春秋》以道义。拨乱世反之正，莫近于《春秋》。《春秋》文成数万，其指数千。万物之散聚皆在《春秋》。""故有国者不可以不知《春秋》，前有谗而弗见，后有贼而不知。为人臣者不可以不知《春秋》，守经事而不知其宜，遭变事而不知其权。为人君父而不通于《春秋》之义者，必蒙首恶之名。为人臣子而不通于《春秋》之义者，必陷篡弑之诛，死罪之名。"原因就是《春秋》是"上明三王之道，下辨人事之纪，别嫌疑，明是非，定犹豫，善善恶恶，贤贤贱不肖，存亡国，继绝世，补敝起废，王道之大者也"。显然，孔子作《春秋》不是客观实录，历史只是表达自己政治立场、警示世人的工具。同样，《国语》《战国策》简直就是政治教科书。《国语》的编写体例不是沿着历史年代发展的编年顺序，而是以国别记事。每一段记事都由相对独立的历史事件构成。在历史事件叙述过后，还要加上评语以总结历史经验，这种体例为后世"资治通鉴"类著述开了先河。三国韦昭说《国语》是"包罗天地、探测祸福、发起幽微、章表善恶者，昭然甚明"①，就是指其政治对历史叙事的影响。《战国策》则包括了各国典型策论，淡化叙事性，突出记言色彩，是历史发展过程中政治活动的典型案例。《国语》的案例性和记言性都表明了其为政治提供参考的热情。《公羊传》和《谷梁传》则一是着眼于大一统，二是着眼于道德建设对秩序世界的意义。历史成为政治阐释的素材，从而也使历史叙事政治化。

相比之下，《左传》依照《春秋》记事的历史顺序展开，记事翔实可谓是正宗的历史叙事。但是，《左传》叙事也存在着鲜明的政治倾向性。司马迁认为："鲁君子左丘明惧弟子人人异端，各安其意，失其真，故因孔子史记具论其语。"（《史记·十二诸侯年表》）而班固则认为，左丘明对于孔子作《春秋》了如指掌，但因《春秋》"有所褒讳贬损，不可书见"，左丘明担心弟子歪曲孔子的意图，因此才作《左传》："明孔子不以空言说经"。（《汉书·艺文志》）古文学派力图在公羊派占主流地位的情况下，将《左传》也纳入经学当中，圣人之言是他们的敲门砖。从《左传》叙事的实际情况看，其政治化倾向也十分明显。其一，在对历史的记录上带有鲜明的选择性。在宏观视野上，《左传》关注的是所谓齐桓晋文之事，突出了在天下无王的状态下如何自存与自强的时代命题。此间，战争自然是历史的主题。但是，《左传》并不在意展现战争场面，而是将战争发生的背景、战争准备过程中人的表现放在突出的位置。收拾民心、笼络诸侯、富国强兵等都成为战争取胜的关键。这种对历史事实的刻意取舍，自然与其对如何建立霸主政治的思考有关。其二，《左传》叙事具有的强烈的表意性使得叙事手法常常偏离史学叙事的原则，将文学叙事杂糅于史学叙事中。《左传》曾以"善叙事"而闻名，刘知己在《史通》中说："盖左氏为书，叙事之最。自晋以降，景慕者多。"而他认为史家文风应当是"文而不丽，质而非野"，"辩而不华，质而不俚"，似乎也认为《左传》叙事为史学叙事典范。清人刘熙载在《艺概·文概》中说："左氏叙事，纷者整之，孤者辅之，板者活之，直者婉之，俗者雅之，枯者腴之，

---

① 韦昭：《国语·国语解叙》，上海古籍出版社 1978 年版。

剪裁运化之方，斯为大备。"然而，刘知已、刘熙载的评价都偏于文学叙事。而《左传》的文学性也正好被一些经学家诟病。汉王充认为《左传》"言多怪"，颇与孔子不语怪力相违反（《论衡·案书》）。范宁在《春秋谷梁经传集解序》中认为："《左传》艳而富，其失也诬。"唐权德舆认为《左传》"诚义例之客观，终巫艳之多失"（《文苑英华》），韩愈也指责"左氏浮夸"（《进学解》）。无疑，多种批评都指出了《左传》作为史书存在的问题。但是，他们不了解，《左传》作者根本就无意于做纯粹的史家，而是要借助对历史事件的梳理来总结历史经验。所谓想象性太强，无非是对史实描述多有人为修饰和渲染，或者是添加一些神异传说之类的非人间事。这一切，对于作史当然是瑕疵，但是用来表达作者的见解，却有张扬声势、强化观点的作用。例如，晋人发现石头会说话，这一神异现象引发的是对统治者在现实中的作为的质疑。其三，虽然属于《春秋》三传，但是，《左传》并未被《春秋》束缚，《春秋》似乎就是《左传》写历史参考的大事记。《左传》因此出现了所谓的"无经之传"，也使《春秋》经文出现的"无传之经"。《左传》也不像《公羊传》和《谷梁传》那样追逐所谓圣人意图。甚至也没有孟子所说的类似《春秋》的使"乱臣贼子惧"的内容。《左传》更多地从春秋时代王道不再，诸侯在乱世中求生存谋发展的角度去总结成败得失的经验，一方面展现天下无王的社会现实，另一方面推崇霸主政治，试图在总结历史经验的过程中为重建社会秩序寻找出路，更具有现实性和思想的独立性。其四，《左传》在叙述历史的时候加入诸多议论。这些议论包括"君子曰"、谚语、诗句穿插、圣贤评说等，直接表达了对现实政治的看法，似乎也刻意号召读者以史为鉴。这一切都表明，《左传》作者在子学时代氛围之下一方面保证历史的客观性，另一方面将个人立场与历史叙事结合起来，并让个人政治立场成为牵引历史叙事的精神，由此也发展了中国古代历史叙事政治化的传统。研究《左传》思想也应该以此为切入点。

二　礼作为《左传》叙事的基本精神

礼是《左传》寻找秩序世界的切入点。礼是《左传》核心思想。司马迁在《史记·太史公自序》中说："春秋者，礼义之大宗也。"《左传》

围绕《春秋》记事展开，多涉礼学内容。汉郑玄因此认为："左氏善于礼，公羊善于谶，谷梁善于经。"（郑玄《六艺论》）

礼在周代是一个极其含混而宽泛的概念。宗周社会开始后，有感于殷商时期君权神授的不可靠性，宗周统治者提出了以德配天的思想，德成为事关江山社稷存续的重要条件。但是，周德是以周礼为基础的。周礼是国家事务的基本规范，涵盖了政治体制、权力和利益分配、礼仪制度等，因此，合乎不合乎周礼又成为道德判断的依据。德与礼的这种密切关系以及礼在社会生活和国家事务中的作用，使得以德配天的思想中充满了礼学内容。春秋时期，礼与德逐渐开始区分，比如，德更多地涉及内在的品质和人格，与仁、义、诚、信等关联，礼更多的是指等级秩序以及礼仪规范等。尽管如此，二者的交叉性依然存在。因此，所谓德，依然包含礼的内容。鉴于春秋时期礼崩乐坏对伦理秩序的巨大冲击，礼更多地成为德所考虑的目标。《左传》叙事关注秩序的回归，因此，也就将礼作为叙事的基本内容。

第一，《左传》认为，礼是国家政治的基础，是国家治理的准则，是收拾民心确保天下安宁的保障。礼是天地秩序的表现，也是人间秩序的基础。《昭公二十六年》："礼之可以为国也久矣，与天地并。君令臣共，父慈子孝，兄爱弟敬，夫和妻柔，姑慈妇听，礼也；君令而不违，臣共而不贰，父慈而教，子孝而箴，兄爱而友，弟敬而顺，夫和而义，妻柔而正，姑慈而从，妇听而婉，礼之善物也。"《襄公二十一年》："礼，政之舆也。"礼不仅可以安定天下，还有利于人民的有序生活，进而有利于子孙后代。《隐公十一年》曰："礼经国家、定社稷、序民人、利后嗣者也。"《桓公二年》："夫名以制义，义以出礼，礼以体政，政以正民，是以政成而民听，易则生乱。"礼还是立身的根本。《成公十三年》："礼，身之干也。"这与孔子所说的"不学礼，无以立"的精神是一致的。尊礼才能护佑自身，尊礼外可以赢得诸侯信任，内可以赢得民心。《成公十四年》："信以守礼，礼以庇身。"《昭公四年》："诸侯无归，礼以为归。"《昭公五年》曰："礼所以守其国，行其政令，无失其民者也。"社会动荡和礼的失落密切相关。《襄公二十一年》："礼，政之舆也；政，礼之守也。怠礼，失政，不立，是以乱也。"因此，《襄公三十一年》说："礼之于政，如热之有濯也，濯以救热，何患之有？"礼也是限制卿权扩张的最可行的武器。《昭公二十八年》晏子在回答齐景公对卿族膨胀的担忧时说："唯礼可以已之。在礼，家施不及国，民不迁，农不移，工商不变，士不滥，官不滔，大夫不收公利。"在晏子看来，将所有人都限制在礼规定的等级规范中，就不会有任何僭越发生。

第二，《左传》在强调礼的规范作用时，也强调礼的教化功能，特别是礼的感化功能。合于礼的行为是社会之表率，人心之所向。礼的这种功能源自个体的"威仪"。作为统治阶级，一定要通过树立自己的威仪来凝聚人心。而威仪的树立就在于尊礼守礼。《襄公三十一年》就详细地讨论了"威仪"的力量："卫侯在楚，北宫文子见令尹围之威仪，言于卫侯曰：'令尹似君矣！将有他志，虽获其志，不能终也。《诗》云："靡不有初，鲜克有终。"终之实难，令尹其将不免。'公曰：'子何以知之？'对曰：'《诗》云："敬慎威仪，惟民之则。"令尹无威仪，民无则焉。民所不则，以在民上，不可以终。'公曰：'善哉！何谓威仪？'对曰：'有威而可畏谓之威，有仪而可像谓之仪。君有君之威仪，其臣畏而爱之，则而象之，故能有其国家，令闻长世。臣有臣之威仪，其下畏而爱之，故能守其官职，保族宜家。顺是以下皆如是，是以上下能相固也。《卫诗》曰："威仪棣棣，不可选也。"言君臣、上下、父子、兄弟、内外、大小皆有威仪也。《周诗》曰："朋友攸摄，摄以威仪。"言朋友之道，必相教训以威仪也。《周书》数文王之德，曰："大国畏其力，小国怀其德。"言畏而爱之也。《诗》云："不识不知，顺帝之则。"言则而象之也。纣囚文王七年，诸侯皆从之囚。纣于是乎惧而归之，可谓爱之。文王伐崇，再驾而降为臣，蛮夷帅服，可谓畏之。文王之功，天下诵而歌舞之，可谓则之，文王之行，至今为法，可谓象之。有威仪也。故君子在位可畏，施舍可爱，进退可度，周旋可则，容止可观，作事可法，德行可像，声气可乐，动作有文，言语有章，以临其下，谓之有威仪也。'"显然，楚公子围将攫取君位的野心外露于仪表，但这不是威仪，因为他已经违背君臣大义。威仪是可以做天下楷模为人效仿的行为与品质。树立威仪就是遵守伦理等级，君有君之威仪，臣有臣之威仪，做到"在位可畏，施舍可爱，进退可度，周旋可则，容止可观，作事可法，德行可像，声气可乐，动作有文，言语有章，以临其下"。《左传》经常表现威仪的力量。晋灵公不君，赵盾多次劝谏未果，反招致晋灵公派刺客谋杀。刺客鉏麑看到的是，赵盾家寝门大开，根本没有防备，赵盾"盛服将朝，尚早，坐而假寐"。赵盾之忠诚使得刺客深受感动，刺客叹而言曰："不忘恭敬，民之主也。贼民之主，

不忠；齐君之命，不信。有一于此，不如死也。"于是触槐而死。赵盾尊
礼守礼的行为和仪态正是威仪力量的表现。

第三，礼被赋予至高无上的道义力量。礼成为判断是非的重要标准。
《左传》经常用"礼"与"非礼"对人物和事件作出评价，并以明确的
褒贬态度表现出道德因素在叙事中的修辞意义。《隐公五年》云："公矢
鱼于棠，非礼也。"《隐公八年》云："诬其祖矣，非礼也，何以能育？"
《桓公十五年》云："天王使家父来求车，非礼也；诸侯不贡车服，天子
不私求财。"《隐公六年》云："京师来告饥，公为之请籴于宋、卫、齐、
郑，礼也。"《桓公二年》云："冬，公至自唐，告于庙也。凡公行，告于
宗庙，反行饮至，舍爵策勋焉，礼也。"《庄公二十八年》曰："冬，饥，
臧孙辰告籴于齐，礼也。"这种修辞上的明晰表态也使《左传》爱憎态度
分明，达到了"不虚美，不隐恶"的劝恶扬善的道德效果。

第四，《左传》的诸多矛盾冲突围绕着礼展开。《左传》第一个故事
是演绎"郑伯克段于鄢"。兄弟之间的权力争夺充满了礼与非礼的矛盾。
共叔段想夺取君权是对礼制的挑战，庄公则利用弟弟的非礼行为稳固了自
己的地位。最后，庄公惩罚了母亲最后又"母子如初"，表明了对人伦礼
义的肯定。即便是国与国之间争夺霸权，也要用礼来作为道德铺垫。如晋
文公称霸被看成借助于道德礼义的结果。《僖公十九年》："晋侯始入而教
其民，二年，欲用之。子犯曰：'民未知义，未安其居。'于是乎出定襄
王，入务利民，民怀生矣，将用之。子犯曰：'民未信，未宣其用。'于
是乎伐原以示之信。民易资者不求丰焉，明征其辞。公曰：'可矣乎？'
子犯曰：'民未礼，未生其共。'于是乎大搜以示之礼，作执秩以正其官，
民听不惑而后用之。出谷戍，释宋围，一战而霸，文之教也。"再如，鲁
国三桓专权，国君被架空甚至流亡他国，这一历史事件原因复杂，但矛盾
的主线依然是三桓对礼的挑战。

第四，礼在《左传》中不仅成为许多故事情节选择的出发点，而且
也规定着故事情节的走向与事件的结局。《左传》强调道义对于政治、军
事以及人物命运的影响。礼是道义的根本。礼为"政之舆"、"身之干"、
诸侯来归和获取民心的力量，都在情节安排和人物命运中得以展开。为了
突出礼的意义，《左传》还将道德因果论贯彻到故事情节的发展过程中，
礼是取胜之本，无礼则是求败之因。《成公十三年》："晋侯使郤锜来乞
师，将事不敬。孟献子曰：'郤氏其亡乎！礼，身之干也。敬，身之基

也。郤子无基。且先君之嗣卿也，受命以求师，将社稷是卫，而惰，弃君命也。不亡何为？'"直接将简单的不敬行为和一个家族的灭亡联系起来。这和三郤之族被灭族形成呼应。

《左传》对礼的彰显既是对历史的记录，也是自身政治立场的表达。春秋以降，随着宗周社会的瓦解，礼崩乐坏成为普遍的社会现象。通过礼文化的重建来实现天下安宁，一度成为时代思潮。因为宗周社会的外在格局在形式上的存在和宗法制在一定程度上的延续，使诸侯贵族将对礼的维护视为保存自身利益的保障，因此，尽管贵族阶级在争权夺利中破坏了固有礼法，但是，他们在维护既得利益时也需要礼法加以保证，因此，礼乐文明成为贵族社会的自觉追求。从天子到诸侯，尊礼也成为自强或自存的重要保证。天子希望通过尊礼重新得到拥戴，霸主希望通过尊礼能凝聚诸侯，小国希望通过尊礼在"小事大，大字小"的格局中得以自保。礼就成为维持天下秩序的共同要求。这种礼法有的遵循了宗周传统，有的则是在新的政治格局下的创新，但是，尊礼受到天下褒扬则是礼崩乐坏时代的独特的历史现象。《左传》之礼是对这一历史潮流的呼应。

三　《左传》礼学精神的基本特征

礼学作为殷周革命最重要的思想资源和制度保证，到了春秋时期走向了新的转换点。这种转换是对宗法政治时代礼制构架和礼义思想与礼仪规范的继承和扬弃。这种转变并非完全来自体制，来自统治阶级的自觉调整，也来自民间思想者的主动思考。子学时代为礼文化的发展创造了条件。而思想者不同角度的思考则为此形成了合力，也体现了自身的特点。

围绕礼各种思想流派都展开过交锋。老庄哲学认为礼义存而天下乱，法家则试图将礼与法结合，将礼变成法的依据。墨家追求平等兼爱，对礼的等级观念充满厌恶。只有儒家坚定不移地认为礼是重建社会秩序的最佳选择。《左传》礼学思想是受儒家思想影响或就是儒家后学的作品，与儒家思想相近，但也显示出自己的特征。儒家热衷于对伦理政治的构建，孔、孟、荀是其代表。《左传》尊礼的精神正是在这种氛围中展开的。无论其作者是独立的学者还是列国的幕僚，其礼学思考路向都是一样的。《左传》和孔、孟、荀以及《公羊传》《谷梁传》都对建立伦理政治充满兴趣，并将礼作为建立伦理政治之根本。但《左传》之礼不是在纯理论的空间中展开，而是以历史叙事作为平台，因此，必然受到历史和历史叙事的影响，因而也显示出自己的精神特征。

孔子作为贵族后裔，从文化天性中就有一种尊奉周礼的贵族基因。克己复礼是孔子重建秩序的梦想。这一点上，《左传》与孔子最为切近。但因为一个偏于历史思考，一个偏于理论构建，二者在具体展开上又有不同。《左传》将礼和具体的政治运作结合起来，同时着眼于春秋时期列国政治纷争，其对礼意义主要放在对霸主政治的保证上。列国之间、诸侯与王室之间、霸主与诸侯之间、列国内部君臣之间的诸多关系和谐与否是《左传》礼学思考的平台。即使是日常礼仪或礼仪细节，也往往和个人及宗族命运甚至国家大事联系起来，由此表达对完美礼制的期待。孔子强调礼的纯粹性，包括对礼的践行的纯粹性，因此就危邦不入，乱邦不居。《左传》则主要在意礼对现实政治的组织构建功能。因此，《左传》虽然将礼放在天地秩序的必然性中思考，但在现实政治中，往往注意礼在天子之家、诸侯之家、卿大夫之家实施的效果。像孔子，对于霸主政治既没有表达反感，也未予以肯定。但对霸主的品格却有不同的评价。《论语·宪问》："子曰：'晋文公谲而不正，齐桓公正而不谲。'"仔细分析，便可以发现都与尊王相关。齐桓公称霸，对天子是客气的、尊重的，处处要显示自己与天子的尊卑关系。在正式被承认为霸主的盟会上，面对天子赐予的礼器，齐桓公虔诚下拜。而晋文公在击败楚国，成为霸主的时候，居然要"请隧"，企图在死后与天子享受同一规格的葬礼，僭越心态溢于言表。两个人称霸对周天子的态度影响了孔子的评价。但是，在《左传》中，尊天子固然是有礼，不尊天子也没有什么了不起。《左传》看重的是在动荡不安的社会中，谁能够守得住自己甚至成为霸主。价值理性淡化，工具理性强化。因此，《左传》对霸主政治也高度认可。霸主的功业不仅在于维护了一方秩序，也在于它能够让自己强大。而礼的功用也在其间得以强调。因此，《左传》强调"小事大，大字小"的霸主之礼。在礼的践行上，《左传》和孔子都认识到了道德主体构建的重要性，强调对内在精神的培育，具体表现为礼与德的相互支撑。孔子讲仁礼一体，《论语·阳货》有："礼云礼云，玉帛云乎哉？乐云乐云，钟鼓云乎哉？"这种对形式的追问背后是要求形式中具有饱满的道德内涵。《左传》也讲德礼互动。在《左传》中，德与礼经常互用，德是礼的重要支撑。和《论语》

一样，《左传》中德的科目更加细化了。礼与德的关系可分解为礼与让、礼与忠、礼与敬、礼与俭、礼与信等不同的关系，它们相互结合，共同促进礼的完善。但在礼与德的现实展开上，孔子更强调个人修养对德的意义，强调个人通过修德实现理想人格对于社会的意义。克己复礼中的"克己"就是一种道德自律，自律的结果是道德升华，从而实现对礼的回归。这种境界的达到，需要一生的道德修炼，所谓"三十而立，四十不惑，五十知天命"，就是说人要一生中追求道德的自我完善，才能做到"七十从心所欲，不逾矩"。这个矩当然指的就是礼法规矩。但《左传》并没有完全将个人修养的不断提升来作为德的保证。它强调的是具体行为中对德的遵守，行为的合德是礼在现实中落实的保障。《僖公七年》："君以礼与信属诸侯，而以奸终之，无乃不可乎？子父不奸之谓礼，守命共时之谓信。违此二者，奸莫大焉。"德都表现于现实行为的展开中。这当然与《左传》和孔子思想走向密切相关。《左传》注意的是在历史运行中的政治秩序的和谐，希望人在现实行动中能够展现出德与礼的统一。孔子则认为实现社会的和谐是人人尊礼守礼，前提则是自我人格的不断升华。应该说，《左传》之礼更加现实，而孔子之礼则充满理想色彩。

　　荀、孟谈礼都以人性为起点，或源于性善，或源于性恶，这是《左传》与他们不同的地方。《左传》与荀子的思想也有相近之处。比如礼与霸。《荀子》提倡以礼治国。《荀子·礼论》："国无礼则不正，礼之所以正国也，譬之犹衡之于轻重也；犹绳墨之于曲直也，犹规矩之于方圆也，既错之而人莫之能诬也。"这和《左传》说的礼为"国之干"和"政之舆"的思想是一致的。荀子还特别强调明君臣之礼，通过明君臣之礼而制约人心。当然，《荀子》对礼的理解与《左传》也有一定差异。《左传》强调礼与德的通融，而荀子则强调礼与法的互动。从"性恶论"出发，《荀子·议兵》强调了"君权""赏罚""刑威"，认为"赏重者强，赏轻者弱，刑威者强，刑侮者弱"。这种强悍的以刑守礼的观点在《左传》中看不到。《左传》涉及礼与刑的关系，通过子产铸刑书的效果说明了刑的合理性，而且也看到了刑作为治国手段出现的必然趋势。但《左传》并不赞赏刑罚，礼与德的互动体现了《左传》之礼的温和态度。对于霸主政治，荀子承认霸主政治的合理性，并提出王霸兼用的霸主观。《荀子·王霸》："王夺之人，霸夺之与，强夺之地。夺之人者臣诸侯，夺之与者友诸侯，夺之地者敌诸侯。臣诸侯者王，友诸侯者霸，敌诸侯者危。"王道是以德服人，霸道以力服人，王霸兼用，功利与道义并重。王道在于通过立德得人心，而霸道则通过给予得到人心，逞强之道则通过取得别人的土地存在。因此得人心者诸侯称臣，给予别人者可以团结诸侯，夺人之地者则以诸侯为敌。荀子希望的是王霸兼用，但如果得到人心的话则可以臣诸侯，霸者便成为王者。荀子的观点讲的是霸主之道而非霸主，但精神上与《左传》所倡导的"小事大，大字小"有相似之处。

在"春秋三传"中，最具叙事性的是《左传》。因为《左传》和《春秋》"微言大义"有些出入，长期以来，经学家就有《左传》不传《春秋》的质疑。但是，这种质疑多少和公羊学派的正统化有关。在"春秋三传"中，最早被确定为《春秋》作传的就是《公羊传》，《春秋》被提升为经学后，《公羊传》也成为解释《春秋》的权威，并由此形成了公羊学派。《谷梁传》没有《公羊传》那样受重视，但是，其追随《春秋》解释"微言大义"卖力的程度不亚于《公羊传》。《谷梁传》因宣传日常生活中的伦理道德而被汉代统治者认可，由此也被列入经学。《左传》发现后，公羊学派拒绝将其纳入经学，也因为观点差异较多。可以说，有关《左传》与《春秋》的差异观点，实际上是《左传》与《公羊传》和《谷梁传》的差异。

《左传》与《公羊传》和《谷梁传》的共同点就是都以《春秋》编年为基本线索，同时也各自都为"微言大义"做了不同的解释。有人认为，《左传》解释"微言大义"的内容可能是汉代古文学家为了拉近与《公羊传》的距离而添加的。从文本比较来看，这种说法也不完全可信。因为，《左传》那些解经之文，也和《公羊传》和《谷梁传》多有分歧。这种分歧同样表现在礼学立场上。

《公羊传》的核心思想就是"尊王攘夷"的大一统思想。它根据古代礼制的说法，将王幾视为中国的中心，由近向远划分成不同地区，视中原为夏，视中原以外的边远地区为夷。尊王就是视君权为神授，维护天子为中心的大一统。攘夷就是突出华夏的正统正宗地位，视边远民族为蛮夷。这一思想也是《公羊传》论礼的价值基础。符合大一统和突出华夏族的优越地位的就符合礼，否则就是非礼。《左传》与《公羊传》不同。《左传》有尊王思想，认为尊王就是礼的表现。但是这种尊重是基于对宗周社会等级制度而言，并非将王视为神圣不可侵犯的对象。比如，在对待《春秋》中"王正月"等文字时，《公羊传》借题发挥，称"王者孰谓？

谓文王也。曷为先言'王'而后言'正月'？王正月也。何言乎王正月？大一统也"。《左传》则将"王正月"多作为历法的称呼看待。《隐公元年》对此的展开就是"王正月。不言即位，摄也"，未将其和大一统联系起来。再者，《左传》尊王，但也认可霸主政治。《公羊传》则将霸主政治与礼崩乐坏相联系，只承认尊王是礼，不承认霸主之礼。攘夷也不是《左传》的立场。《左传》认为"蛮夷不与中国同"，且有"非我族类，其心必异"观念，因此也称楚王等蛮类之君为子或男。但是，在具体行文中，《左传》也没有过度歧视蛮夷之族。在《左传》中，突出的是争霸而非攘夷。齐桓晋文之事是《左传》的叙事核心。对楚国等蛮夷之国，并没有歧视性描写。对召陵之盟、子西拒绝继承王位、申包胥哭秦廷等描写都极具生气和正义感。在礼仪交往的叙述中，也没有为夷夏同礼而发表不同看法。同《公羊传》相比较，《谷梁传》的基本特点就是强调日常生活中的礼乐教化与仁德政治。基本内容不脱君臣、父子、兄弟、夫妇等，有夷夏之别，但无尊王攘夷的强烈愿望。其对日常生活礼仪的介绍和解释贯穿全书。如《隐公元年》："礼，赗人之母则可，娼人之妾则不可。"以尊卑等级论礼，并指出礼的实用对象。《桓公三年》："礼，送女，父不下堂，母不出祭门，诸母兄弟，不出阙门。"《左传》之礼则远离日常生活，将目光集中于诸侯政治层面，将社会秩序的和谐作为礼的最高追求，但不像《谷梁传》视人伦为礼之根本。《谷梁传》之礼更适合于太平之世，而《左传》之礼则可视作乱世礼学精神。

第二章

《左传》之礼的政治维度

礼是一个极其宽泛的概念。中国作为礼仪之邦，从其文明形成的过程中就开始与礼相伴。礼在文明演进的过程中从内容到形式不断被丰富，周礼就被人形容为"仪礼三千，曲礼三千"。但是，因功能不同，人们对礼的关注与运用也充满选择性。《左传》对礼的关注和表述也有自己的视角和立场。

一 《左传》中的仪礼之辨

关于《左传》之礼，我们注意到的是它对礼的不同解释。仪礼之辨是我们认识《左传》对礼的定位的切入点。一般来说，仪与礼常被视为一个整体。仪是礼的外在表现，礼是仪的内在精神。但是，在《左传》中却出现了仪礼之辨。礼与仪不仅被一分为二，而且礼与仪似乎互不兼容，礼就是礼，仪就是仪。《左传》第一次提出仪礼之别是在《昭公五年》中："公如晋，自郊劳至于赠贿，无失礼。晋侯谓女叔齐曰：'鲁侯不亦善知礼乎？'对曰：'鲁侯焉知礼？'公曰：'何为？自郊劳至于赠贿，礼无违者，何故不知？'对曰：'是仪也，不可谓礼。礼所以守其国，行其政令，无失其民者也。今政令在家，不能取也。有子家羁，弗能用也。奸大国之盟，陵虐小国。利人之难，不知其私。公室四分，民食于他。思莫在公，不图其终。为国君，难将及身，不恤其所。礼之本，将于此乎在，而屑屑焉习仪以亟。言善于礼，不亦远乎？'"

《昭公二十五年》再次提到了仪和礼的区别："子大叔见赵简子，简子问揖让周旋之礼焉。对曰：'是仪也，非礼也。'简子曰：'敢问何谓礼？'对曰：'吉也闻诸先大夫子产曰："夫礼，天之经也，地之义也，民之行也。天地之经，而民实则之。则天之明，因地之性，生其六气，用其五行。气为五味，发为五色，章为五声……为君臣上下，以则地义；为夫妇外内，以经二物；为父子、兄弟、姑姊、甥舅、昏媾、姻娅，以象天明；为政事、庸力、行务，以从四时；为刑罚、威狱，使民畏忌，以类其震曜杀戮；为温慈、惠和，以效天之生殖长育。'"

在女叔齐和子大叔的表述中，礼与仪被切割开来。女叔齐将"礼之本"作为礼实现的前提。这里的礼之本关涉到诸侯内部的政治伦理问题。如果在国家政治伦理中无法做到和谐，任何在仪式上的完美都和礼无关。子大叔认为礼就是"天之经，地之义，民之行"，将天地秩序和人间伦理联系在一起，认为符合天地秩序，并且根据天地秩序安排君臣、夫妇、父子、兄弟、婚姻等秩序才是礼。实际上，在礼的具体实施中，礼必须通过仪来表现，二者互为表里，无礼仪难以成礼。《左传》在完成仪礼之辨的叙事时，用详尽的内容和周密的逻辑推理，给人一种否定仪的印象。

但是，综观《左传》全文，我们发现《左传》也是很重视仪的。《左传》中讲究礼仪的文字也非常多。对礼的任何环节的疏忽，都会引起《左传》的议论和讥评。《隐公元年》中，隐公不知道宗庙祭祀万舞的规格，就遭到讥讽。《昭公九年》说："服以旌礼，礼以行事，事有其物，物有其容"，也将礼的外在仪式和内在精神看作一个整体。《襄公二十九年》则讲了礼仪规范的重要性："《诗》云：'敬慎威仪，惟民之则。'令尹无威仪，民无则焉。民所不则，以在民上，不可以终。"此处讲的"敬慎威仪"，注重礼仪形式的庄重性，是因为礼仪不仅是一种仪式，还是人们遵循的行为准则。《成公六年》："郑伯如晋拜成，子游相，授玉于东楹之东。士贞伯曰：'郑伯其死乎？自弃也已！视流而行速，不安其位，宜不能久。'"礼仪的规范性竟然和君主的生死相关。《昭公二十一年》记载，蔡平公卒，蔡太子朱没有处在太子的位置上，"位在卑"。鲁大夫叔孙昭子知道后感慨道："蔡其亡乎！若不亡，是君也必不终。《诗》曰：'不解于位，民之攸塈。'今蔡侯始即位，而适卑，身将从之。"一个失礼的动作，就能导致国家灭亡。因为从失礼的动作中可以反映其政治行为上缺少勇气和魄力，仪式的功能超过了仪式本身。在外交活动中，礼仪往往影响国家关系。《昭公二十一年》："晋士鞅来聘，叔孙为政。季孙欲恶诸晋，使有司以齐鲍国归费之礼为士鞅。士鞅怒，曰：'鲍国之位下，其国小，而使鞅从其牢礼，是卑敝邑也。将复诸寡君。'鲁人恐，加四牢焉，为十一牢。"可见，仪式也和国家政治密切相连，关系到国与国之间的相互尊重。《成公十二年》："晋郤至如楚聘，且莅盟。楚子享之，子反相，为地室而县焉。郤至将登，金奏作于下，惊而走出。子反曰：'日云莫矣，寡君须矣，吾子其入也！'宾曰：'君不忘先君之好，施及下臣，贶之以大礼，重之以备乐。如天之福，两君相见，何以代此。下臣不敢。'子反曰：'如天之福，两君相见，无亦唯是一矢以相加遗，焉用乐？寡君须矣，吾子其入也！'宾曰：'若让之以一矢，祸之大者，其何福之为？世之治也，诸侯间于天子之事，则相朝也，于是乎有享宴之礼。享以训共俭，宴以示慈惠。共俭以行礼，而慈惠以布政。政以礼成，民是以息。百官承事，朝而不夕，此公侯之所以扞城其民也。故《诗》曰："赳赳武夫，公侯干城。"及其乱也，诸侯贪冒，侵欲不忌，争寻常以尽其民，略其武夫，以为己腹心股肱爪牙。故《诗》曰："赳赳武夫，公侯腹心。"天下有道，则公侯能为民干城，而制其腹心。乱则反之。今吾子之言，乱之道也，不可以为法。然吾子，主也，至敢不从？'遂入，卒事。归，以语范文子。文子曰：'无礼必食言，吾死无日矣夫！'"仪式关系到君臣伦理、个人祸福，因此，仪依然很重要，仪就是礼。《昭公十六年》："晋韩起聘于郑，郑伯享之。子产戒曰：'苟有位于朝，无有不共恪。'孔张后至，立于客间。执政御之，适客后。又御之，适县间。客从而笑之。事毕，富子谏曰：'夫大国之人，不可不慎也，几为之笑而不陵我？我皆有礼，夫犹鄙我。国而无礼，何以求荣？孔张失位，吾子之耻也。'子产怒曰：'发命之不衷，出令之不信，刑之颇类，狱之放纷，会朝之不敬，使命之不听，取陵于大国，罢民而无功，罪及而弗知，侨之耻也。孔张，君之昆孙子孔之后也，执政之嗣也，为嗣大夫，承命以使，周于诸侯，国人所尊，诸侯所知。立于朝而祀于家，有禄于国，有赋于军，丧祭有职，受脤、归脤，其祭在庙，已有着位，在位数世，世守其业，而忘其所，侨焉得耻之？辟邪之人而皆及执政，是先王无刑罚也。子宁以他规我。'"在这次外交交往中，进退揖让之礼显然不是仪式而已，礼仪行为是否规范，实际上影响国家关系和国家在诸侯中的政治地位。

二 仪礼之辨与《左传》之礼的政治维度

探究仪礼之辨及其引起的歧义应从礼的形成与《左传》对礼的选择和理解中加以解释。

在中国，关于礼的起源与发展和礼的概念，有不同的说法。普遍的说法是，礼有广义和狭义之分。狭义的礼指礼仪，广义的礼既包括礼仪也包括各种典章制度以及道德规范。但是，这种说法也不够准确。我们从"三礼"中看到，中国古代的礼就是一个指称较为宽泛的综合体。《周礼》是典章制度，《仪礼》是礼仪规范，《礼记》则将伦理道德、礼仪规范甚至典章制度都包含其中。在礼仪实践中，伦理道德、典章制度都可以作为礼仪的依据。礼义是礼仪和礼制背后都有特定的精神内涵，这种精神内涵是礼的本质。《礼记·礼运》说："故礼也者，义之实也。"礼仪是礼的表现形式，它将礼通过仪式化行为表达出来。除了礼仪行为外，礼还有物质表示。有的以礼器和奉献的形式和礼仪活动连在一起，有的就是没有礼仪的单纯奉献，它们是礼仪的补充。礼制是根据礼义形成的礼的规范。礼义、礼制和礼仪三者既相互联系，又有各自的独立性。礼仪必须表达礼义遵循礼制才可以称为有礼，礼制必须以礼义为依据，但礼义、礼制不一定都表现为礼仪。许多人认为礼仪、礼义、礼制为不可分割的整体。宋代郑樵在《礼经奥旨》中就认为"礼本于人情，情生而礼随之""大抵礼有本有文，情者其本也"，这一观点为很多人认可。但是，实际的情形未必如此。有仪必有礼，但有礼未必有仪。这种现象在礼文化中也较为普遍。如《左传》中讲的城池建设规制："大国不过参国之一，中，五之一，小，九之一。"（《隐公元年》）这就是礼制，它的深层含义是宗周社会形成的诸侯、卿大夫之间的等级伦理。违背了这个规矩就是非礼。所以，郑庄公的弟弟共叔段在得到城邑京以后不断扩大城池面积，就被认为是"今京不度，非制也"。其实质就是对君权的挑战。但这种礼制和其中包含的礼仪内容都不是通过礼仪表达而是通过现实行为表现出来的。齐景公问政于孔子，孔子回答说："君君臣臣父父子子。"意思是说要治理好国家，就必须坚守君臣父子之礼。君臣父子伦理既有伦理道德内容，也是制度建设的基础，同时也是礼文化的核心内容。君臣大义是礼，君臣之礼可以通过三叩九拜的礼仪行为加以表现，可以通过贡献和赐予的物质形式表现，但更多的则是表现为臣对君的忠诚。这种忠诚可以不通过礼仪表达。《礼记》是中国古代礼文化的集大成著作。其中主要谈的是礼义、礼制和礼仪的关系的。《礼记》突出礼仪行为，但是，其所言的礼并非都是礼仪，还有礼义和礼制。《礼记·曲礼下》："为人臣之礼，不显谏，三谏而不听，则逃之。"这是臣谏君之礼，是规矩，但是没有礼仪，遵守这一规则也是礼。《礼记》中的《王制》和《月令》多数为制度规范。《王制》内在精神就是尊等级之礼，突出君权的至高无上。《月令》讲四时劳作规矩，对春夏秋冬人的劳作行为包括礼仪活动作了具体规定，其基本内涵是要表达"顺时""顺天"以保持人与自然、人与天道的和谐。遵守这些规定就是礼，不遵守就是非礼。《王制》将食禄归于礼："诸侯之下士视上农夫，禄足以代其耕也。中士倍下士，上士倍中士，下大夫倍上士。"此类制度也无须表现于礼仪，这里的关键是对礼义的领会和对礼制的遵守。《礼记·礼器》："先王之立礼也，有本有文。忠信，礼之本也；义理，礼之文也。无本不立，无文不行。"另一方面则强调"礼之所尊，尊其义也。失其义，陈其数，祝史之事也。故其数可陈也，其义难知也。知其义而敬守之，天子之所以制天下也"。因此，中国古代的礼既有有仪之礼，也有无仪之礼。古代人将礼仪归纳为吉礼、嘉礼、凶礼、宾礼和军礼等五礼。五礼属于有仪之礼。而合乎自然天理、等级秩序、伦理道德的行为很多是不必用仪式化表达来完成的，则属于无仪之礼。这也是中国礼文化和西方礼文化不同的地方。西方礼文化主要是日常生活之礼和宗教之礼，仪式化是其特征。中国古代礼文化则充满泛伦理化和政治化倾向。无仪之礼就是泛伦理化和泛政治化的产物。

中国礼文化的泛伦理和泛政治化倾向，是与中国古代礼文化形成和发展的过程中不断和伦理政治融合的结果。关于中国礼文化的起源和形成，至今有不同的说法。由于人们力图给礼寻找一个终极源头，因此常把起源归结到某一礼仪的形成上。比如，很多人认为礼起源于祭祀。因为在古代字源中能够找到礼起源祭祀的证据。礼在古代的文字符号"禮"就是祭祀行为的表达。一般人都援引《说文解字》："禮，履也。所以事神致福也。从示从豊，豊亦声。"而"示"在甲骨文、金文均为祭台形，上置一短横示祭物，"示"就是祭祀"豊"则是"行礼之器"。因为礼在字源学上有这层意思，许多人认为礼起源于祭祀。杨向奎先生则在《宗周社会与礼乐文明》中认为，礼起源于交换。最初以物易物的交换转换为相互交换礼物，所谓"来而不往非礼也"就是这个意思。这两种说法值得怀疑的地方是，没有证据证明谁先谁后。但是，这两种说法也正好说明了中国古代礼文化形成的两个重要来源：宗教活动与日常生活交往。① 礼萌芽于上古时期。上古时期先民生活在三个重要的关系中。一个是人与天、人与神的关系，一个是人与日常生活的关系，此外还有人与生命的关系。人与生命的关系一半从属于人与天、人与神的关系，一半从属于日常生活。人依附自然生存，自然的给予和惩罚经常刺激着先民，使他们对天、对自然产生了神秘的感受，认为天和自然具有创造一切和规定世界万事万物的能力，因此也就将天与自然神化，有了天神、自然神的概念。对生老病死的无能为力，也让人们宿命般地认为生命的一切都来自天神的控制。于是，对天神、自然神的膜拜就成为人与神沟通和表达忠诚的手段。祭祀之礼由此产生。当日常生活中的交往以及对生老病死的处理出现常态化方式时，便有了日常生活之礼。正如宋人郑樵在《礼经奥旨》中所说的那样："古者民淳事简，礼制虽未有，然斯民不能无室家之情，则冠婚之礼已萌乎其中；不能无追慕之情，则丧祭之礼已萌乎其中；不能无交际之情，则乡射之礼已萌乎其中。自是以还，日趋于文。燔黍捭豚，足以尽相爱之礼矣；必以为未足，积而至于笾豆鼎俎。徐行后长，足以尽相敬之礼矣；必以为未足，积而至于宾主百拜。其文非不盛也，然即其真情而观之，则笾豆鼎俎未必如燔黍捭豚相爱之厚也，宾主百拜未必如徐行后长相亲之密也。"

　　私有财产出现后，人开始有私心。有私心，便有争心。于是，对秩序的需求便成为社会的共同要求。有关权力分配的政治制度构建便出现了，政治制度也被称为礼。《荀子·礼论》曰："礼起于何也？曰：人生而有欲；欲而不得，则不能无求；求而无度量分界，则不能不争；争则乱，乱则穷。先王恶其乱也，故制礼义以分之，以养人之欲、给人之求，使欲必不穷乎物，物必不屈于欲，两者相持而长。是礼之所起也。"荀子认为礼是为平息人与人之间因私欲相争而产生的。礼是用来"养人之欲，给人之求"

_____

① 胡适《中国哲学史大纲》指出："礼的观念凡经过三个时期：第一，最初的本义是宗教的仪节；第二，礼是一切风俗习惯所承认的规矩；第三，礼是合乎义理可以作为行为模范的规矩，可以随时改良变换，不限于旧俗古礼。"但实际上，在人有与神交往的意识的时候，人与人之间的交往也是生活的重要内容。交往必产生礼仪。礼的起源不是唯一的。

和节制欲望的。《礼记》托孔子的话也认为礼的产生源于对私欲膨胀的制约。《礼记》将历史分为"天下为公"和"天下为家"的时代。在天下为公的时代，社会是"选贤与能，讲信修睦。故人不独亲其亲，不独子其子，使老有所终，壮有所用，幼有所长，鳏、寡、孤、独、废疾者皆有所养，男有分，女有归。货恶其弃于地也，不必藏于己；力恶其不出于身也，不必为己。是故谋闭而不兴，盗窃乱贼而不作，故外户而不闭"。因此，没有必要制定规矩制度来约束。但是，到了天下为家的时代，人们"各亲其亲，各子其子，货力为己。大人世及以为礼，城郭沟池以为固，礼义以为纪，以正君臣，以笃父子，以睦兄弟，以和夫妇，以设制度，以立田里，以贤勇知，以功为己。故谋用是作，而兵由此起"。需要礼"以着其义，以考其信，着有过，刑仁讲让，示民有常"。因私有制而产生的制度，都与国家政治制度有关。荀子称之为先王制礼，《礼记》言礼为"正君臣"，都和国家制度关联。之所以将其称为礼，就是因为上古时期，礼逐步与国家政治走向一体。为国以礼是国家政治制度的根本。国家政治与礼结合催生了政治伦理化和伦理政治化。这种伦理政治在宗周时期走向成熟。周公制礼将国家政治体制设计变成礼制，用宗法制和分封制作为国家政治的基本构架，明确了分配的等级秩序，使政治制度和礼融为一体。周礼的特征是通过天下为家将亲亲伦理和君臣伦理相结合，通过天人合一将天地秩序与人间秩序相结合，通过君权神授将神权和君权相结合。《周礼》是宗周社会政治制度的基本框架，它完整地描述了宗周社会的权力关系和权力分配体系，其基本结构体现了宗周礼制的基本特点。除天子外，国家管理的六大部类分别由天官、地官、春官、夏官、秋官、冬官统领，表达了天人合一的精神。宗法制和分封制则是血缘伦理和权力分配的结合。而宗周社会的神权理论实际上是古代祭祀之礼的产物，宗法制则是原始社会就形成的以部落内部形成的亲亲伦理为基础的长幼尊卑之礼的延续。宗法政治制度是综合和统摄了祭祀之礼和日常生活之礼的结果。

政治制度与礼的融合，扩大了礼的边际，也使礼上升为政治纲纪。在巩固以礼治国的制度的过程中，统治阶级又在礼中渗透了更多伦理道德内容，礼与伦理道德融合在一起，形成了德礼一体的伦理政治体系。这也使礼超出了礼仪的范围，变成一个更加宽泛的概念。伦理道德和政治制度的诸多内容与礼仪构成了复杂的关系。一方面，伦理道德和制度典章需要仪式化表现，就出现了新的礼仪。如君权和宗教的结合就催生了君主祭祀天地的礼仪。另一方面，伦理道德和制度典章并不需要礼仪表现，其功能的发挥在于践行。于是它们与礼仪发生了分离，出现了无仪之礼。由于礼被政治化为治国纲领，礼的政治功能被突出了。礼仪行为必须从属于政治需要。当在特定的环境中，如果礼仪不能彰显其对政治的影响，礼仪行为常常也被人从无礼之仪的角度看作与礼无关。仪礼之辨也是如此。

《左传》出现仪礼之辨也与《左传》对礼的政治选择有关。《左传》强调礼是"国之干""政之舆"，正表现了《左传》之礼的政治维度。

一是《左传》突出礼的政治功能。《左传》中的礼学思想、言论和行动基本都与政治相关。《左传》有关礼的内容包括君臣之礼、天子与诸侯之礼、诸侯与诸侯、诸侯与霸主、朝聘之礼、会盟之礼、军礼等都直接与政治相关。在强化礼的政治性的同时，淡化对日常生活之礼的描述。即使是诸如婚礼、丧礼这样的礼仪活动，也往往和政治联系在一起。为了突出礼的政治功能，《左传》对礼的功能作了过度发挥。为此，《左传》还在叙事安排上作了潜心处理。一是面对"齐桓晋文之事"，将礼对政治秩序和立身强国的作用绝对化了。礼对秩序世界和人心世道固然有其不可替代的作用。但是，社会治理和强国政治的实现还要靠其他手段来完成。《左传》在突出礼的功能的同时有意淡化了促成春秋历史变化和强国政治的制度变革因素。如对春秋社会有影响的晋国为改革土地和兵制进行的"作爰田"、"作州兵"改革、齐国管仲的人口管理制度和田赋制度的改革、鲁国的土地制度改革、郑国的"作丘赋"等改革措施，都没有像对与礼有关的事件那样进行比较全面的描述，基本上是一带而过的简单交代，有时甚至以礼为尺度否定改革的意义。如鲁国实行"初税亩"以后，《左传》就认为是"非礼也"。其次，《左传》过分强调了礼对历史进程的决定性作用，对礼与历史及历史人物的关系进行了夸张性描写。这主要表现在《左传》经常将历史事件的和人物命运的走向和礼联系起来，把礼与历史发展的关系因果化。有礼则兴，无礼则衰，有礼则生，无礼则死，这样的情景在《左传》中时常出现。如对于不合乎礼制或礼仪的行为，《左传》经常用"不终""不免""其死乎"进行评价，并通过事后的结果加以印证。这种命定论的历史观显然不是历史的本然情形，而是叙事者事后作的因果连接。这种连接从历史真实的角度看过于牵强。因此，我们在《左传》中经常看到尊礼守礼并不能改善自我处境和历史走向的情形。而《左传》自身也在历史与礼的关系上陷入矛盾。比如在对霸主政治中的礼与力的关系中，《左传》经常将力作为确保霸主之礼的重要手段，它所提倡的礼的普世价值由此也被削弱了。在这里，我们看到了《左传》试图以文明的方式为历史立法的努力，同时也看到了单纯用礼解释历史的局限。

二是在礼仪与礼义和礼制之间，强调礼义礼制的重要性。礼义和礼制比礼仪更重要，是礼的根本。仪礼之辨中，子大叔认为进退揖让不能算礼，只能算仪，主要是强调礼义的落实才是礼的根本。只知道进退揖让，不知道礼为"天之经，地之义，民之行"的道理，礼仪就仅仅是仪而已。而礼义的重要性则表现在知礼上，知礼才能不违礼。《定公四年》记载，楚平王遭到了强盗攻击，王奔郧，郧公辛的弟弟因平王与之有杀父之仇，要杀平王，郧公辛坚决反对："君讨臣，谁敢仇之？君命，天也。"不但未杀平王，还救了平王。郧公没有犯弑君之错，就是因为知君臣之礼的大义。但知礼，并不局限于对具体礼仪背后的礼义和规则的理解，更在于对个人对于礼的经国治世的使命的担当意识。女叔齐认为鲁昭公不知礼，是因为他作为一个国君，只知道往来朝聘的事务性礼节，但不知道也没有完成作为一个国君的历史使命。对于一个国君来说，礼就是"所以守其国，行其政令，无失其民者也"。但是，鲁国"今政令在家，不能取也；有子家羁，弗能用也；奸大国之盟，陵虐小国；利人之难，不知其私。公室四分，民食於他。思莫在公，不图其终。为国君，难将及身，不恤其所"。因此，将这样的人说成是善于礼就太不合适了。由此可进一步推论，在《左传》看来，进退揖让之礼是以国泰民安、政通人和为前提的。没有这个前提，一切都是形式而已。《左传》强调仪的规范性也是以政治功能为前提的。

三是在对礼的表述上表现出泛伦理倾向。在《左传》中典章制度和伦理道德和政治行为都有礼的内容。《庄公二十八年》："冬，饥。臧孙辰告籴于齐，礼也。"有灾向邻国告籴，是救灾举措。救灾属于守职行为。但在宗周礼法中，官员守职属于尊礼，因此，被认为有礼。《成公九年》："栾书伐郑，郑人使伯蠲行成，晋人杀之，非礼也。兵交，使在其间可也。"这里谈的是两国交兵不斩来使，无礼仪表现。《宣公四年》："公伐莒，取向，非礼也。"向乃是独立的被分封之国。夺取天子封国的土地，违背了分封制。分封制是周礼之根本，但与礼仪无关。《宣公十一年》：
"故书曰：'楚子入陈，纳公孙宁、仪行父于陈。'书有礼也。"此事指楚
王灭陈为县，在其大臣劝说下，又让陈复国。也是维护宗法分封制度。因
此为有礼。《宣公十五年》："初税亩，非礼也。谷出不过藉，以丰财也。"
这是鲁国土地制度的改变，凡制度都属于礼。因此，即使无关礼仪，也谓
之有礼。

三 《左传》之礼对历史的继承和损益

任何文化思想的产生和发展都是在对历史的传承和创新中实现的。孔
子在谈到既往礼仪制度发展时说："殷因于夏礼，所损益可知也；周因于
殷礼，所损益可知也。其或继周者，虽百世，可知也。"（《论语·为政》）
孔子坚信，殷因于夏礼、周因于殷礼并加以损益是可知的，周以后，必定
有人继承周礼的传统，这也是可以预见的。孔子的观点除了对礼的自信
外，更多着眼于思想进化和发展的必然规律。因袭和损益就是这种规律的
表现。《左传》将礼嵌入历史叙事，通过历史叙事来表达自己的礼学思
想，也包含对传统的损益。

《左传》礼学思想无疑是建立在宗周以来的礼文化传统之上的。尊重
和继承礼仪制度是其试图以礼解释历史的思想文化资源。从人类开始用言
语表达思想起，人们都习惯用权威观点来为自己的观点佐证，以增强说服
力。先秦时期的文献表明，上古时期的言说也是如此。《尚书》中的天子
的诰命就经常假托上天的权威意志。《左传》记事中，也有不少借助权威
观点的地方。这些权威观点有来自当下名人的，有来自经典的，也有来自
俗谚的。但谈及礼仪制度，最有说服力的还是祖先、先王和古代圣贤。
《左传》对传统的偏爱，从《左传》对观点权威的设置上可以看出。在历
史叙事或政治叙事中，为了增强权威性，《左传》经常选择具有权威色彩
的人物、事件、言论等作为表达立场的角度。《左传》也常借助权威视
角。《左传》在涉及礼仪制度的问题上，总是愿意用"天之制""先王之
制""古之制"来增强观点的分量。《隐公元年》："先王之制，大都不过
参国之一，中五之一，小九之一。"《隐公五年》："鸟兽之肉不登于俎，
皮革齿牙、骨角毛羽不登于器，则公不射，古之制也"。《庄公十四年》：

"臣无二心，天之制也。"《昭公二十六年》："昔先王之命曰：王后无适，则择立长。年钧以德，德钧以卜。王不立爱，公卿无私，古之制也。"举起先王、古之制的旗帜，除了增强话语的权威性外，实际上也表达了言说者对先王、古之制的热衷。这种热衷正是接通《左传》与传统礼仪制度的桥梁。

因此，《左传》中的礼学观念、思想和制度，无不打上传统礼文化的烙印。其中，比较明显的是对宗周礼仪文化的继承。"先王"更多的就是指周文王、周武王等宗周社会的开创者，古之制则更多地指周礼。宗周礼仪制度是《左传》之礼的资源，也是《左传》礼学思想的起点。在礼仪规制上，《左传》基本上是依照宗周礼仪的基本规范。在礼学观念上，《左传》也与周礼有着明显的精神联系。

首先，对礼产生的原因和功能的认识上，明显带有周礼的思想痕迹。周公制礼最革命的地方就是以自然本体代替了神本体。神本体认为存在一个至上神，人间秩序都是按照天的意志安排的。但是在周礼中，人间秩序是顺应自然秩序展开的，天道和人道应当是对应的，周礼就是在天地春夏秋冬的秩序中展开的。《左传》也将礼和天道自然相联系，把天经地义作为礼产生的原因。《昭公二十五年》："夫礼，天之经也，地之义也，民之行也。天地之经，而民实则之。则天之明，因地之性，生其六气，用其五行。气为五味，发为五色，章为五声，淫则昏乱，民失其性。是故为礼以奉之。"君臣、父子、婚姻等伦理关系，都是由礼根据天经地义规定的。虽然《左传》中天道自然也存在着被神化的色彩，神的观念也没有彻底退出，但是用天地秩序代替天的意志，使礼进入了一个有规律可循的思维中，表现出理性主义精神。

伴随着这种理性主义的是人本思想的提升。宗周社会已经明确天与民的观念，天带有民的气息，民成为天是否呵护统治阶级的重要依据。《尚书·周书》曰："天视自我民视，天听自我民听"，这种民本思想在《左传》中也得到延续，并成为礼的基础。《襄公十四年》中，师旷认为："良君将赏善而刑淫，养民如子，盖之如天，容之如地。民奉其君，爱之如父母，养之如日月，敬之如神明，畏之如雷霆，其可出乎？夫君，神之主而民之望也。若困民之主，匮神乏祀，百姓绝望，社稷无主，将安用之？"按照《左传》的逻辑，江山社稷才是君主之礼的基础，民为邦本，也是礼的后盾。

　　养民如子的目的是构建一种"民奉其君，爱之如父母，养之如日月，敬之如神明"的君民君臣的伦理秩序，这也是《左传》礼学目标的最佳境界。但是，实现这一目标的关键还取决于德的培育。《左传》继承了宗周时期的尚德思想，将德作为礼实现的基本条件。《左传》尚德，也经常从传统文化中寻找资源。《左传》关注的传统，涉及尧舜禹夏商周时期的精华，但尤以宗周时代为多。《僖公五年》引《周书》："皇天无亲，惟德是辅。"《文公十八年》："《周礼》曰：'则以观德，德以处事，事以度功，功以食民。'"《昭公三十二年》载周敬王语："昔成王合诸侯城成周以为东都，崇文德焉。"在总结周之兴衰的原因时，《左传》也从德与礼的关系中考察。《襄公十三年》："周之兴也，其《诗》曰：'仪刑文王，万邦作孚。'言刑善也。及其衰也，其《诗》曰：'大夫不均，我从事独贤。'言不让也。世之治也，君子尚能而让其下，小人农力以事其上，是以上下有礼，而谗慝黜远，由不争也，谓之懿德。及其乱也，君子称其功以加小人，小人伐其技以冯君子，是以上下无礼，乱虐并生，由争善也，谓之昏德。"《左传》沿着周礼的传统，视德为礼的基础，强国的保证。《襄公三十一年》："甚德而度，德不失民，度不失事，民亲而事有序，其天所启也。"《僖公七年》："招携以礼，怀远以德。"礼与德构成一个互动的整体，由此形成了德与礼相互支撑的礼学精神体系。

　　《左传》对周礼的传承也表现在对宗法伦理的维护上。宗周社会是以宗法制和分封制相结合建立起来的。宗法伦理是宗周社会礼制的基础。春秋以后，宗周宗法制逐步解体。但是，宗法制形成的"亲亲""尊尊"思想、嫡长子继承制观念以及利益分配思想依然影响着时人的思想。《左传》看到了宗周宗法制解体的必然性，但是，在观念上，依然受到宗法制思想的影响。一是在体制上，《左传》对宗周时期天子独大、诸侯并存的格局怀有眷恋，对于亲亲尊尊的伦理情感，《左传》也抱以好感。《隐公十一》记载，息侯伐郑，息师大败。息郑为同姓之国。《左传》对息侯的行为给予批评："君子是以知息之将亡也。不度德，不量力，不亲亲，不徵辞，不察有罪。犯五不韪，而以伐人，其丧师也，不亦宜乎？"《左传》对宗法制形成的等级伦理一直持正面评价，强调无论是礼仪行为还是在思想表达上，都以既有等级秩序为依据。《左传》尊礼的立场以及对宗法文化的留恋，也使其礼学思想带有保守性。

　　《左传》对宗周礼乐文化的传承是建立在其当代性上的，对传统文化吸收实际上是为了构建自己的立场。因此，传承的过程也是损益的过程。《左传》之礼同宗周礼文化不同的是，宗周礼文化是建立在天子一统天下的格局之上的，因此，礼也就成为带有普世性的带有终极性的绝对伦理。这种绝对性在《左传》中依然可以看到。《左传》将礼看成"天经地义"、看成"人之干，政之舆"，这个时候礼具有绝对伦理的意义。但是，在列国纷争、天子失位的历史环境下，每个国家甚至每个家族都站在自己利益之上对礼做出选择，礼逐渐演变为针对具体国家或家族的伦理规范，不再具有普遍性。《左传》不得不对礼的下移做出妥协。因此，《左传》中的礼也大多针对具体的对象，实际上变成列国之礼。列国之礼常将自己的利益作为礼仪行为的目标，因此，其礼学精神中各为其主的色彩较为浓厚。

第三章

德礼一体的礼学精神结构

《左传》将礼作为构建秩序世界和治国安邦以及在霸主政治环境中生存的基本手段和体制目标。但是，礼作为伦理规范在政治层面的运行需要人的努力来完成。人如何确保礼在政治变动中发挥作用，是《左传》回答的首要问题。在这个问题上，《左传》认为，德是礼的实践的坚强保证。德礼一体、德礼互动、以德护礼就成为《左传》之礼政治实践的理想模式。

一 德与礼结合的历史必然

德礼一体是现实制度建设的要求，也是德由日常生活道德走向政治伦理的必然结果。德与礼一直就是既彼此有别又关系密切的两个范畴。德与礼都是在公共交往中产生并调节和稳定公共交往关系，并促进公共关系的和谐的。但德与礼在文明演进中经历了不同的发展阶段。简言之，就是德与礼都经历了由简单的生活伦理向政治伦理发展的过程。原始共产社会时期，人们都生活在部落社会中，由于生产力低下，部落成员相互依存地生活在原始公社中，并自觉地遵守维护原始公社的日常伦理，一切都是约定俗成的，人们还不需要一个严厉的制度去保证日常伦理的和谐。《礼记·礼运》就描绘了这个世界："大道之行也，天下为公，选贤与能，讲信修睦。故人不独亲其亲，不独子其子，使老有所终，壮有所用，幼有所长，矜、寡、孤、独、废疾者皆有所养，男有分，女有归。货恶其弃于地也，不必藏于己。力恶其不出于身也，不必为己。是故谋闭而不兴，盗窃乱贼而不作，故外户而不闭。"这些描述掺杂着后人对大同社会的美化，但也从侧面反映了原始共产时期的公共伦理。这种公共伦理实际上是原始部落社会在生存环境恶劣和物质短缺状态下先民们因相依为命而形成的一种以天下为公的公共意识，它是完全围绕日常生活展开的。按照《礼记》的说法，在这种状态下，伦理道德是不需要的。今人也多同意这样的说法。但我们以为这种说法是不准确的。原始共产社会也需要德和礼，"天下为公，选贤与能，讲信修睦"就是德的表现，礼尚往来和祭祀鬼神的活动中也包含着礼。只是这个时期的德和礼没有变成一种政治制度，人们对德和礼的遵守都是以约定俗成的方式进行的。之所以没有成为政治制度，是因为德与礼都是围绕日常生活展开的，由于部落成员间关系简单，利益冲突较小，大多数人都能自觉遵守。所谓大道之行，就是因为这些公共道德礼义落实于人们的行为习惯中。原始共产时期也并非没有无德无礼之人，只不过因为无德无礼之人遭到多数部落成员的排斥而显示出原始共产时期礼义道德的纯粹性。禅让制证明了原始共产时期存在着尚德的精神。传说中尧舜就是尚德的典型。《尧典》说尧"钦明文，思安安。允恭克让，光被四表，格于上下。克明俊德，以亲九族。九族既睦，平章百姓。百姓昭明，协和万邦，黎民于变时雍"。尧因此得到天下人的拥戴。尧之子丹朱不肖，为天下人所厌恶，尧才将首领的位置传给贤明的舜。德的观念的出现是和善恶观念相关的。远古人实际上也有善恶冲突和判断。《文公十八年》有对远古时期善恶人物的描述："昔高阳氏有才子八人，苍舒、隤敳、梼戭、大临、尨降、庭坚、仲容、叔达，齐圣广渊，明允笃诚，天下之民谓之八恺。高辛氏有才子八人，伯奋、仲堪、叔献、季仲、伯虎、仲熊、叔豹、季狸，忠肃共懿，宣慈惠和，天下之民谓之八元。此十六族也，世济其美，不陨其名，以至于尧，尧不能举。舜臣尧，举八恺，使主后土，以揆百事，莫不时序，地平天成。举八元，使布五教于四方，父义、母慈、兄友、弟共、子孝，内平外成。昔帝鸿氏有不才子，掩义隐贼，好行凶德，丑类恶物，顽嚚不友，是与比周，天下之民谓之浑敦。少暤氏有不才子，毁信废忠，崇饰恶言，靖谮庸回，服谗蒐慝，以诬盛德，天下之民谓之穷奇。颛顼有不才子，不可教训，不知话言，告之则顽，舍之则嚚，傲很明德，以乱天常，天下之民谓之梼杌。"这些文字虽然有后人的加工演绎，但对善恶现象的认识是符合历史真实的。它说明远古人已经通过善恶的选择树立起了鲜明的道德意识，同时也说明了在部落社会的有限空间里，失德人物和失德行为事关群体的日常生活并处于部落成员的监督下，都是可控的。德和礼都处于自觉状态中，因此也就没有后世那样强烈的道德焦虑。

　　原始社会以后，德与礼逐步进入了制度层次。这一切都源于生产力的发展。个体基本上都能离开群体独自生存，社会出现剩余产品，权力拥有者往往也是剩余产品的争夺者和占有者。权力和利益的争夺取代了原始共产时期的平均主义，恶的力量变得不可控制，社会需要新的规范来约束社会成员，德礼就成为制度建设的基本要素。《礼记·礼运》对此作了清晰的论述："大道既隐，天下为家。今大道既隐，天下为家。各亲其亲，各子其子，货力为己。大人世及以为礼，城郭沟池以为固。礼义以为纪，以正君臣，以笃父子，以睦兄弟，以和夫妇，以设制度，以立田里，以贤勇知，以功为己。故谋用是作，而兵由此起。禹、汤、文、武、成王、周公，由此其选也。"这里的礼义就是在原始共产时期的伦理道德的基础上进一步升级改造的结果。但是，德礼进入制度经历了一个漫长的过程。现在我们无法知道夏代的制度建设。按照《礼记·表记》的说法，三代在制度上各有不同："夏道尊命，事鬼敬神而远之，近人而忠焉。先禄而后威，先赏而后罚。亲而不尊。其民之敝，惷而愚，乔而野，朴而不文。殷人尊神，率民以事神，先鬼而后礼，先罚而后赏。尊而不亲，其民之敝，荡而不静，胜而无耻。周人尊礼尚施，事鬼敬神而远之，近人而忠焉，其赏罚用爵列。亲而不尊，其民之敝，利而巧，文而不惭，贼而蔽。"根据这个说法，夏商周的制度特色是夏尊命，商尊神，周尊礼。夏与周有相似之处，但是相信命运，主要通过赏罚的方式进行社会管理的，还没有完全进入德与礼的阶段。商代尊神，统治者实际上是靠祭祀权来维持对天下的统治，说明国家制度已经逐步向礼的方向发展。周代确立了以礼治国，它与商代的区别是，周礼将天命与人事相结合，将制度建设与人的等级秩序联系在一起，形成了以礼为核心的宗法体制。德也是在周代才进入制度层面的。文字学的历史表明，一种观念的定型必然有对应的文字符号加以表现。德字作为精神品质的符号是在周代确立的。德字出现于商代的甲骨文中，其基本义并非后来的德行，而是获得。《说文解字》认为"德者，得也"。《释名·释言语》有："德，得也，得事宜也"。《礼记·乐记》有："德者，得也。"《盘庚》中"非予自荒此德"即有此义。可见，德得基本义并非道德之义。从甲骨文字形上看，德为会意字，左边"德"字在甲骨文中属于是"彳"表示人的行为，右边上有一垂直图形在一只眼睛之上，有目不斜视、行为端正之意，德就是"目视于途"、"择路而行"。

晁福林则指出："甲骨文写作从行从横目之形，其所表示的意思是张望于路途，人们看清了路而有所得。"① 殷人事鬼，行事一般都要问卜于鬼神。德也指从鬼神处得到好处，指点迷津，卜辞中"王德正（征）"，"今春王德伐土方"，"王德方帝授我"，其中德字皆可以通假为得。德在此处又和神性相关，表示人从神那里获益。《尚书·盘庚》有"肆上帝复我高祖之德。"德由此还引申出恩惠和好处的意思。《庄公八年》："夏书曰：'皋陶迈种德，德乃降'"《盘庚》中就有"德嘉绩于朕邦"、"实施德于民"，就是给好处和施恩惠的意思。德成为人的内在精神的指称是在周代。西周时期的金文中出现了大量的德字，且与人的精神品质密切相关。殷商时期甲骨文中德字本无心字，在金文中则加上了心字。这说明德字已经从表示行为的符号变成了表示内心和行为一致的文字，德的道德意义定型并得到普遍承认和重视。这种意义的转换是与周人尚德意识的自觉分不开的。周人从商亡的教训中发现，天神对人的保佑不是无条件的。"皇天无亲，惟德是辅。"人必须在德行上符合天的要求，才能得到天的保佑。周武王接受了箕子提出的"三德"，周公时期，又将德的作用提升了一步。王国维在《殷周制度论》中说："夫商之季世，纪纲之废、道德之隳极矣。……殷周之兴亡，乃有德与无德之兴亡。"② 但是，这个时候，神依然是德与不德的判定者，德在生活中并不具有独立的决定性的意义，德与天之间，天依然是主宰者，德是用来"配天"的。德与礼的背后是人与神的对话，准确地说是天子与天的对话。核心问题是有德神才能接受祭祀。《昭公二十年》载齐晏子言"若有德之君"而为善政，则"鬼神用飨，国受其福"，实际上是宗周时期德礼观念的延续。但是，要做到以德配天，统治者就要一方面自身的行为合德，做有德之人。宗周文献中有诸多告诫贵族阶级以德律己的言论，如《尚书》中的《无逸》等，表明统治阶级的道德自觉。另一方面，要得到神的认可，就要用神给人好处的方式去给民众好处，或者说是要用对待神的态度去对待人。宗周时期德的概念非常丰富。《逸周书》中就提出孝、悌、慈惠、忠恕、中正、恭逊、宽宏、温直、兼武等九德。这些概念都关涉对他人的道德态度，表明了宗周时期道德精神一面连着神本，另一面牵着人本。从文字学和语义学的角度看，周人将商

---

① 晁福林：先秦时期"德"观念的起源及其发展，中国社会科学，2005，4。

② 王国维：《观堂集林·殷周制度论》，中华书局1959年版。

人的意义进一步发挥并以德字来表达人的向善的内在精神是有逻辑基础的。德的内涵由殷商时期的德转化为行为和周代的道德精神也是有逻辑基础的。但是，德的观念在这个时期还属于相对独立的对贵族阶级行为的要求，并没有和制度建设系统地联系起来。宗周统治者一方面加强道德自觉，以便做到以德配天，另一方面，则加强礼制建设，以周礼治天下。德与礼基本在两条线上运行。德与礼走向一体化是在春秋时代。

春秋时期的时代特征是礼崩乐坏。在许多贵族阶级的思想者看来，礼乐文明依然是最完美的文明，要让社会重新回到和谐状态中，就必须恢复礼乐文明。孔子就将礼放在至高无上的地位。他对违背礼乐文明的行为痛心疾首，直言"是可忍，孰不可忍"，他所担忧的就是"礼乐不兴"，因此，要"克己复礼"，因为，"一日克己复礼，则天下归仁矣。"他强调一切都要以礼而行："非礼勿视，非礼勿听，非礼勿言，非礼勿动。"

而要恢复礼乐文明，就必须弘扬主体道德，所谓"克己复礼"，就是要通过道德约束自己来遵循礼的规范。孔子建立了以仁为核心的道德体系，试图通过仁内礼外的精神和行为结构，实现礼的回归。《论语》说："道之以政，齐之以刑，民免而无耻；道之以德，齐之以礼，有耻且格。"否则，"人而不仁，如礼何？人而不仁，如乐何？"可以说，儒家的崛起是和复兴礼乐文明的热潮以及建构德礼一体的新的礼乐文明模式的要求联系在一起的。《左传》呼应了这一潮流，在叙述历史的过程中，将德礼一体作为其礼学思想的核心，并影响了其整体叙事。

二　以德护礼的政治设计

宗周时期的道德自觉，一开始就具有高度的政治诉求。"皇天无亲，惟德是辅"的认知中，包含的是希望得到上天保佑天子的期待。春秋时期，这种道德自觉进一步由神人关系转向人与现实政治的关系。鉴于天子权威失范，诸侯争霸的残酷现实，德成为凝聚人心，自救自强的必要条件。尚德成为春秋社会时代精神的重要元素。

如前所述，德的自觉是礼的危机所致。这种危机因天子失位成为诸侯谋求自身生存发展的重要条件。德与政的关系成为道德思考的重点。孔子讲"为政以德"，是一个时代的主题。《左传》对德的强调由人生到政治，德被看成是立身立家立国的必要条件。

《左传》将立德置于立身的根本。《襄公二十四年》记载，鲁穆叔出使晋国，晋范宣子问穆叔："古人有言曰：'死而不朽'，何谓也？"穆叔未对。范宣子接着说："昔匄之祖，自虞以上为陶唐氏，在夏为御龙氏，在商为豕韦氏，在周为唐杜氏，晋主夏盟为范氏，其是之谓乎？"穆叔回答说："以豹所闻，此之谓世禄，非不朽也。鲁有先大夫曰臧文仲，既没，其言立，其是之谓乎！豹闻之，'大上有立德，其次有立功，其次有立言'，虽久不废，此之谓三不朽。若夫保姓受氏，以守宗祊，世不绝祀，无国无之，禄之大者，不可谓不朽。"保姓受氏历来都是贵族阶级的最高期待，因为它寄托了人们对死而不朽的深切期待。但是，这一观念在春秋时期发生了变化。在叔孙穆子看来，较之保姓受氏，立德、立功、立言更具有生命力，精神的不朽远远胜过生命传承的不朽。这一方面反映了春秋时期个人主体意识的觉醒，另一方面也表明尚德精神已经深入到个体层面。德被列为大上，显示了德在人生中具有至高无上的地位。因为德为大上，一切行为都需具备了德行才能成功。在政治操作中，德也是决定政治成败的重要因素。卫州吁失败就是其例。州吁弑君夺位，自以为是，但是众仲却认为其必然要失败。《隐公四年》记载："公问于众仲曰：'卫州吁其成乎？'对曰：'臣闻以德和民，不闻以乱。以乱，犹治丝而棼之也。夫州吁，阻兵而安忍。阻兵无众，安忍无亲，众叛亲离，难以济矣。夫兵犹火也，弗戢，将自焚也。夫州吁弑其君而虐用其民，于是乎不务令德，而欲以乱成，必不免矣。'"众仲认为为政的根本是以德和民，州吁"不务令德，而欲以乱成"终究不会有好下场。在春秋时期，许多诸侯统治者都认识到了务德的重要性，《左传》对此有大量记载，表明了《左传》的尚德精神。《庄公八年》中，鲁庄公称要"修德以待时"，《僖公十九年》中，子鱼告诫宋公要先"内省德"，等到"无阙而后动"。

德也是立国之本。《文公五年》："臧文仲闻六与蓼灭，曰：'皋陶、庭坚不祀忽诸！德之不建，民之无援，哀哉！'"立国的根本在于得民，如果不能树立起道德的旗帜，就不能得到民众的支持。蓼国的灭亡原因就是"德之不建"而失民。《文公十八年》："《周礼》曰：'则以观德，德以处事，事以度功，功以食民，'"更将德作为得民治国的起点。《文公七年》："《夏书》曰：'戒之用休，董之用威，劝之以《九歌》，勿使坏。'九功之德皆可歌也，谓之九歌。六府、三事，谓之九功。水、火、金、木、土、谷，谓之六府。正德、利用、厚生，谓之三事。义而行之，谓之德、礼。无礼不乐，所由叛也。若吾子之德莫可歌也，其谁来之？"将立德作为政事的处理和安定民心的关键，这在《左传》中屡见不鲜。如《庄公八年》鲁庄公回答其弟要求攻打齐国的请求时对德的强调："我实不德，齐师何罪？罪我之由，《夏书》曰：'皋陶迈种德，德乃降。'姑务修德以待时乎？"《昭公二十四年》引用《大誓》的话说："'纣有亿兆夷人，亦有离德。余有乱臣十人，同心同德。'此周所以兴也。君其务德，无患无人。"

德还是推行霸主政治行霸主之礼的重要基础。《昭公五年》援引的《诗》的观点："有觉德行，四国顺之。"霸主政治的基础是力，但是，《左传》认为，单凭力量是无法征服诸侯、建立霸主政治秩序的。召陵之役，齐国大兵压境，楚王使屈完与齐侯交涉。齐侯"陈诸侯之师，与屈完乘而观之"，威胁说："以此众战，谁能御之？以此攻城，何城不克？"屈完回答说："君若以德绥诸侯，谁敢不服？君若以力，楚国方城以为城，汉水以为池，虽众，无所用之！"（《僖公四年》）屈完的辩驳说明的是，以力服诸侯的同时，需以德服诸侯。征服土地靠力量，征服人心则需要德行。《僖公七年》中管仲告诫齐桓公，要想成为霸主，就一定要"招贤以礼，怀远以德"。《文公七年》记载，卫国归还晋国土地，赵宣子想霸占，郤缺知道后批评说："日卫不睦，故取其地，今已睦矣，可以归之。叛而不讨，何以示威？服而不柔，何以示怀？非威非怀，何以示德？无德，何以主盟？子为正卿，以主诸侯，而不务德，将若之何？"楚庄王问鼎中原，试图将周天子拥有的代表天子权力的九鼎据为己有。王孙满却认为："在德不在鼎。昔夏之方有德也，远方图物，贡金九牧，铸鼎象物，百物而为之备，使民知神、奸。故民入川泽、山林，不逢不若。魑魅魍魉，莫能逢之。用能协于上下，以承天休。桀有昏德，鼎迁于商，载祀六百。商纣暴虐，鼎迁于周。德之休明，虽小，重也。其奸回昏乱，虽大，轻也。天祚明德，有所底止。"（《宣公三年》）能否真正问鼎权力，不在于鼎之轻重，而在于德之大小。

与强调立德相对的是《左传》对失德的关注。《左传》记录了大量的失德之君和失德之臣。并表明失德不仅破坏了礼制秩序，而且也会给自身带来毁灭性打击。"多行不义必自毙"，这是《左传》对失德行为的基本评估。吴楚交战时期，吴师攻到陈，楚大夫上下充满恐惧，但楚公子令尹子西却不以为然，他说："二三子恤不相睦，无患吴矣。昔阖庐食不二味，居不重席，室不崇坛，器不彤镂，宫室不观，舟车不饰，衣服财用，择不取费。在国，天有灾疠，亲巡孤寡，而共其乏困。在军，熟食者分，而后敢食。其所尝者，卒乘与焉。勤恤其民而与之劳逸，是以民不罢劳，死知不旷。吾先大夫子常易之，所以败我也。今闻夫差次有台榭陂池焉，宿有妃嫱嫔御焉。一日之行，所欲必成，玩好必从。珍异是聚，观乐是务，视民如仇，而用之日新。夫先自败也已。安能败我？"（《哀公元年》）阖庐为吴国崛起的君主，子西认为，阖庐成功首先是他具有一个君主的美德，他勤俭朴素，关爱士卒，勤政爱民，但其子夫差正好和其父亲相反，骄奢淫逸，生活腐化，自己先将自己打败了，因此也就无法在战争中获得胜利。

德的政治功能在《左传》中被空前地放大了。但是，德的政治功能的有效发挥是和秩序世界的建立密切相关的。王国维认为，周公用以纲纪天下的宗旨，是要"纳上下于道德，而合天子、诸侯、卿大夫、士、庶民以成一道德之团体，周公制作之本意，实在于此"。[1] 在王国维看来，周公时期，完美的礼制能够为立德创造条件，因此，就把礼放在优先地位。但在春秋时代，礼乐文明的崩溃说明了礼的功能的有限性，礼的重建还需要人对礼的自觉遵守，人的内在精神的重建也是至关重要的。德的作用也正在这里。没有道德的完善礼也无法落实。立德被看成是守礼的重要精神基础。德礼一体的礼学精神结构和德礼互动的礼学行机制就这样产生了。以德聚人心安天下，最终是要让天下纳入礼的秩序中，德礼一体，实际上就是《左传》构建理想政治秩序的最佳模式。

德礼一体在《左传》中的表述是，一是德礼同义。礼和德经常相互并列互换。《文公七年》中，晋郤缺劝谏赵宣子说："子为正卿以主诸侯，而不务德，将若之何？《夏书》曰'戒之用休，董之用威，劝之以九歌，勿使坏。'九功之德皆可歌也，谓之九歌。六府、三事，谓之九功。水、火、金、木、土、谷，谓之六府。正德、利用、厚生，谓之三事。义而行之，谓之德礼。"这是因为德最初与祭祀天神的动机相关，德原就是礼的目的之一。到了春秋时期，德礼之间的目的基本一致。礼的目的就是为了"经国家，定社稷，序人民，利后嗣"（《隐公十一年》），这也是德的目

---

① 　王国维：《观堂集林》，中华书局 1959 年版。

的，合礼的行为必然合德。其次，在伦理实践和政治实践中，德与礼互为保障，德为礼的基础。《成年公十三年》："礼，身之干也；敬，身之基也。"《文公二年》："孝，礼之始也。"三是由于德首先以合乎礼为前提并以维护礼的秩序为目的，因此，德行本身能够使伦理政治的合乎礼义和礼的规制。《僖公二十年》："《礼》《乐》，德之则也。德义，利之本也。"这种规定性一方面是它直接引导人在向善的过程中自觉遵守和践行礼，另一方面，礼的实现必须以天下秩序或国家政治的康宁为前提，德有助于引导人们实现个人完美和伦理政治的实现，因此也为礼的实现创造了条件。鉴于礼崩乐坏现实背后存在的失德现象的严重性，《左传》更强调德对礼的制约与保障。

《左传》认为，只要以德行事，礼的规范就能得到保证。以德立身者，必然守礼。在郑庄公和共叔段的权力之争中，郑庄公作为法定的君位继承者在礼制上具有合法性，共叔段在母亲的撺掇下，得寸进尺去试图夺权，本身就是触犯礼法的举动。根本原因还是个人野心的膨胀。为满足权力欲去触犯礼法，就是失德。因此也就不可能有好的结局。《左传》经常从礼仪形式的背后去评价人的内在道德。叔孙诺出使受到晋国威胁后，依然争礼。但争礼的背后，是对鲁国的忠诚，是置国家利益于个人利益至上的无私。正是这种无私，使得晋国难以强权征服他，反而被叔孙诺征服。因此，德对礼的维护是根本的。由此，我们也可以看出《左传》以德护礼的基本思路。即通过个人立德维护礼义，通过德政来获得民心。得民心便有国家，礼仪制度才能真正得到落实。诚如《僖公二十七年》所言："臣亟闻其言矣。说礼乐而敦诗书。诗书，义之府也。礼乐，德之则也。德义，利之本也。"德礼之间既相互规定，也相互融合。无德必无礼。要弘扬德的力量，不仅要行有德之事，也要善待有德之人，打击无德之人，以德护礼。《文公十八年》记载：莒国太子仆因受到父亲的歧视，通过国人弑杀国君，出奔鲁国。季文子认为，弑君弑父失礼也失德。他派大史克拒绝接纳太子仆："先大夫臧文仲教行父事君之礼，行父奉以周旋，弗敢失队。曰：'见有礼于其君者，事之如孝子之养父母也。见无礼于其君者，诛之如鹰鹯之逐鸟雀也。'先君周公制《周礼》曰：'则以观德，德以处事，事以度功，功以食民。'作《誓命》曰：'毁则为贼，掩贼为藏，窃贿为盗，盗器为奸。主藏之名，赖奸之用，为大凶德，有常无赦，在《九刑》不忘。'行父还观莒仆，莫可则也。孝敬忠信为吉德，盗贼藏奸为凶德。夫莒仆，则其孝敬，则弑君父矣；则其忠信，则窃宝玉矣。其人，则盗贼也；其器，则奸兆也，保而利之，则主藏也。以训则昏，民无则焉。不度于善，而皆在于凶德，是以去之。"

三 道礼一体选择的基本向度

德是一个极为宽泛的概念。春秋时期，道德思考方兴，人们从不同角度不同层次去考察人的内在品质。因此，属于德的范畴的概念极多。综合各种文献有关德的表述，可见几十种。《左传》中与德相关的概念也比较多。《文公十八年》有："齐、圣、广、渊、明、允、笃、诚，天下之民谓之八德恺。……忠、肃、共、懿、宣、慈、惠、和，天下之民谓之八元。"此外，《左传》还有五教四德等对德行的表述。可见，归纳起来。德大致可以归纳为三方面内容。一是具有价值意味的德行，二是指合德的行为状态，三是指良好的心理品质。仁、义、智、信、亲、孝、忠、诚、信、惠、勇、让、和等是价值意义上的，肃、共、宣、齐、敬等属于行为态度的，敏、宽等属于心理品质方面的。由于道德理论尚在草创阶段，春秋时期的人们将一切良性的行为都和德联系起来，造成了有关德的概念的繁杂。从道德本质看，具有价值意义的德行才真正属于道德范畴。当时人们似乎也开始注意到了这个问题，多数文献都强调价值意义上的德行，这为后来德的概念的明晰奠定了基础。由于人们对道德建设目标的期待不同，对德与礼的关系的选择也各有不同。比如，仁义礼智信被后世儒家视为社会文明的基础，仁义智信又是礼的基础。这一点，在孔子的言论中得到了充分表述。但在《左传》中，仁和义不是强调的重点。仁在《左传》中虽也提及，但没有像孔子那样将仁作为道德核心。义强调正义性和合法性，《左传》多有涉及，如"多行不义必自毙"、"大义灭亲"等。在对行为的正当性和合法性上，也贯穿了义的精神。但是，义也不是《左传》叙事最重要的价值尺度。《左传》在对德礼关系的展开中，较多关注交往伦理。让、忠、信、敬等是《左传》经常提到的。如《文公元年》："凡君即位，卿出并聘，践修旧好，要结外援，好事邻国，以卫社稷，忠、信、卑让之道也。忠，德之正也；信，德之固也；卑让，德之基也。"这种选择性概因

《左传》重视诸侯内部和诸侯之间的政治关系，让、信、义、忠等能够促进政治关系的和谐。本文仅举让、信、义、忠等具有典型意义的例子加以说明。

（一）让与礼

让的造字本义与权力的让渡有关。让的古体构成是讓，《说文》解释：襄表音，也有协助之意思，本义是许诺退位，协助对方获得。许诺放弃权力，且给予协助，无无私之胸怀难以完成。古代最早体现这种精神的是尧舜时期所实行的权力禅让制，传贤不传子的制度被人称为圣贤时代的标志。《尚书》就多次记载了尧舜让贤的事迹。春秋时期，孔子将"温良恭俭让"作为个体优秀的内在品格。孟子曾经说过"辞让之心，人皆有之"，并将辞让作为"礼之端"加以肯定。

让与礼的关系极为密切。在礼尚往来的过程中，辞让是体现礼的重要原则。《仪礼》规定的朝聘礼仪就有对辞让的仪式化表现："上介不袭，执圭屈缲，授宾。宾袭，执圭。摈者入告，出辞玉。纳宾，宾入门左。介皆入门左，北面西上。三揖，至于阶，三让。公升二等，宾升，西楹西，东面。摈者退中庭。宾致命。公左还，北乡。摈者进。公当楣再拜。宾三退，负序。"说的就是在诸侯间朝聘之礼中，不仅要以"宾三退"还礼的形式表示谦让，还要献玉后"辞玉"，以示慷慨不贪宝。

朝聘中的这种辞让在《左传》中也有记载。《昭公二年》记载，鲁叔弓聘于晋，晋侯使郊劳。叔弓辞让说："寡君使弓来继旧好，固曰：'女无敢为宾！'彻命于执事，敝邑弘矣。敢辱郊使？请辞。"行致馆之礼，又辞让："寡君命下臣来继旧好，好合使成，臣之禄也。敢辱大馆？"叔向赞扬说："子叔子知礼哉！吾闻之曰：'忠信，礼之器也。卑让，礼之宗也。'辞不忘国，忠信也。先国后己，卑让也。《诗》曰：'敬慎威仪，以近有德。'夫子近德矣。"这种礼让显然可以增强诸侯之间的信任，不过，《左传》中的让，较多发生在诸侯内部，主要表现为对权力和利益的实质性辞让。

一是让国。让国，即将本可得到的君权让给他人。让国的传统来自古代禅让制，周人曾继承了这种精神。太伯让国为后人称颂。《左传》视让国以美德，让国事迹也屡屡出现。鲁隐公以摄政身份登上君位，他始终明白自己的身份，不以国君自居，并时刻想着将君权交给太子，在《左传》中可谓让国第一人。宋宣公是宋武公之子，宋穆公之兄，宋殇公之父。宋宣公死，不将君位传予其子与夷，而传位于其弟和，和让而受之。宣公卒，弟和立，是为穆公。穆公对于其兄让国精神感动，《桓公三年》记载，宋穆公病重，召大司马孔父安排后事："先君舍与夷而立寡人，寡人弗敢忘。若以大夫之灵，得保首领以没；先君若问与夷，其将何辞以对？请子奉之，以主社稷。寡人虽死，亦无悔焉。"孔父嘉曰："群臣愿奉冯也。"穆公曰："不可。先君以寡人为贤，使主社稷。若弃德不让，是废先君之举也，岂曰能贤？光昭先君之令德，可不务乎？吾子其无废先君之功！"遂使公子冯出居于郑。《左传》通过"君子曰"赞扬说："宋宣公可谓知人矣。立穆公，其子飨之，命以义夫！商颂曰：'殷受命咸宜，百禄是荷'，其是之谓乎！"《襄公十四年》记载，吴王将立季札。季札辞曰："曹宣公之卒也，诸侯与曹人不义曹君，将立子臧。子臧去之，遂弗为也，以成曹君。君子曰：'能守节。'君，义嗣也。谁敢奸君？有国，非吾节也。札虽不才，愿附于子臧，以无失节。"季札最终坚决放弃了继承权。对于季札的行为历史上有争议。但是，面对继承权斗争日益激烈的春秋时代，《左传》对于这种让国精神表示了高度赞赏。

二是让权。权力分配是政治秩序建立的关键，因权力分配导致的残杀在春秋屡见不鲜。权力面前的辞让因此就显得十分高尚。这种情况在晋国比较多。《襄公三十三年》记载，晋荀罃、士鲂卒。晋侯搜于绵上以治兵，使士匄将中军，士匄推荐了荀偃，自己做了他的助手。他说："伯游长。昔臣习于知伯，是以佐之，非能贤也。请从伯游。"晋君让韩起统领上军，韩起推荐赵武。晋君又让栾黡统领上军，栾黡也推辞了，最后让赵武将上军，韩起佐之。栾黡将下军，魏绛佐之。《左传》说从此"晋国之民，是以大和，诸侯遂睦"。

三是让功。春秋时期，论功行赏的权力分配观念逐渐形成，有功意味着有地位。但是，这也势必造成争功求利的局面，由此对既有的等级秩序造成破坏，同时也会给自身带来灾难。诸侯各国中卿大夫因争功造成相互残杀的现象经常出现。因此，辞让就成为确保权力秩序稳定的重要道德精神。不少贵族在获得军功后，经常表现出退让的姿态。《成公二年》记载，晋师凯旋，范文子立大功却后入。其父范武子问其原因，范文子说："师有功，国人喜以逆之，先入，必属耳目焉，是代帅受名也，故不敢。"范武子感慨说："吾知免矣。"意思是自己的家族是安全的，另一层含义是，不刻意争功以避免贵族阶级之间的相互残杀。

　　让功是一种胸怀和境界，其根本就是有功不贪功，不以功劳为享乐的资本。《襄公十一年》记载，晋侯将他国赠与的乐队的一半赐给魏绛，原因是："子教寡人和诸戎狄，以正诸华。八年之中，九合诸侯，如乐之和，无所不谐。请与子乐之。"魏绛辞让说："夫和戎狄，国之福也；八年之中，九合诸侯，诸侯无慝，君之灵也，二三子之劳也，臣何力之有焉？抑臣愿君安其乐而思其终也！《诗》曰：'乐只君子，殿天子之邦。乐只君子，福禄攸同。便蕃左右，亦是帅从。'夫乐以安德，义以处之，礼以行之，信以守之，仁以厉之，而后可以殿邦国，同福禄，来远人，所谓乐也。《书》曰：'居安思危。'思则有备，有备无患，敢以此规。"把功劳分摊给别人，把功劳带来的物质赏赐作为重新作为的动力，这是魏绛的人格境界所在。

　　四是让地位。在礼制层面，地位是礼的等级关系的最终认定。贵族阶级所追求的其实也是等级地位。因此，争取地位也往往导致秩序的混乱。贵族地位的取得和提升有两种途径。一是传统的世卿世禄，另一种是依据个人的贤能论功行赏。这两种地位的安排往往会引发冲突。而且论功行赏往往会触动传统贵族的利益，造成新的矛盾和冲突。在这个问题上，《左传》似乎更倾向于通过礼让来解决。《僖公十二年》记载，周天子因为管仲在齐国德高望重，以上卿之礼飨管仲，管仲推辞说："臣，贱有司也，有天子之二守国、高在。若节春秋来承王命，何以礼焉？陪臣敢辞。"管仲的辞让一方面是表达封赏时候的礼仪，另一方面则是权衡利弊之后做出的选择。享以上卿之礼，受下卿之礼而还，既维护了君臣之间的礼仪，同时也没有触犯既存的秩序。这种以让维护现存礼制秩序的做法受到了《左传》的称赞："管氏之世祀也宜哉！让不忘其上。《诗》曰：'恺悌君子，神所劳矣。'"

　　让产生的道德效应是巨大的。让是对权力和利益的主动放弃，这种主动性使得欲望化作无私。无私才能自觉地遵守礼制规定，克己守礼。礼以别贵贱。礼既是秩序的规范，同时也潜藏着权和利分配带来的隐忧。私欲和权力欲的膨胀使得春秋时期处处存在着恶性的争斗。国与国、臣与君、臣与臣之间的争斗几乎贯穿在整个春秋的历史中。争的结果是对礼的重大伤害，不仅伤害了君臣大义，同时也伤害了母子兄弟伦理。《襄公二十六年》："臣不心竞而力争，不务德而争善，私欲已侈，能无卑乎？"进而破坏等级秩序的稳定，也会给国家的稳定带来危害。《宣公十年》："争必贪，怀于鲁矣。怀必贪，贪必谋人。谋人，人亦谋己。一国谋之，何以不亡？"《定公五年》："斗辛闻吴人之争宫也，曰：'吾闻之："不让则不和，不和不可以远征。"吴争于楚，必有乱。有乱则必归，焉能定楚？'"避免因争心带来的道德水准下滑和秩序混乱的良好途径就是通过辞让使人克服争心。《昭公十年》记载，齐国栾施、高强嗜酒无德，又和新贵陈鲍之族发生矛盾，结果被赶出齐国。陈鲍欲瓜分其财产。晏子劝阻说："必致诸公。让，德之主也。让，之谓懿德。凡有血气，皆有争心，故利不可强，思义为愈。义，利之本也，蕴利生孽，姑使无蕴乎，可以滋长。"

让也能提高诸侯的威望。《襄公九年》记载，秦景公使士雃乞师于楚，将以伐晋，楚子许之。令尹子囊说："不可。当今吾不能与晋争。晋君类能而使之，举不失选，官不易方。其卿让于善，其大夫不失守，其士竞于教，其庶人力于农穑。商工皂隶，不知迁业。韩厥老矣，知罃禀焉以为政。范匄少于中行偃而上之，使佐中军。韩起少于栾黡，而栾黡、士鲂上之，使佐上军。魏绛多功，以赵武为贤而为之佐。君明臣忠，上让下竞。当是时也，晋不可敌，事之而后可。君其图之！"

让带来了贵族阶级内部相互以礼相待并促使国家的强大。《左传》在借"君子曰"评价晋国卿大夫之间让权的行为时说："让，礼之主也。范宣子让，其下皆让。栾黡为汏，弗敢违也。晋国以平，数世赖之。刑善也夫！一人刑善，百姓休和，可不务乎？《书》曰：'一人有庆，兆民赖之，其宁惟永。'其是之谓乎？周之兴也，其《诗》曰：'仪刑文王，万邦作孚。'言刑善也。及其衰也，其《诗》曰：'大夫不均，我从事独贤。'言不让也。世之治也，君子尚能而让其下，小人农力以事其上，是以上下有礼，而谗慝黜远，由不争也，谓之懿德。及其乱也，君子称其功以加小人，小人伐其技以冯君子，是以上下无礼，乱虐并生，由争善也，谓之昏德。国家之敝，恒必由之。"（《襄公十三年》）此间，"君子曰"通过让权说明让的意义。让不仅是一种道德行为，而且具有道德感召力。范宣子一个人让权带动了所有人的谦让，形成一种谦让之风。这种谦让的精神也阻止了个别人野心的膨胀，从而使得权力秩序得以有序地整合，避免了上下相争，破坏正常的礼制。让才能做到上下有礼。因此，让就是"礼之主"。

（二）忠与礼

忠是《左传》之礼的又一个精神支撑点。《左传》认为，在君臣大夫的关系中，忠具有强大的凝聚力和向心力。《成公十年》："忠为令德"，《文公元年》："忠，德之正也。"

　　忠在春秋时期才成为广泛推崇的道德精神。春秋之前的文献中，忠很少被提及，春秋时期的文献如《论语》、《左传》、《国语》中，忠字大量出现。《说文解字》："忠，敬也，尽心曰忠。"东汉马融在《忠经》："忠也者，一其心之谓也。"上述解释基本上也可以用来解释春秋时期忠的内涵。但是，春秋时期的不同文献，对忠的表达是各有侧重的。在《论语》中，忠主要为一种处世之道和责任态度。《论语》："居处恭，执事敬，与人忠。虽之夷狄，不可弃也。"《论语·学而》："曾子曰：'吾日三省吾身：为人谋而不忠乎？与朋友交而不信乎？传不习乎？'"孔子及其弟子基本上是从处世做事的态度谈忠的。《论语》的这种态度，概因孔子一派试图从修身开始，通过自我道德的提升来实现社会和谐，因此强调个体人立身处世的态度。《左传》对忠的表述在基本意义上与孔子一派相似，但在对忠的道德意义的拓展上，似比《论语》更丰富。《昭公十二年》有："外内倡和为忠"，此意为表里如一，与诚信相近。《左传》又将忠视为"德之正"。《成公九年》："无私，忠也"，赋予忠公而无私的意义。《僖公九年》："公家之利，知无不为，忠也。"从这里，我们也可以看出，《左传》和《论语》对忠的表达的区别。《左传》并不像《论语》那样注重修身，而是重视不同主体间的伦理态度和责任。这种责任态度基本上超越了日常生活伦理，上升到国家政治伦理的层面，忠所解决的是在政治伦理层面中的道德姿态和责任意识。

　　第一，忠表现为对君国事业的尽责。《成公二年》楚王有言："忠，社稷之固也。"忠对社稷江山的意义也由此可以看出。忠是一种无私的品格，因其无私，故凡是与公家利益相关的事情，就尽力尽心，甚至为之做出牺牲。有了这样的精神，江山社稷才能稳固。因此，一个国家一旦拥有了忠贞之人，就可战无不胜。《僖公二十三年》记载，重耳流亡返回晋国的途中，经过楚国。楚国有大臣认为重耳返国将给楚国带来威胁，要求将其扣留并杀掉，楚成王拒绝说："晋公子广而俭，文而有礼。其从者肃而宽，忠而能力。晋侯无亲，外内恶之。吾闻姬姓，唐叔之后，其后衰者也，其将由晋公子乎。天将兴之，谁能废之。违天必有大咎。"基于忠贞之人对于国家的意义，也基于亏待忠贞之人必遭上天惩罚的道德畏惧，因此，保护和善待忠良也为《左传》认可。《成公二年》中，楚臣申公巫臣出逃晋国，楚大夫子反要求用重金买回惩罚，楚王不同意，原因就是："其为先君谋也，则忠。"《成公八年》记载，晋国出现了诛灭赵氏家族的事件，赵氏后代只剩赵武随母亲姬氏住在公宫。晋侯将赵氏田赐予祁奚。韩厥劝晋侯说："成季之勋，宣孟之忠，而无后，为善者其惧矣。三代之令王，皆数百年保天之禄。夫岂无辟王，赖前哲以免也。《周书》曰：'不敢侮鳏寡。'所以明德也。"晋侯听从了韩厥的劝告，立赵武为赵氏之后并反其田。韩厥的观点是，赵氏从赵宣子开始追随晋文公，至赵盾皆为国家重臣，且忠诚可鉴。让忠臣落得无后的悲惨结局，必将会让天下忠臣寒心。因此，即便是其后人有罪，也必须念及其先祖的忠贞。《成公十六年》记载，鲁国宣伯通过贿赂想借晋栾武子之手除掉季文子。栾武子在季文子参加会盟的时候将其扣留。晋范文子知道季文子为人忠诚，便劝栾武子说："季孙于鲁，相二君矣。妾不衣帛，马不食粟，可不谓忠乎？信谗慝而弃忠良，若诸侯何？子叔婴齐奉君命无私，谋国家不贰，图其身不忘其君。若虚其请，是弃善人也。子其图之！"栾武子便答应和鲁国讲和，放回了季文子。

第二，忠被理解为一种道德人格，具有巨大的道德感染力。《左传》经常用详细的描写来展现忠良者的事迹，进一步诠释忠的内涵。晋灵公不君，生活奢侈，荒淫残暴。赵盾身为重臣，明知晋灵公的残暴品性，但是，依然勇敢劝谏，要求晋灵公改过。但是，晋灵公口头答应，行动上依然故我。赵宣子多次劝谏终于激怒了晋灵公，他决定派杀手鉏麑暗杀赵盾。杀手试图利用早晨赵盾上朝前的时刻刺杀他。到了赵盾家门，杀手看到的情景是，赵盾家门打开，赵盾早已起床穿好上朝的盛装，坐而假寐，等待上朝。杀手见此情景不禁感慨："不忘恭敬，民之主也。贼民之主，不忠；弃君之命，不信。有一于此，不如死也！"触槐而死。在晋灵公的无道面前，赵盾依然以国家利益为上，恭敬从事，竟然感动了杀手。《左传》以杀手态度的转变说明忠不仅是一种行为，更是一种人格。当忠转化为一种人格力量，其感召力是无限的。《定公四年》记载，伍子胥因家难出逃楚国。伍员与申包胥是朋友。逃亡之前，伍子胥对申包胥说："我必复楚国。"申包胥曰："勉之！子能复之，我必能兴之。"等到伍子胥带领吴军攻打楚国，楚王遭到空前劫难，申包胥到秦乞师，秦君不想援助楚国，申包胥立"依于庭墙而哭，日夜不绝声，勺饮不入口七日"。秦哀公为之感动，亲为之赋《无衣》，派军队为楚国解围。

　　第三，忠是君臣之礼的体现。在家国一体的封建性体制中，江山社稷和君主一体是国家体制的特征。国君是国家的象征，因此，也就经常和国家同一了。于是，忠的对象往往是君国一体。忠君就是忠于社稷。更多的情况下，忠于社稷是以忠君的形式出现的。这种观念甚至极端地发展为臣为君死。《宣公十二年》载，晋楚交战晋国大败，主帅荀林父主动请死，晋君答应了。士大夫贞子及时谏阻，他说："林父之事君也，进思进忠，退思补过，社稷之卫也。"在士贞子眼中，忠于君和忠于社稷也是相互统一的。《僖公五年》说："失忠与敬，何以事君？"《襄公九年》提出"君明臣忠，上让下竞"。由于君与社稷同义，也由于宗法礼制形成的等级关系，《左传》已经露出了臣对于君绝对忠诚的苗头。臣弑君被视作不忠。一心一意成为检验臣德的标准。不贰之心受到普遍赞誉。《庄公二十四年》说："臣无二心，天之制也"，《僖公二十三年》记载，晋惠公卒，晋怀公继位，为了防止重耳归国，命令天下人不要追随重耳。凡是追随重耳的人，必须按期回国。狐突之子从重耳在秦，狐突并未按照怀公的命令找回儿子。怀公抓了狐突说："子来则免。"狐突回答说："子之能仕，父教之忠，古之制也。策名委质，贰乃辟也。今臣之子，名在重耳，有年数矣。若又召之，教之贰也。父教子贰，何以事君？刑之不滥，君之明也，臣之愿也。淫刑以逞，谁则无罪？臣闻命矣。"不贰之心具有的道德意义使得许多人践行臣为君死的绝对忠诚。荀息是太子奚齐的老师，他曾经向晋献公许诺要以死服侍太子。里克杀奚齐于次。荀息听到消息后要为奚齐而死。众人说："不如立卓子而辅之。"荀息立公子卓以并安葬奚齐。十一月，里克杀公子卓于朝，荀息也为此殉身。

　　第四，忠君与亲民相辅相成，亲民也是忠的表现。《左传》之忠竭力构建一种忠实于君国的国家伦理，将君臣之礼用一种内在的忠诚态度紧密连接起来。但是，《左传》之忠和后世的君要臣死，臣不得不死的观念有着一定区别。《左传》虽然对臣无二心持赞成态度，但忠君并非是完全无条件的。在昏庸之君层出不穷的时代，《左传》也认为，并非所有的君都值得忠诚。君获得的忠诚也不是单一的。为了让忠的思想具有道德上的纯正性，避免昏君成为忠的对象，《左传》从两个方面进行道德限制，一是要求君必须也有忠，君不仅要忠于国家，也要忠于民众。忠于民众是获得民众忠诚的条件。这种观点与孔子所说的"君事臣以礼，臣事君与忠"立场完全相同。其次是在君与国发生对立的时候，将君的行为和社稷利益区分开来，以社稷利益作为最高原则，以防止君权至上意识导致的无原则维护君权的可能。

《左传》将民作为君的忠的对象，并从效应上说明唯君有忠才是民之所望。《桓公六年》："所谓道，忠于民而信于神也。上思利民，忠也，祝史正辞，信也。"《庄公十年》中，齐伐鲁，曹刿求见庄公，问鲁何以战庄公也从立德开始，先讲好处不敢专享再谈到祭神诚信，都被曹刿认为是小惠小信。直到庄公说遇到大小案件一定要认真对待，不轻易冤枉民众，曹刿才认可其爱民，是"忠之属也，可以一战"。因此，为了防止片面地忠君，《左传》也要求臣在忠君的同时，也要君为民做主。这种忠的相互性，对构建健康的君臣之礼是有意义的。

如前所述，忠是从日常生活中的交往伦理上升为政治伦理的。其核心是君臣伦理，同时也体现了个人和君国的关系。《左传》在忠的功能上表现出对这种责任伦理理解的全面性。忠的两个含义值得注意，一是尽心，二是忠诚。尽心和忠诚在后世儒家那里基本上是臣对君绝对服从的伦理精神。忠被无条件地与孝联系在一起，形成了国家内部权力管控的道德依据。但在《左传》中，尽心和忠诚是双向的。而非一方对另一方的绝对服从。臣的服从具有绝对的道德意义。护君、死君者在《左传》中都得到了高度赞扬。但是，《左传》也将忠原有的平等性保存下来。肯定了在忠的政治伦理实践中，君也有义务对自己的职责尽心，对自己的民众尽心。这种尽心也是君获得臣民忠诚的重要前提。如此，尽心作为君与臣民的共同的精神纽带，可以巩固君臣民之间的关系，增强政治权力的控制力。这也是《左传》将忠作为礼的道德基础的重要原因。

信与礼

信是中国传统道德中最重要的德目。信的含义就是诚实守信，《说文解字》解释说，"人言为信"，意思就是人要为自己的言论承诺负责。上古时期，信有诚信和信任二意。《尚书》中有关信的词有信、明、直、忱、孚等。《舜典》就赞扬舜"惟允克明"，光明正大，诚信无欺。《汤誓》中，商汤要求其臣民"尔无不信"，并保证自己"朕不食言"。《盘庚》中，商汤说服臣民迁都，表示"诞告用直"、"钦念以忱"，《下武》有"永言配命，成王作孚"。在周代，周朝统治者还将信纳入九德之中。但是，在《尚书》等记录周代以前历史的文献中，信字也多指信任。"尔无不信"意即信任。但诚信与信任相互关联。早先有关诚信的词语也常与人神关系有关，意思是人对神诚信，神对人就信任。春秋时期，信的诚信意义成为普遍强调的道德精神。《论语》有"人而无信，不知其可"。信由对神的诚信变为人与人之间互不相欺的道德精神。在《左传》中，信又作为处理政治关系的道德精神不断被提及。

《左传》中与信有关的多达120余处。多数意思为诚信。这种情形实际上是与春秋时期信道德失范有关。在春秋礼崩乐坏的情况下，诚信危机开始威胁着社会秩序。《左传》中就记载了不少的君臣失信、诸侯与诸侯之间言而无信的事件。诚信危机导致了诸侯之间的信任危机，因此，重建信道德就成为春秋社会的共同愿望。《僖公二十五年》："信，国之宝也，民之所庇也。"

《左传》认为坚守信道德要做到两个方面，一是言而有信，其次是信而有征。言而有信，就是在交往中信守和兑现自己的承诺。晋文公在流亡中经过楚国，楚国善待之。楚王问其将来如何报答。晋文公说如果两国交战，他将退避三舍。城濮之战开始后，楚将子玉向追击晋军，晋文公主动撤退。军吏们认为这样做是"以君辟臣"，要求乘楚师疲惫反击。晋子犯曰："师直为壮，曲为老，岂在久乎？微楚之惠不及此，退三舍避之，所以报也。背惠食言，以亢其雠，我曲楚直，其众素饱，不可谓老。我退而楚还，我将何求？若其不还，君退臣犯，曲在彼矣。"（《僖公二十八年》）违背承诺就是不信。《左传》将城濮之战的胜利与文公不食言连在一起，有点夸大诚信作用的味道，但也说明了言而有信的意义。《襄公三十年》记载，宋遇大灾，诸侯会于澶渊准备归还原来从宋国获取的财物："为宋灾故，诸侯之大夫会，以谋归宋财。"但是，会盟之后无人归还宋之财物。《左传》借助君子曰说："信其不可不慎乎！澶渊之会，卿不书，不信也夫！诸侯之上卿，会而不信，宠名皆弃，不信之不可也如是！《诗》曰：'文王陟降，在帝左右。'信之谓也。又曰：'淑慎尔止，无载尔伪。'不信之谓也。'"归还财物本来可促进诸侯间的和谐，但失信不归，便成无礼。

言而有据，信而有征，就是说话要诚实，不能随意承诺，僭而无征。《左传》用君子之言和小人之言来说明信而有征。《成公八年》："君子之言，信而有征，故怨远于其身。小人之言，僭而无征，故怨咎及之。《诗》曰：'哀哉不能言，匪舌是出，唯躬是瘁。哿矣能言，巧言如流，俾躬处休。'其是之谓乎？"

信与礼在伦理政治中具有同等重要的意义。《襄公二十六年》："德、刑、详、义、礼、信，战之器也。德以施惠，刑以正邪，详以事神，义以建利，礼以顺时，信以守物。民生厚而德正，用利而事节，时顺而物成。上下和睦，周旋不逆，求无不具，各知其极。"信对于礼的意义在于信以守礼。但信是一种品质，并不直接呈现于礼仪行为之中。《左传》认为，礼的最基本意义就是保证天下秩序。天下有序礼才有意义，故有礼与仪的分辩。因此，信的意义也在于除了为礼的实施营造良好的道德氛围外，更在于它能推动秩序和谐。

一是信可守物，是上下和睦，周旋不逆的重要条件。那么，守物的含义是什么呢？物不是别的东西，而是象征国家存在的礼器。器物是祭祀的重要物品，按照当时的价值观念，国之大事，在祀与戎，礼器在战争和祭祀活动中具有重要意义。通过祭祀天地祖宗来向天神祖宗禀报，期待得到保佑和支持，是祭祀的目的所在。对天地祖先的诚信是获得支持的重要保证。如果失去了诚信，必将导致礼器失守，就等于失去了国本。《成公二年》说："唯器与名，不可以假人，君之所司也。名以出信，信以守器，器以藏礼，礼以行义，义以生利，利以平民，政之大节也。"春秋时，通过对神的诚信来寻求神的保佑的观念已经过时，但要求人如同在祭祀之礼中向神保证那样诚信的观念却正在滋长。信以守器具有道德象征意义。

二是信可以得民。得民则君臣父子之礼畅通。《桓公六年》记载，楚君率军攻打随国，佯装败退，随少师和随君准备追击楚军，随国军师季梁阻止说："天方授楚，楚之赢，其诱我也，君何急焉？臣闻小之能敌大也，小德大淫。所谓道，忠于民而信于神也；上思利发，忠也，祝史止辞，信也，今民馁而君逞欲，祝史矫举以祭，臣不知其可也。"随国国君说："吾牲肥腯，集盛丰备；何则不信？"季梁回答说："夫民，神之主也，是以圣王先成民，而后致力于神，故奉牲以告曰'博硕肥腯'；谓民力之普存也，谓其民力之普存也，谓其畜之硕大蕃滋也，谓去不疾瘯蠡也。奉盛以告曰：'洁粢丰盛'谓其三时不害，民和而年丰也。奉酒醴以告曰：'嘉栗旨酒'谓其上下皆有嘉德，而无违心也。所谓馨香，无谗慝也。故务其三时，修其五教，亲其九族，而致其禋祀。于是乎民和而神降之福，故动则有成。今民各有心，鬼神乏主，君虽独丰，何福之有？君姑修政而亲兄弟之国，庶免于难。"此处的信主要指对神和民的诚信，尊神之礼的背后还需取信于民的现实评价为基础。民的信任是以君对民的诚信为基础，这种诚信就是兑现对人民的承诺。因此，只有诚信才能换得民心。

以信得民，不仅要向人民承诺，还要示民以信。《僖公二十五年》记载，晋侯围原，原定用三天时间完成任务。三天后，原仍不降，晋君便命令撤军。有人传出消息说原准备投降，军吏要求留下等原投降，但是晋文公说："信，国之宝也，民之所庇也，得原失信，何以庇之？所亡滋多。"此事不仅让晋将士诚服，也感动了原人，结果是："退一舍而原降。"晋文公不在意即将到来的胜利，按时撤军以表示其言出有信，由此换得民心。

三是信可以正君臣之礼。君臣伦理属于国家伦理，君臣之礼顺国则安。信则是保障君臣之礼的重要因素。《桓公六年》："弃君之命，不信。"《宣公十五年》记载，楚军围宋，宋求救于晋。晋侯派解扬到宋国，要宋国不要投降楚国，等待晋国救援。郑人抓住解扬并将他交给楚军。楚庄王厚贿解扬，要解扬反着说，劝宋人投降。解扬答应了楚君的要求。但是，登上楼车后，他告诉宋人不要投降，如实地传达了晋君的意思。楚庄王认为解扬言而无信，并要杀死他。他派人质问解扬："尔既许不谷而反之，何故？非我无信，汝则弃之，速即尔刑！"解扬回答说："臣闻之：君能制命为义，臣能承命为信。信载义而行之为利，谋不失利，以卫社稷，民之主也。义无二信，信无二命。君之赂臣，不知命也。受命以出，有死无殒，又何赂乎？臣之许君，以成命也。死而成命，臣之禄也！寡君有信臣，下臣获考，死又何求！"楚君被解扬的辩解感动，最后释放了解扬。此处，君臣的信用被放在至高无上的地位，恪守君命是信的神圣原则。按照承诺的原则，解扬答应的楚君的要求，最后背叛他，属于失信。但是，这种承诺是在非本人意愿的强迫环境下做出的，因此，可以违背。这种以欺骗某一方的方式保证另一方承诺的兑现也被称为"诡信"。《左传》对于这种以确保君臣信用的诡信显然是赞赏的。晋灵公不君，赵氏家族杀晋灵公属于春秋弑君的典型案例，董狐坚持以信史之史笔将其定位为"弑君"。但是，《左传》并未对晋灵公报以同情的态度。晋灵公失德，赵盾劝谏，晋灵公承诺改正，暗地里却设计准备杀死赵盾。君无信言，是君欺臣。赵氏被迫反击，杀死灵公也是情理之中的事情。《左传》在描述这一事件时，极其详尽地叙述了其前因后果，将责任推到晋灵公身上。因此，君臣之间的信任是建立在彼此守信的基础上的，没有信用，也就没有信任，君臣关系必然破碎。君信才能有臣忠，君臣之礼才有保证。《襄公二十二年》："君人执信，臣人执共，忠信笃敬，上下同之，天之道也。"在君臣冲突的过程中，如果君无信，《左传》也要表现出批判的立场。在周郑冲突中，郑国数次和周桓王发生冲突，从周郑交质发展到周伐郑。在这个过程中，郑庄公采取的不是被动顺从而是主动反击，甚至射伤了周桓王。按照君臣之礼，郑庄公的行为属于犯上。但是，《左传》认为，这一切都是周桓王失信在先造成的。在评价周郑交质时，《左传》特意指出："信不由衷，质无益也。明恕而行，要之以礼，虽无有质，谁能间之！"（《隐公三年》）《庄公八年》记载，齐襄公使连称、管至父戍葵丘，承诺说："及瓜而代。"意思是等到第二年瓜成熟的时候换防。但到期后，"公问不 至。请代，弗许"，结果引发了一场叛乱。《左传》以为，君言无信，遭到背叛也是咎由自取。可见，《左传》甚至将信道德置于君臣伦理之上。

　　四是信是建立国与国和睦相处以礼相待的桥梁。国与国之间的关系常通过盟誓的方式加以确定，一旦确定，就具有较高的权威性。遵守盟誓，在诸侯争斗中有着较强的说服力。《定公四年》，吴国攻破楚国后，逼迫随国交出楚王，随人这样拒绝了吴国："以随之辟小而密迩于楚，楚实存之，世有盟誓，至于今未改。若难而弃之，何以事君？执事之患，不唯一人，若鸠楚竟，敢不听命，"吴人为随人的信义精神所折服，决定退兵。在霸主政治中，小国和大国的关系类似于诸侯天子关系，大国有保护小国的责任，小国则有听从大国指令和贡献大国的义务。信是巩固双方关系的重要纽带。尤其是霸主，须在行使霸主权力时谨守霸主的信用。僖公二十八年，晋文公先灭曹国、卫国。为了对付楚国，答应让曹、卫两国复国。城濮之战后，晋国让卫国复国。因晋文公对流亡时曹国的冷遇和曹君的无礼耿耿于怀，没有让曹复国。晋文公生病的时候，曹共公通过贿赂晋国巫史，让巫史陈说失信对礼和对霸主政治的危害："齐桓公为会而封异姓，今君为会而灭同姓。曹叔振铎，文之昭也。先君唐叔，武之穆也。且合诸侯而灭兄弟，非礼也。礼以行义，信以守礼，刑以正邪，舍此三者，君将若之何？"晋文公因此兑现了承诺，而信也是晋文公称霸的重要因素。相反，霸主经常失诸侯也与失信有关。（《僖公二十八年》）《定公四年》："晋人假羽旄于郑，郑人与之。明日，或旆以会。晋于是乎失诸侯。"

　　关于信以守礼的条件，《左传》也有所涉及。一是真诚，二是信任。无真诚就无信用，互不信任也难以做到诚信。《襄公二十七年》记载，诸侯将盟于宋西门之外，楚人怀中藏着兵甲，有军事企图。伯州犁提醒说："合诸侯之师，以为不信，无乃不可乎？夫诸侯望信于楚，是以来服。若不信，是弃其所以服诸侯也。"坚决要求去掉兵甲。楚国令尹子木说："晋、楚无信久矣，事利而已。苟得志焉，焉用有信？"伯州犁告退后表示："令尹将死矣，不及三年。求逞志而弃信，志将逞乎？志以发言，言以出信，信以立志，参以定之。信亡，何以及三？"会盟而暗藏兵器，其心不诚，因此其盟也就无信。晋国赵孟将此事告诉叔向，叔向说："何害也？匹夫一为不信，犹不可，单毙其死。若合诸侯之卿，以为不信，必不捷矣。食言者不病，非子之患也。夫以信召人，而以僭济之。必莫之与也，安能害我？"诸侯之间相互堤防，也表明诸侯之间相互不信任。不真诚也不信任，诚信就无法兑现。无诚信也就伤害了会盟之礼。

　　信是一种内在的看不见的精神存在。但它对于礼仪来说，能够让礼变成真诚表达而非虚假的表演。对于政治主体而言，信可以使政治交往充满真诚，从而获得相互信任与尊重。信以守礼，就是因为信能够保证国与国、君与臣、君与民之间保持一种信任的伦理关系。这种信任的关系，能够形成一种其乐融融的政治气氛。《左传》在相争相欺的政治环境中强调信的意义，是对一种道德理想的期待。

第四章

伦理政治中的君臣之礼

君臣关系是古代国家政治的核心，在以礼治天下的时代，君臣之礼也是礼的核心。君臣之礼定天下定。但在春秋时期，君臣矛盾不断加剧，先是天下无王，礼仪征伐自诸侯出，进而又不断出现礼仪征伐自大夫出，陪臣执国命的现象。废君、弑君、逐君的现象时常发生。诚如刘向所言："二百四十二年之间"，"弑君三十六，亡国五十二，诸侯奔走，不保社稷者，不可胜数"（刘向《上元帝封事又依史公》）。宗周社会建立的君臣伦理面临被瓦解的危机。君臣关系的危机带来天下秩序的混乱，也引起了思想者的担忧，重建君臣伦理成为一个时代的课题。《左传》记事围绕"齐桓晋文之事"展开，君臣是其中的主要角色。《左传》有关君臣的叙事不仅反映了春秋时期君臣关系的历史，也表达了自己的君臣观。

一 天地秩序与君臣之礼

三代以来，为了证明君权的神圣性，人们总是要通过天命论给君权披上神秘的面纱。商亡的现实动摇了君权神授的信念，虽然人们依旧承认天子的权力来自上天的给予，但是，天的神性弱化了。自然天道观开始和神性的天命观相结合，共同构成了时人对天的理解。天道观将自然现象演化为天地秩序，由此将世界万物到人间秩序都给予命定论解释。周易就是以天道释人事的范本。天道与天神结合，使天命论在自然秩序的支持下，更加接近时人的经验世界，因此也就更具有说服力。周人正是在天道的基础上，将人间秩序纳入礼的框架，以天地秩序说君臣上下的等级关系，制定了宏大的周礼。《左传》延续了周礼的思路，进一步将自然本体与宗教本体结合的天命论作为构建秩序世界的理论基础，在相信天道的同时也相信天道与天意为一体。《定公六年》："天将多阳虎之罪以毙之"；《昭公十一年》："蔡侯获罪于天，而不能其民，天将假手于楚以毙之。"《成公十三年》："天祸晋国。"君臣关系是天的选择，君的确立也有天的意志推动。《昭公二十七年》中，赵文子问吴国使者："延州来季子其果立乎？巢陨诸樊，阍戕戴吴，天似启之，何如？"上天安排一切的观念仍然有广泛的市场，天地秩序也成为君臣之礼的理论支持。

　　《左传》认为天地是一个有秩序的存在，礼是天地秩序的表现，君臣伦理就是天地秩序体系中不可或缺的部分。《昭公二十五年》："夫礼，天之经也，地之义也，民之行也。天地之经，而民实则之。则天之明，因地之性，生其六气，用其五行。气为五味，发为五色，章为五声，淫则昏乱，民失其性。是故为礼以奉之：为六畜、五牲、三牺，以奉五味；为九文、六采、五章，以奉五色；为九歌、八风、七音、六律，以奉五声；为君臣、上下，以则地义；为夫妇、外内，以经二物；为父子、兄弟、姑姊、甥舅、昏媾、姻娅，以象天明，为政事、庸力、行务，以从四时；为刑罚、威狱，使民畏忌，以类其震曜杀戮；为温慈、惠和，以效天之生殖长育。民有好、恶、喜、怒、哀、乐，生于六气。是故审则宜类，以制六志。哀有哭泣，乐有歌舞，喜有施舍，怒有战斗；喜生于好，怒生于恶。是故审行信令，祸福赏罚，以制死生。生，好物也；死，恶物也；好物，乐也；恶物，哀也。哀乐不失，乃能协于天地之性，是以长久。"在这里，一切都是天地秩序的表现，礼必须遵循天地秩序的安排。君臣关系是天地秩序中最重要的组成部分。这个秩序正是依照天经地义而来，因此就具有神圣性。

　　天地秩序的一体性决定了君臣关系的一体性。《昭公三十二年》"物生有两，有三，有五，有陪贰。故天有三辰，地有五行，体有左右，各有妃耦。王有公，诸侯有卿，皆有贰也。"有君必有臣，臣是君之贰。《昭公九年》："君之卿佐，是谓股肱。股肱或亏，何痛如之？"君臣关系被视为不可分割的生命体。对君臣关系的这种认识在《尚书》中就提出过。《尚书·益稷》有言："帝曰：'臣作朕股肱耳目。'"《尚书》还说："君为元首，臣为股肱。"国不可无君，但君离不开臣的辅助。《昭公二十四年》："纣有亿兆夷人，亦有离德，余有乱臣十人，同心同德。"《左传》叙事基本上以臣子活动为主体，但他们打出的是君的旗号。元首与股肱的关系也决定了君主至高无上的地位。《昭公七年》："天有十日，人有十等，下所以事上，上所以共神也。故王臣公，公臣大夫，大夫臣士，士臣皂，皂臣舆，舆臣隶，隶臣僚，僚臣仆，仆臣台，马有圉，牛有牧，以待百事。"

于是，君与天等同。《文公十三年》："天生民而树之君。"《宣公四年》："君，天也。"因此，君权也具有至高无上的权威性。《定公四年》："君命无二，古之制也。"尊君和忠君就成为臣子的必然选择。《庄公十四年》："臣无二心，天之制也。"《成公十八年》："顺天者昌。逆天者亡。顺则为忠为孝。"都把君的权威视如天赐。《僖公二十四年》："共而从君，神之所福也。"《定公四年》记载，楚平王遭到强盗攻击，王奔郧，郧公辛之弟因楚王杀其父想借机弑王报仇，郧公辛坚决反对："君讨臣，谁敢仇之？君命，天也，若死天命，将谁仇？"《宣公四年》，楚孙箴尹克黄使于齐，及宋，闻楚乱。随从劝其不要回楚国，箴尹曰："弃君之命，独谁受之？君，天也，天可逃乎？"《成公九年》："尊君，本也。"成公十六年："君赐臣死，死且不朽。臣之卒实奔，臣之罪也。"

二　忠君之道与君臣之礼

忠在春秋时期有多重含义，如前所言，尽心为忠。"尽心"二字最早也不是只针对君的。对朋友尽心是忠，对国家尽心也是忠，对事业尽心也是忠。但是，应该看到，春秋时期，为了缓解紧张的君臣关系，对君的服从、尽心和忠诚成为君臣之礼的重要保证。《左传》在以天地秩序为君臣伦理张本时，也将忠君作为其维护君臣之礼的着眼点。

忠君观念强调对君的忠诚，具体表现为爱君、护君甚至是死君。忠君、爱君就是无论在什么情况下心中都有君。《成公三年》记载，晋人在邲之战中败于楚国，将军知罃被俘。晋和楚达成协议要用楚国两位贵族的尸首换回知罃。楚王送知罃，有一段精彩对话："王曰：'子其怨我乎？'对曰：'二国治戎，臣不才，不胜其任，以为俘馘。执事不以衅鼓，使归即戮，君之惠也。臣实不才，又谁敢怨？'王曰：'然则德我乎？'对曰：'二国图其社稷，而求纾其民，各惩其忿以相宥也，两释累囚以成其好。二国有好，臣不与及，其谁敢德？'王曰：'子归，何以报我？'对曰：'臣不任受怨，君亦不任受德，无怨无德，不知所报。'王曰：'虽然，必告不谷。'对曰：'以君之灵，累臣得归骨于晋，寡君之以为戮，死且不朽。若从君之惠而免之，以赐君之外臣首；首其请于寡君而以戮于宗，亦死且不朽。若不获命，而使嗣宗职，次及于事，而帅偏师以修封疆，虽遇执事，其弗敢违。其竭力致死，无有二心，以尽臣礼，所以报也。'王曰：'晋未可与争。'重为之礼而归之"。臣对君的绝对忠诚是无二心，除了自己的君主外，不报答任何人。这种绝对忠诚被楚王认为是晋国强盛的基础，打消了与晋国相争的念头。忠君的实质是忠臣不事二主。《僖公二十四》中，晋文公返国做了国君后，原来追杀过他的寺人披求见。晋文公对寺人披当年的追杀依然耿耿于怀，派人去责怪他："蒲城之役，君命一宿，女即至。其后余从狄君以田渭滨，女为惠公来求杀余，命女三宿，女中宿至。虽有君命，何其速也。夫袪犹在，女其行乎？"寺人披回答说："臣谓君之入也，其知之矣。若犹未也，又将及难。君命无二，古之制也。除君之恶，唯力是视。蒲人、狄人，余何有焉。今君即位，其无蒲、狄乎？齐桓公置射钩而使管仲相，君若易之，何辱命焉？行者甚众，岂唯刑臣。"寺人披只认君不认人，将君权放在最高位置，表面上看违背了忠臣不事二主的伦理规则，但是实际上却捍卫了君权的唯一性，因此受到《左传》的称赞。《庄公十四年》记载，郑厉公回国，逼杀曾归顺他的傅瑕。原因是："傅瑕贰，周有常刑，既伏其罪矣。纳我而无二心者，吾皆许之上大夫之事，吾愿与伯父图之。且寡人出，伯父无里言，入，又不念寡人，寡人憾焉。"傅瑕回答说："先君桓公命我先人典司宗祏。社稷有主而外其心，其何贰如之？苟主社稷，国内之民其谁不为臣？臣无二心，天之制也。子仪在位十四年矣，而谋召君者，庸非二乎。庄公之子犹有八人，若皆以官爵行赂劝贰而可以济事，君其若之何？臣闻命矣。乃缢而死。"《左传》对傅瑕"臣无二心"的精神也表现出敬佩的态度。

忠君还应该表现为不辱使命。《宣公十五》记载，楚人围宋，晋不能及时援救，派解扬传话打气。解扬为楚人所执。楚君要解扬向宋人传话劝降，解扬假意答应。登上楼车后，解扬没有按照楚君的意思去劝降，而是让宋人坚守城池，等待晋人救援。楚君将杀解扬，解扬回答说："臣闻之，君能制命为义，臣能承命为信，信载义而行之为利。谋不失利，以卫社稷，民之主也。义无二信，信无二命。君之赂臣，不知命也。受命以出，有死无《员雨》，又可赂乎？臣之许君，以成命也。死而成命，臣之禄也。寡君有信臣，下臣获考死，又何求。"解扬强调君命无二的重要性，不仅是为了江山社稷，更重要的是事关君臣之间的信与义，这种信与义可视为君臣伦理中的普世价值，因此解扬便以"臣之许君，以成命也。死而成命，臣之禄也。寡君有信臣，下臣获考死，又何求"的慷慨陈词表示自己死得其所。最终的结果是"楚子舍之以归"。这个结局也说明了坚持君命无二不仅是一种规则，而且也被视为美德，具有普遍的道德说服力。

忠君在行为上表现为爱君和护君。爱君、护君就是时刻维护君的尊严和地位，甚至可以为君献出生命。齐晋鞌之战，齐国大败，齐君被晋军追杀。齐将逢丑父急中生智，和齐侯换了衣服和位置，并乘机以打水的名义让齐君逃脱，易服免君。晋人发现破绽后要杀逢丑父。逢丑父大声疾呼："自今无有代其君任患者，有一于此，将为戮乎？"晋大夫郤缺为此感动："人不难以死免其君，我戮之不祥。赦之，以劝事君者。"（《左传·成公二年》）逢丑父易服免君已经做好代君受死的准备，可见，君的神圣性高于个人生命。

忠与孝是对君与父的两种不同的伦理情感。在忠与孝之间，《左传》认为选择忠更为可贵。《定公四年》中载，楚王孙由于以背挡住了盗贼的兵器，使楚王避免伤害。以身护君，将保护国君置于自己的生命之上。郧公辛反对其弟弟乘国君之危，报杀父之仇。他认为，君命代表天，君讨臣天经地义，亦将君臣伦理置于血缘伦理之上。臣对君的服从具有绝对的伦理意义。《襄公二十五年》"闾丘婴以帷缚其妻而载之，与申鲜虞乘而出，鲜虞推而下之，曰：'君昏不能匡，危不能救，死不能死，而知匿其眤，其谁纳之？'"

因为君的唯一性，君是神圣的。因此，只要一个人还处在君的位置上，臣民就必须尊重，欺君、叛君、弑君在任何情况下都违背君臣伦理，护君、尊君便成为高尚之举。除崔杼之流的大恶之人，一般人都对欺君、叛君有所忌惮。骊姬之乱，群公子受到迫害。骊姬在晋献公食物中下毒嫁祸太子申生和重耳。有人劝太子去辩解，太子拒绝了："君非姬氏，居不安、食不饱。我辞，姬必有罪。君老矣，吾又不乐。"手下人又劝其出走避祸，太子依然拒绝："君实不察其罪，被此名也以出，人谁纳我？"（《僖公四年》）不愿意因自己的辩解给君父带来不快，也不愿意带着逆君的罪名出走，这里有孝，更有忠。问题的焦点不在谁对谁错，而是儿子兼臣子不能违逆君主的意愿。这种思想在重耳那里也极其分明。当时晋献公派寺人披伐蒲，对重耳开了杀戒。重耳做出的反应不是抵抗，而是回避。重耳曰："君父之命不校。"并且告诫所有不下："校者，吾雠也。"然后逾垣而走。总之，无论君父有什么过错，但臣子是不能作对的。《左传》还围绕这一问题记录了多起臣子不尊的事例，或让不尊君成为巨大的道德负担，或让这种负担变成罪感而导致自裁谢罪。《昭公二十二年》，宋向宁欲杀太子后出走，华亥劝阻说："干君而出，又杀其子，其谁纳我？且归之有庸。"《宣公四年》，楚孙箴尹克黄使于齐，及宋，闻楚乱。随从劝其不要回楚国，箴尹曰："弃君之命，独谁受之？君，天也，天可逃乎？"与此类似的是，另一位晋国大夫庆郑是以等待惩罚的方式了结自己对国君的不敬之罪。晋惠公五年，秦国饥荒，求粟于晋。庆郑认为以前晋闹饥荒，秦慷慨援助；今秦饥，晋应还报。但惠公不支援秦国，还举兵伐秦。秦怒，举兵反击。秦军深入晋地，庆郑认为这是咎由自取。在秦晋会战中，惠公马陷于淤泥中，召庆郑驾车解救，庆郑不救，结果导致惠公被秦军所俘。嗣后，晋惠公将回国，有一个叫蛾析的人劝庆郑出走躲避惩罚，庆郑不肯。他说："陷君于败，败而不死，又使失刑，非人臣也。臣而不臣，行将焉入？"结果等来了晋惠公的惩罚："晋侯归。丁丑，杀庆郑而后入。"（见《僖公五年》）

　　君的地位如此神圣，那么弑君就自然成为不可饶恕的非礼行为了。如同《春秋》，《左传》对弑君行为表现出鲜明的反对态度。所有杀君行为都以"弑"来记录，表达了作者的道德立场。即便是君有失君德，杀君也是极其严重的非礼行为。《宣公二年》记载，晋灵公不守君道，荒淫无道，且对忠臣赵盾实施暗杀，赵穿攻灵公于桃园，赵盾并不在场。但是史官董狐却坚持将弑君的罪名落到赵盾身上。书曰："赵盾弑其君。"以示于朝。赵盾辩解，但董狐却认为："子为正卿，亡不越竟，反不讨贼，非子而谁？"《左传》借助于孔子的话给予高度评价："董狐，古之良史也，书法不隐。赵宣子，古之良大夫也，为法受恶。惜也，越竟乃免。"只要没有离开晋国的边境，赵盾就是晋君的臣子，就应该在国君面前尽臣道，制止弑君行为，同时也要讨伐弑君者。尽管赵氏弑君有道德正义，却没有伦理正义。在伦理正义层面，赵氏是有罪的。君有罪，臣无权惩罚，这是由君的至高无上的地位决定的。《襄公二十五年》记载，齐成公是一位荒淫之君，他不仅不理朝政，还和臣子的妻子通奸，被崔杼设计杀死。史官依然认为成公不能由崔杼惩罚。在史书上记下"崔杼弑其君"，被崔杼连杀两人，也不改变。史官的态度说明了君可以叫臣死，但臣无权让君死。《文公十八年》记载，莒纪公废长立幼，违反了当时通行的继承法，且又"多行无礼于国"。太子仆借助于国人的力量杀掉了莒纪公，带着宝玉出奔鲁国。莒纪公被弑，并不值得同情，太子仆的行为有一定的合理性。鲁宣公善待太子仆，"命与之邑"，也并不仅仅是因为接受了太子仆的宝玉而不计较他的弑君之过，而是对太子仆的遭遇和行为在一定程度上表示理解和同情。季文子却让司寇把太子仆驱逐出境。理由是，如果容纳太子仆这样弑君弑父之人，则对于孝、敬、忠、信的教化是有妨碍的，"以训则昏，民无则焉"，必"如鹰之逐鸟雀"而后可。

　　《左传》也经常以道德负罪感和伦理恐惧说明忠君敬君的巨大伦理力量。《襄公二十年》记载，卫宁惠子病重，他对自己过去驱逐国君的行为深感不安。对其子说："吾得罪于君，悔而无及也。名藏在诸侯之策，曰：'孙林父、宁殖出其君。'君入则掩之。若能掩之，则吾子也。若不能，犹有鬼神，吾有馁而已，不来食矣。"背叛君主即使不受到体制的惩罚，也会受到心灵的折磨。崤之战后，晋襄公在其母亲的撺掇下放走了俘虏的秦将。先轸认为是放虎归山，在晋襄公面前"不顾而唾"，还骂襄公母亲是"妇人"。襄公因此悔悟，但是秦将已经无法追回。除了对君不敬以外，先轸并无过错。但是，对君的不敬却成为先轸的道德负担。《僖公三十三年》写了先轸在即将胜利的时刻，却做出求死的选择。他表示："匹夫逞志于君而无讨，敢不自讨乎？"于是免胄入狄师战死。在先轸看来，逞志于君就是不忠不敬，不忠不敬没有受到惩罚是不合礼法的。即使免讨于君，但是也无法摆脱内心的歉疚，因此决定自讨。自讨而死的先轸已经完全摆脱道德重负，在死亡的时刻，他的内心是轻松的和安定的。因此死后才有"狄人归其元，面如生"的安详形象。

三　等差观念与君臣之礼

　　礼是通过长幼尊卑的等级关系建立秩序世界的。诚如《礼记·乐记》所言："乐者天地之和也；礼者，天地之序也。和故百物皆化；序故群物皆别。"等级关系的意义在于将人与人之间的等差以礼的名义合法化，从而防止等级僭越，确保秩序稳定。《左传》认为，"无别不可谓礼"，

（《僖公二十二年》）礼就是通过有别实现"君子小人，物有服章，贵有常尊，贱有等威"，（《宣公二十二年》）君臣之间的等级关系也是天经地义的和不可逆转的。这种等差既表现为权力上的支配与服从的关系，也表现为在礼仪礼节上的上下分别。《左传》特别注意在伦理政治的实践中对等级规范的遵守，以此唤起人们的等级自觉，将等级的认同作为君臣伦理稳定的前提。

以礼别君臣的目的就是要君臣各守其位，确保君的权威，限制臣的权力。对于君，守礼就是不失其位，"守其国，行其政令，无失其民"，这与孔子说的"天下有道，政不在大夫。天下有道，则庶人不议"（《论语·季氏》）的观点是一致的。君臣都要恪守礼的等级规矩。《隐公五年》记载，隐公将到棠地观看渔者打鱼。依礼法，渔者地位卑贱，国君观看有失身份。臧僖伯劝谏说："凡物不足以讲大事，其材不足以备器用，则君不举焉。……鸟兽之肉不登于俎，皮革齿牙、骨角毛羽不登于器，则公不射，古之制也。若夫山林川泽之实，器用之资，皂隶之事，官司之守，非君所及也。"但是，隐公还是称"吾将略地"，以视察边境为名前往。《左传》认为，《春秋》记载此事是因隐公"非礼也，且言远地也"。君对臣的赏赐，也要遵循严格的等级规范。《襄公二十六年》记载，郑伯赏入陈之功，赐子产次路，再命之服，同时赐六邑。子产辞邑，因为他认为礼法规定"自上以下，隆杀以两，礼也"，而"臣之位在四"。

鉴于卿大夫对君权的威胁，《左传》较多注意的是通过礼对臣加以限制。一是强调权力运作的等级性。每个层级都应安顿于自身的权力与利益范围中，即便打着正义的旗号，超越职权行事都是僭越非礼。《昭公十四年》记载，鲁南蒯叛季氏，逃亡齐国，辩解说："臣欲张公室也。"齐子韩皙说："家臣而欲张公室，罪莫大焉。"在外交活动上，《左传》强调"臣无君命不越境"是臣礼的表现。二是臣不得越礼扩张自己的势力。《隐公元年》记载，郑庄公之弟共叔段在得到封地后继续扩张，《左传》借祭仲的话说明其对礼法的僭越："大国不过参国之一，中五之一，小九之一，今京不度，非制也。""君子曰"则进一步指出共叔段的行为后果是"如二君"。三是卿大夫行善也不能超越其自身宗族。《昭公二十六年》："家施不及国，民不迁，农不移，工商不变。士不滥，官不滔，大夫不收公利。"

《左传》不仅在礼制上强调君臣有别，而且也强调在礼仪礼节上的君臣之别。在礼仪过程中的礼节的恰当性是明确君臣关系、唤起等级自觉的重要手段,《襄公七年》记载,卫孙文子聘鲁,"公登亦登"。叔孙穆子提醒说曰:"诸侯之会,寡君未尝后卫君。今吾子不后寡君,寡君未知所过。吾子其少安!"但孙文子"无悛容"。穆叔认为"孙子必亡",因为在礼仪上"为臣而君,过而不悛,亡之本也"。

四　君臣之礼的道德保证

对君权神圣性的强调和臣对君的忠诚是君臣之礼的基石。但是,对君臣之礼的这种绝对性的强调主要是从义理层面出发的。要维护君臣关系的神圣性不仅取决于臣对君的忠诚,也取决于君在伦理政治实践中对君德的维护。君臣之间的这种道德自觉被看成君臣之礼达成的条件。这与孔子说的"君君、臣臣、父父、子子"是完全一致的。

强调君臣道德自觉是基于"君不君,臣不臣"的现象发生。以弑君现象为例,不仅有臣的问题,也有君的问题。《太史公自序》有言:"《春秋》之中,弑君三十六,亡国五十二,诸侯奔走不保其社稷者,不可胜数。"其实,在《左传》中涉及的弑君事件达38例,其中君不君者有13次,君不君、臣不臣兼而有之者为12例。臣不臣者占13例。臣不臣对君臣伦理伤害极大。君不君导致的君权的危机伤害的不仅是君主本人,也伤害着整个国家。君不君表现为君不仁、君不信、君不敬、君不礼,等等。如周郑交质,就是因为周天子言而无信,导致诸侯不忠不敬。《宣公二年》记载,晋灵公就是一个不仁不义不信之君。他"厚敛以雕墙;从台上弹人,而观其辟丸也;宰夫熊蹯不熟,杀之,置诸畚,使妇人载以过朝。"士季、赵盾轮番进谏,晋灵公先表面表示改过,暗中却布置杀手谋杀赵盾,知过不改,不信,杀忠臣,不义,终于迫使赵氏家族的反抗。《宣公九年》记载陈灵公属于无礼之君。他与孔宁、仪行父共同私通于夏姬,且"皆衷其祖服,以戏于朝"。祖服即内衣,公卿宣淫,穿内衣戏于朝,严重违背礼仪规范,结果导致夏征舒"自其厩射而杀之"。齐襄公与其妹妹私通、暗杀妹妹亲夫鲁桓公、逼走公子纠和小白,违背先君遗愿,降低公子公孙无知的待遇,言而无信,不按时给守边将领换防。庄公八年公孙无知和守边将领合谋,杀死襄公。《僖公二十四年》记载,晋怀公杀忠臣，又阻止重耳返国，导致大夫背叛被弑。齐桓公先九合诸侯，成为霸主，但是后来荒淫好内，宠信易牙这样的佞臣，晚年被弑。桓公死后，众公子忙于争权，齐桓公尸首腐烂都无人问津，留在身后的是齐国迅速失去霸主地位。楚灵王先为人臣，凭借弑君做了国君。《昭公元年》记载，楚灵王在聘郑途中，听说国王生病，便立即返回，以探病的名义进入王室，勒死楚王及其二子，即位以后残暴贪婪，修章华台供自己寻欢作乐，杀戮无辜，引发国人不满。公子弃疾趁其不在都城，联合几位公子发难，杀死灵王的儿子，策动随从灵王的军人哗变，灵王走投无路，自缢而死。在《左传》中，灵王是既无君德也无臣德的典型。郑僖公髡顽为太子时，对晋、楚均无礼晋、楚遇。即位后晋会诸侯于郑，子驷为相，郑僖公又不以礼待之。襄公七年，子驷乃使人杀郑僖公，并以暴病卒以告诸侯。《左传》通过这些事例表达了对"君不君"现象的批判。

对君臣之礼的破坏还表现为"君不君、臣不臣"的双重因素。《襄公二十六年》记载的卫国宁喜弑其君剽是一次不忠之臣与流亡之君合谋的一次弑君行为。宁喜带着父亲逐君的原罪，想通过迎回卫献公来洗刷父亲逐君的罪过，但又以"政在宁氏，祭则寡人"为条件扩张自己的野心，弑君纳卫献公。（《宣公四年》）中，楚人献鼋于郑灵公。子公向子家表示："他日我如此，必尝异味。"按君臣之礼，臣得君食，需赐予才行，子公之语纯属妄言。郑灵公为了报复子公，"及食大夫鼋，召子公而弗与也。子公怒，染指于鼎，尝之而出。公怒，欲杀子公。子公与子家谋先。子家曰：'畜老，犹惮杀之，而况君乎？'反谮子家，子家惧而从之。夏，弑灵公"在这一事件中，郑灵公无国君气度，为一言来羞辱臣子，以显示国君的威风。公子宋也无臣德，仅因一件小事就动怒弑君，缺少臣的耐心，未尽臣礼。《左传》以此为例解释《春秋》之凡例说"凡弑君，称君君无道也，称臣臣之罪也"，对郑君臣行为进行全面否定。齐庄公被弑也是君臣皆无德无礼的结果。《襄公二十五年》记载，齐庄公公然不顾君主的尊严，到臣子家中淫人之妻，还将其夫崔杼之冠赐人，侮辱臣子。崔杼杀死齐庄公有其正当性。但是，崔杼想借此颠覆齐国朝政，满足自己的野心，其正当防卫也就失去了正义性。为了掩盖自己弑君罪名，崔杼还连杀两名史官，与赵盾在面对董狐记事时的态度大相径庭。事件发生后，晏子对君臣的行为都进行了指责："君民者，岂以陵民？社稷是主。臣君者，岂为其口实，社稷是养。"晏子的批评点明了崔杼弑君实际上是不义之君和不礼之臣的冲突。

　　对君道臣道的关注在春秋不仅是《左传》，孔子对于君臣之道也给予极大关注。他认为，建立一个和谐的君臣关系是天下和谐的前提。要做到这一点，就要做到"君君、臣臣、父父、子子"，从家庭伦理到国家伦理都要正名分，每个人的行为都要符合自己的名分。对于君臣关系，君要像君，臣要像臣，就必须从伦理道德做起，"君使臣以礼，臣事君以忠"，君臣之间在礼的规范中良性互动，是构建君臣伦理的良好途径。《左传》也持有同样的立场，在强调为臣之道的同时特别强调君的道德自觉。《桓公二年》引臧哀伯语："君人者，将昭德塞违，以临照百官。""夫德，俭而有度，登降有数。文、物以纪之，声、明以发之，以临照百官。百官于是乎戒惧而不敢易纪律。"所谓"君有君之威仪，其臣畏而爱之，则而象之"即是此义。由此才能实现君臣和谐，做到"君能制命为义，臣能承命为信，信载义而行之为利。谋不失利，以卫社稷"。《襄公二十二年》："君人执信，臣人执共。忠、信、笃、敬，上下同之，天之道也。"当君臣都能以德律己的时候，君臣关系是和谐顺畅的。《隐公三年》说"君义臣行，父慈子孝，兄爱弟敬"是"六顺"。只有做到六顺，才可能避免"贱妨贵、少凌长、远间亲、新间旧、小加大、淫破义"等"六逆"。君臣一体的道德完美具有不可战胜的力量。《襄公九年》："君明、臣忠、上让、下竞，晋不可敌！""君义臣忠""君义臣行""君明臣忠"是《左传》经常强调的，也是《左传》设想的理想的君臣伦理模式。

　　首先，《左传》通过大量明君贤臣的优秀组合，说明君义臣忠的重要性。齐桓晋文称霸皆是因明君贤臣的和谐互动实现的。这种组合除了臣的德才皆备外，君主知人善任是关键。《昭公十三年》中，叔向这样评价齐桓晋文之事："齐桓，卫姬之子也，有宠于僖。有鲍叔牙、宾须无、隰朋以为辅佐，有莒、卫以为外主，有国、高以为内主。从善如流，下善齐肃，不藏贿，不从欲，施舍不倦，求善不厌，是以有国，不亦宜乎？我先君文公，狐季姬之子也，有宠于献。好学而不贰，生十七年，有士五人。有先大夫子余、子犯以为腹心，有魏犫、贾佗以为股肱，有齐、宋、秦、楚以为外主，有栾、郤、狐、先以为内主。亡十九年，守志弥笃。"早期齐桓公之义表现为从善如流，求善不倦。齐桓公和公子纠因为争夺君位成为敌人，但在鲍叔牙的举荐下，齐桓公重用了管仲，齐桓争霸，九合诸侯，被公认为管仲之力。晋文公返国之前已经具备当时人君不可多得的优良品质。他遵守礼法、赏罚分明、心胸宽广，知错能改。在做公子时，他就是君臣之礼的坚定实行者。当晋献公在骊姬挑拨下准备置其于死地时，他不仅没有反抗，反而告诫凡是反抗君主者都是"吾仇"。寺人披曾两度奉命追杀重耳。重耳返国后并未报复，反而理解了他恪守君命的精神。结果得到的是寺人披的绝对忠诚。在吕氏准将焚公宫的时候，寺人披及时报告，晋文公避免了杀身之祸。晋文公通过城濮之战成为霸主，也并非其一人之力，而是有大量贤臣帮助的结果。晋文公赏罚分明，善于纳言，使得臣子人人愿意为他出力。在称霸一事上，子犯就起了积极作用。《僖公二十七年》："晋侯始入而教其民，二年，欲用之。子犯曰：'民未知义，未安其居。'于是乎出定襄王，入务利民。民怀生矣，将用之。子犯曰：'民未知信，未宣其用。'于是乎伐原，以示之信。民易资者，不求丰焉，明征其辞。公曰：'可矣乎？'子犯曰：'民未知礼，未生其共。'于是乎大以示之礼，作执秩以正其官，民听不惑，而后用之。出谷戍，释宋围，一战而霸，文之教也。"

明君之明还表现于过而能改。秦穆公称霸西戎，也体现了霸主气象。其中对孟明的使用就足以显示其霸主胸怀。《僖公十三年》记载，秦发动崤之役，蹇叔哭师，阻止秦军袭郑，但秦穆公执意为之。秦以孟明为帅，在崤地为晋军伏击，秦军大败，孟明等三帅被俘。三帅归国后，秦穆公并没有惩罚他们，而是主动承担责任。秦伯素服郊次，向师而哭曰："孤违蹇叔以辱二三子，孤之罪也。不替孟明，孤之过也。大夫何罪？且吾不以一眚掩大德。"《文公二年》记载，秦孟明帅师伐晋，以报崤之役。及秦师战于彭衙。秦师败绩，"秦伯犹用孟明。孟明增修国政，重施于民"。秦穆公的行为连对手都十分佩服。晋国赵成子言于诸大夫曰："秦师又至，将必辟之，惧而增德，不可当也。诗曰：'毋念尔祖，聿修厥德。'孟明念之矣，念德不怠，其可敌乎？"秦穆公遂霸西戎。《左传》认为这是因为"用孟明也"："君子是以知秦穆公之为君也，举人之周也，与人之壹也；孟明之臣也，其不解也，能惧思也；子桑之忠也，其知人也，能举善也。《诗》曰：'于以采蘩，于沼于沚，于以用之公侯之事'，秦穆有焉。'夙夜匪解，以事一人'，孟明有焉。'诒阙孙谋，以燕翼子'，子桑有焉。"（《文公三年》）晋悼公是晋复霸诸侯的中兴之主，其成功也因其善于处理君臣关系。晋悼公是在晋国君臣之礼受到严重破坏的情况下上台的。此前，晋厉公担心卿大夫势力扩张大灭三郤，最后又被暗杀。悼公面对卿大夫弑君的嚣张气焰，首先和群臣立下规矩，要他们唯命是听。然后理顺君臣之礼，"逐不臣者七人"，"始命百官"，并做到了"凡六官之长，皆民誉也。举不失职，官不易方，爵不逾德，师不陵正，旅不逼师，民无谤言"，此间，他选贤任能。老臣祁奚因此能够"远举不避仇，近举不避亲"（见《成公十八年》）。《襄公三年》记载，晋悼公盟诸侯于鸡泽，其弟杨干乱行于曲梁。魏绛负责军中执法，惩罚了杨干的随从，以示警告。晋悼公不知底细，闻讯后大怒，曰："合诸侯，以为荣也。杨干为戮，何辱如之？必杀魏绛，无失也！"魏绛知道冒犯国君之弟有犯上之嫌，便主动前来请死受罚。在听完公魏绛的陈词后，悼公立刻光着脚出来致歉，他说："寡人之言，亲爱也；吾子之讨，军礼也，寡人有弟，弗能教训，使干大命，寡人之过也。子无重寡人之过，敢以为请。"并"以魏绛为能以刑佐民矣"，"与之礼食，使佐新军"。由于晋悼公的开明和知人善任，晋国政风为之一变，卿大夫不再争权夺利，礼让成为普遍风气。

明君之明还表现在亲民。"良君将赏善而刑淫，养民如子，盖之如天，容之如地；民奉其君，爱之如父母，仰之如日月，敬之如神明，畏之如雷霆，其可出乎？夫君，神之主而民之望也。若困民之主，匮神之祀，百姓绝望，社稷无主，将安用之？弗去何为？"（《襄公四年》）《哀公七年》记载，这一年，"有云如众赤鸟，夹日以飞，三日"。楚惠王派人问周大史。周大史说："其当王身乎！若禜之，可移于令尹、司马。"楚王说："除腹心之疾，而置诸股肱，何益？不穀不有大过，天其夭诸？有罪受罚，又焉移之？"这展现了君主的仁心。

明君之德还表现为简朴。俭是针对君主和卿大夫因其特权而追求奢华淫逸的生活而言的。君主之奢侈或有历史传统。三代时期，为了显示天子的地位，天子享受奢华生活也被视为必然。《尚书·洪范》一方面提醒人们揭防奢侈，另一方面强调君主的特权："惟辟作福，惟辟作威，惟辟玉食。臣无有作福作威玉食。臣之有作福作威玉食，其害于而家，凶于而国。"意思是只有天子才可以锦衣玉食，臣子是不能的。臣子锦衣玉食害于家，凶于国。这虽然对臣子提出警示，但放任了君主。三代中奢侈君主不乏其人。因此，宗周时期，贵族精英们提出"无逸"，倡导勤俭行政。但春秋时期，贵族政治的特权性也产生诸多奢侈之君、奢侈之臣。《左传》认为，奢侈为政之大恶。《庄公二十四年》："俭，德之共也；侈，恶之大也。"因为"骄奢淫逸，所自邪也。四者之来，宠禄过也"。《昭公四年》记载，楚灵王向诸侯显示自己的奢侈。椒举曰："夫六王、二公之事，皆所以示诸侯礼也，诸侯所由用命也。夏桀为仍之会，有缗叛之。商纣为黎之搜，东夷叛之；周幽为大室之盟，戎狄叛之，皆所以示诸侯汰也，诸侯所由弃命也。今君以汰，无乃不济乎？"奢侈会导致天怒人怨。《昭公八年》记载，晋侯筑虒祁之宫，出现了石头说话的现象。晋侯问师旷："石何故言？"师旷回答说："石不能言，或冯焉。不然，民听滥也。抑臣又闻之曰：'作事不时，怨讟动于民，则有非言之物而言。'今宫室崇侈，民力雕尽，怨讟并作，莫保其性，石言，不亦宜乎？"结果是"诸侯朝而归者皆有贰心"。君俭具有极高的道德号召力。如果臣子能俭，也会给君臣关系带来清风。因此，《左传》对勤俭之臣多加赞赏。鲁大夫季文子节俭，《左传》赞其为忠："季孙于鲁，相二君矣。妾不衣帛，马不食粟，可不谓忠乎？"（《成公十六年》）季文子以俭为荣，晏婴重俭力行，都是勤俭的典范。《襄公十五年》："宋人或得玉，献诸子罕。子罕勿受。献玉者曰：'以示玉人，玉人以为宝也，故敢献之。'子罕曰：'我以不贪为宝，尔以玉为宝。若以与我，皆丧宝也，不若人有其宝。'"卿大夫杜绝奢侈是君臣和谐、避免君臣冲突的因素。卿大夫拥有庞大的宗族和封邑，一旦扩张就有可能获得财富，甚至富过君国，不贪婪、忌奢华，可避免君对臣的猜忌和防范。子产认为子罕将"得国"，为"后亡"者，盖因如此。

五　构建和而不同的君臣关系

在强调君权神圣性的同时，构建理想的君臣关系模式也是《左传》思考的问题。君臣之礼不仅要体现在义理上，也要在实践中得以落实。《左传》强调，君臣关系是首与股肱的关系。这种君臣一体密切的关系是君臣之礼完美的表现，但这种理想的关系是建立在君臣之德得到最大发挥的基础上的，前述所谓君明臣贤、君义臣忠就是这种状态。但在现实生活中，君臣的密切关系并不完全建立在道德基础上。有时这种密切关系是建立在臣对君的刻意讨好和顺从上，有时是建立在臣对君的蛊惑上。这样，就会造成不君之君与不臣之臣的组合，君臣之礼尽管在表面上合乎规范，但没有道德约束的君臣关系依然被认为是一种非礼关系。因此，《左传》

提出要建立和而不同的君臣关系。

和在春秋时期是一个新兴的概念，它指一种有差别的、多样性统一，同则显示的是一种无差别的统一。礼乐文明中。乐主和，原因就是它将音调不同的五音能够组合在一起，形成和谐动人的音乐。人与人之间的差异性，注定了人要和谐相处就必须是和而不是同。孔子曾经用和与同区别君子和小人。他说："君子和而不同，小人同而不和。"（《论语》）也就是说，和是对差异的包容与互补，同是以私利结合，除了在利益上相互利用外，并不能互相包容。和是君臣能够在礼的等级差异中找到了互动互补的平衡点。《昭公二十二年》记载，齐景公对晏子说，梁丘据是与君主唯一"和"的人。晏子认为，梁丘据对君是同而非和：

> 和如羹焉，水、火、醯、醢、盐、梅，以烹鱼肉，燀执以薪，宰夫和之以味；济其不及，以泄其过。君子食之，以平其心。君臣亦然。君所谓可而有否焉，臣献其否以成其可；君所谓否而有可焉，臣献其可以去其否。是以政平而不干，民无争心。故《诗》曰："亦有和羹，既戒既平。鬷嘏无言。时靡有争。"先王之济五味。和五声也，以平其心，成其政也。声亦如味，一气、二体、一三类、四物。五声、成律、七音、八风、九歌，以相成也；清浊。小大、短长、疾徐、哀乐、刚柔、迟速、高下、出入、周疏，以相济也。君子听之，以平其心。心平，德和。故《诗》曰："德音不瑕。"今据不然。君所谓可，据亦曰可；君所谓否，据亦曰否。若以水济水。谁能食之？若琴瑟之一专，谁能听之？同之不可也如是。

和而不同的意义在于，君臣之间一方面要坚守等级界限，另一方面也要在道德的维度上将德作为君臣关系的出发点，臣对君的顺从就不是盲目的服从，而是根据行为是否合德作出判断。如臧孙那样"君违不忘谏之以德"（《桓公二年》）才是真正的尽心，真正的忠。这种和必然使君变成明君，臣变成忠臣和诤臣。

《左传》尤其赞扬对于那些敢于面对国君直言相诤的人。《庄公十九年》记载，楚国鬻拳是忠臣也是诤臣。楚文王有过，鬻拳强谏，"楚子弗从，临之以兵，惧而从之"。鬻拳认为君有过臣劝谏是臣的职责，但是以兵器是非礼之举："吾惧君以兵。兵，罪莫大焉。"遂自刖。后楚王因过失打了败仗，鬻拳关闭城门不让楚文王进城，楚王伐黄后死去。"鬻拳葬诸夕室，亦自杀也"，以表示对楚文王的忠诚。《左传》借君子的观点赞扬说"鬻拳可谓爱君矣，谏以自纳于刑，刑犹不忘纳君于善"。鬻拳以死殉君表现出忠臣本色。楚文王的悲剧在于他没有听从劝谏。他如果能够广纳良言，就不会一败再败，君臣之间就能够做到真正的和。因此，做到和而不同是取决于双方的道德自觉和包容力。开明之君应当是虚怀若谷，广纳善言，过而能改，宽宏大度，才能得到真正的股肱之臣。《宣公二年》："人谁无过？过而能改，善莫大焉。"晋悼公会诸侯于鸡泽，晋悼公之弟扬干触犯了军纪，司马魏绛杀掉了扬干之御者以正军法，触怒了晋悼公，称"必杀魏绛"。魏绛闻讯主动前来请死，晋悼公明白自己有错，主动认错，后以魏绛能"以刑佐民"，让其升佐新军。这才是真正的和而不同。

六　君权的绝对性和君位的相对性

以礼义道德为中心的君臣伦理观是对宗周以来形成的以德治国思想的延续。春秋时期的社会动荡激起的礼学浪潮，使得道德思考更加具体化、理论化。君臣之礼建立在君义臣忠的道德规则上，使君臣个人的道德品行成为左右君臣伦理的关键。因此，《左传》以天地秩序限制君臣伦理并不是单纯的对于天命论的接受，而是对于君臣伦理的重要性深入思考的结果。《左传》通过君臣关系的不同表现给社会带来的影响说明，君臣关系是社会治理的中枢，一旦君臣关系出现危机，国家的危机、江山社稷的颠覆就随之而来。捍卫君权的合法性，维护君权的稳定性，也是君臣伦理的核心问题。但是，君权的神圣性在于它是江山社稷的象征，当国君能够为江山社稷做主，并且体现出无愧江山社稷象征的种种德行时，君也是神圣的。如果国君不能代表江山社稷，属于暴君、乱君、昏君，那么，君就失去了神圣性。这样，在《左传》中，君的角色被一分为二，一个是在伦理等级意义上的君，另一个是现实层面承担君主使命的君。在伦理等级层面，君是国家的象征，一旦获得了君的权力，就有着国家象征的神圣性。在现实层面，君作为一个实践君权的个体存在，君的行为具有巨大的自主性和不确定性。只有君的行为和君的国家象征身份匹配，君才具有完美性。当君的行为背离了国家利益，则必须在个体意义上对君进行否定。这样，《左传》便在突出君权神圣性的时候，也强调了君权的相对性。

齐庄公被弑后，有两件事情令人瞩目。一是史官坚持秉笔直书，另一是晏子看似矛盾的表现。《襄公十三年》记载，齐庄公被弑后，晏子立于崔氏之门外，其手下说："死乎？"晏子："独吾君也乎哉，吾死也？"属下又问："行乎？"晏子说："吾罪也乎哉，吾亡也？"属下接着问："归乎？"曰："君死，安归？君民者，岂以陵民？社稷是主。臣君者，岂为其口实，社稷是养。故君为社稷死，则死之；为社稷亡，则亡之。若为己死，而为己亡，非其私昵，谁敢任之？且人有君而弑之，吾焉得死之？而焉得亡之？将庸何归？"晏子最后的表现是："门启而入，枕尸股而哭，兴，三踊而出。"史官秉笔直书是在捍卫君权的神圣性。从普遍伦理的角度看，杀君主就是非礼行为。晏子的行为则显示了在具体情况下臣对君的态度。在君主被弑的情况下，臣礼可表现在几个方面，一是奋起讨贼，二是为君殉道，三是以出走表示势不两立。但晏子认为，君主和臣子都是属于国家的。君主的死是因为国家，那么臣子就应该为他死，为他出走。君主的死与江山社稷无关，完全是因为他自身的原因，那么，臣子就没有必要为君主献身了。齐成公的死是因为他荒淫无道，不仅不是为了江山社稷，而且给江山社稷带来了危险，因此就不值得为他献身。晏子的选择是，枕尸而哭，三踊而出。一方面是有节制地表现出自己的抗争，并认为抗争毫无意义，另一方面，又以臣哭君的方式表达了悼念。有人说，这表现了晏子的矛盾性。但是，从晏子立论的起点看，他并不矛盾。晏子用站在国家的高度表达了他对事件的态度。即从江山社稷利益看，齐成公的死是不值得同情的，但是，他的身份又是国君，因此，有必要在礼仪上表达君臣之礼。晏子的意义在于，他在国家社稷的层面上为忠君找到了价值标准，从而说明，君权是神圣的，但是握有君权的君主如果没有为江山社稷负责，并且有损于江山社稷，那么，君主就不能拥有君权的神圣性。为臣者，国家社稷也是最高选择。崔杼自立为相，请众臣盟誓，晏子也并不顺从。"崔杼立而相之。庆封为左相。盟国人于大宫，曰：'所不与崔、庆者。'晏子仰天叹曰：'婴所不唯忠于君利社稷者是与，有如上帝。'乃歃。"不是为了服从于权势，而是服从于君权的神圣性和社稷的利益。晏子显示了独立的为臣之道。正如管仲所言："夷吾之为君臣也，将承君命，奉社稷以持宗庙，岂死一纠哉？夷吾之所死者，社稷破，宗庙灭，祭祀绝，则夷吾死之。非此三者，则夷吾生。夷吾生则齐国利，夷吾死则齐

国不利。"（《管子·大匡》）

晏子不死君难在君臣之道的两难选择中开辟了第三条路。这条道路将君臣伦理以道德尺度进行了二分法处理。一方面，承认君主在位时期具有的神圣地位，另一方面也不因为其神圣性就死心塌地地保持绝对忠诚。循着这样的逻辑，《左传》甚至认为，一些貌似取代君治理天下者，也未必就是孟子所说的乱臣贼子。这一点，在鲁昭公出走事件上表现得比较明显。《左传》对于三桓架空鲁昭公在伦理情感方面不是同情的，但是在历史理性方面，又表现出极大的谅解。

昭公出走事件源于昭公对于三桓专政的不满。尽管公室实力不及三桓，但是，桓公依然要凭借君权去三桓。不意三桓结成利益共同体，和桓公对抗，迫使桓公出走。《左传》对这一事件的记录表达了两种相互矛盾的倾向。一方面突出了君权的神圣性，另一方面则又认可了昭公失去君权的必然性。在和昭公对抗和昭公出走的过程中，三桓的实权人物季平子始终表现出对触犯君权的畏惧。因此，他便通过种种手段来昭示自己对君的忠臣。尽管心中已经无君，但是，在抵抗昭公的时候，依然表现出求和姿态。等到昭公出走，季氏又派人请昭公回国，并送来马匹等礼物。《昭公二十五年》记载，随鲁君出走的叔孙昭子自阚归，希望季平子能够让鲁昭公回国。昭子说："人谁不死？子以逐君成名，子孙不忘，不亦伤乎！将若子何？"季平子说："苟使意如得改事君，所谓生死而肉骨也。"在外交场合，季氏也经常表达对于昭公的牵挂。说明季氏是不愿意落下欺君犯上的罪名的。君臣伦理依然是季氏专权不敢公开跨越的障碍。和昭公一同出走的子家羁，尽管对于昭公去三桓的鲁莽不赞成，但是，当昭公出走的时候，他始终追随昭公，并处处维护昭公的尊严。昭公死后，季氏要子家羁回国，但是，子家羁不仅严词拒绝，同时也拒绝和季氏见面，表现出不同戴天的姿态。子家羁在《左传》中被正面塑造。昭公死后，季氏为了表示对昭公的怨恨，蓄意挖开壕沟，将季氏和宗族墓地隔开，遭到了孔子的批评。孔子担任要职后，填埋了壕沟，让昭公墓地重新和宗墓在一起。这一切，并不是因为鲁昭公本身，而是因为昭公作为国君的伦理身份。但是，同时，从君臣关系的现实行为出发，《左传》不仅看到季氏不尊君权的本质，也看到了昭公未能践行君权的神圣职责，致使君权旁落。这种结局不仅因为昭公，也来自桓公之后国君不能主宰公室的历史有关。《昭公三十二年》记载，晋赵简子对史墨说："季氏出其君，而民服焉，诸侯与之，君死于外，而莫之或罪也。"对此，史墨表达了"社稷无常奉，君臣无常位"的观点：

> 天生季氏，以贰鲁侯，为日久矣。民之服焉，不亦宜乎？鲁君世从其失，季氏世修其勤，民忘君矣。虽死于外，其谁矜之？社稷无常奉，君臣无常位，自古以然。昔成季友，桓之季也，文姜之爱子也，始震而卜。卜人谒之，曰："生有嘉闻，其名曰友，为公室辅。"及生，如卜人之言，有文在其手曰"友"，遂以名之。既而有大功于鲁，受费以为上卿。至于文子、武子，世增其业，不废旧绩。鲁文公薨，而东门遂杀适立庶，鲁君于是乎失国，政在季氏，于此君也，四公矣。民不知君，何以得国？是以为君，慎器与名，不可以假人。

史墨将季氏族出君，三桓专政说成天意显然有些牵强，但是说"鲁君世从其失，季氏世修其勤，民忘君矣。虽死于外，其谁矜之？社稷无常奉，君臣无常位，自古以然"，说明鲁君几代失国，是自身原因，季氏执政是因世修其勤，由此证明社稷无常奉，君臣无常位的必然，则体现了《左传》崭新的君臣伦理观。

对君权身份的二分法思考，突出了对君臣关系的道德评价，这种评价的结果必然导致对君权神圣性的动摇，由此为臣对君的疏离留下了道德空间。忠君固然是值得赞扬的，但是，当君不君的时候，臣对君的反抗就带有了道德的正当性。《襄公十四年》：祁师旷陪晋侯。晋侯问："卫人出其君，不亦甚乎？"师旷回答："或者其君实甚。良君将赏善而刑淫，养民如子，盖之如天，容之如地；民奉其君，爱之如父母，仰之如日月，敬之如神明，畏之如雷霆，其可出乎？夫君，神之主而民之望也。若困民之主，匮神之祀，百姓绝望，社稷无主，将安用之？弗去何为？"在这样的逻辑下，民对君的背叛也就天经地义了。《左传》因此对于民对君的复仇也抱以同情。《左传》曾对楚国郧公辛坚决反对其弟借楚平王危难之际替父报仇，并赞成其"君讨臣，谁敢仇之？君命，天也，若死天命，将谁仇"的说法表示赞同，但是也不反对伍子胥逃离国家，归报楚王仇。按照"君讨臣，谁敢仇之"的逻辑，伍子胥的行为就是背叛社稷。但是，《左传》中，伍子胥是以正面人物的身份出现的。《左传》在以道德标准界定君臣关系的时候，一步步从"忠使臣以礼，臣使君以忠"的理想模式转向了对类似孟子所说的"君事臣如草芥，臣事君如寇仇"的观念的认同。

七　主仆之礼的形成与礼的江湖化

　　随着宗周宗法体制的瓦解，宗法权力下移，天下不断由天子之家向诸侯之家下移，诸侯之家又向卿大夫之家下移，并形成公室卑弱，陪臣执国命的现象。这种变化也深刻地影响着礼仪制度的变化。不同的家拥有着结构和内容相似的礼仪制度。天子之家和诸侯之家的君臣关系，在卿大夫之家表现为主仆关系。一些主仆关系因"策命委质"而变得牢固。随着卿大夫势力的强大，这种主仆关系逐渐游离于君臣关系之外，形成了比较独立的等级关系。由此，忠的观念就不只表现于国家社稷和君臣关系层面，也表现在主仆关系中。《左传》对于不同层级的忠君行为都表现出赞赏态度。于是，以往大一统时期对天子的忠诚和在诸侯争霸时期对国君的忠诚也可以被忠于自己主人的选择取代。各为其主的意识在《左传》中得到认可。礼的江湖化初见萌芽。

　　主仆关系中的忠诚表现为尊主、护主乃至为主人献身。《哀公十六年》记载，如楚国公孙白胜因其父太子建在郑国被杀，要求令尹子西为其报仇。令尹子西未答应，白胜因此恨令尹子西，并兴兵作乱，弑楚王。叶公平叛，逼白胜自杀。抓到了白胜的属下石乞，要其说出白胜尸体所在。石乞回答说："余知其死所，而长者使余勿言。"叶公威胁："不言将烹。"乞曰："此事克则为卿，不克则烹，固其所也，何害？"叶公乃烹石乞。

　　石乞宁愿遭受被烹的结局也不说出主人的下落，显示出仆对主的绝对忠诚。如果放在江山社稷和君臣关系层面，石乞的行为就是犯上作乱。但是，如果放在主仆伦理层面，石乞的行为就具有崇高的伦理道德价值。《左传》在叙述这一事件时，虽然对于白胜的叛逆表示了正统的批判态度，但是，对于石乞的行为却表达了一定程度的敬佩和惋惜。这种态度的出现，皆因《左传》试图将君臣之礼和主仆之礼平行对待，努力为主仆之礼寻找道德上的合理解释所致。《哀公十四年》记载，齐国陈氏家族忌惮子我执政，与子我发生冲突，并杀死子我。东郭贾是子我的仆人。子我被杀后，陈氏家族企图让东郭贾归顺陈氏家族，给其车与地位。东郭贾拒绝了。他说：“逆为余请，豹与余车，余有私焉。事子我而有私于其仇，何以见鲁、卫之士？”东郭贾奔卫。东郭贾在主人被杀，自己无归宿的情况下，也不改变对主人的忠诚，其不贰之心犹如忠臣。

礼的江湖化是宗法制和分封制发展的必然结果。在宗法体制和分封制之下，礼以等级关系作为设定的依据。每个等级内部必然构成自身的君臣关系。这就出现了忠君和忠主的矛盾。按照周礼的观念，忠于君国才是真正恪守了君臣之礼。但是，在君与主之间发生矛盾的时候，要让臣背叛各自的主也是困难的。因为，每个等级的分封最终都形成一个利益共同体和伦理体制。无论从伦理上和利益上，忠于自己的主人都具有合理性。因此，在君权不够强的情况下，各为其主的江湖伦理就可能大行其道。其次，分封制下卿大夫之间的利益争夺，也推动了各为其主的江湖伦理的出现。分封制使得卿大夫分割为不同的利益群体。为了巩固和扩大自己的势力，卿大夫之间的矛盾纷争也经常出现。在这种情况下，卿族内部的团结尤其重要，因为卿族成员维护卿大夫就是维护自身的利益。于是，卿大夫内部各为其主就成为一种自觉。此间，家臣的作用尤为重要。家臣的忠诚经常帮助主人渡过难关。《定公四年》记载，春秋末期，晋国智氏和赵孟家族产生矛盾。董安宇是赵孟的家臣。在两大家族的矛盾中，董安宇可谓赵孟的得力助手。其时，正赶上范氏、中行氏作乱，引发了晋国的政治危机。平息范氏和中行氏后，智文子的家臣梁婴对知文子说：“不杀安宇，使终为政于赵氏，赵氏必得晋国。盍以其先发难也，讨于赵氏？”知文子使告于赵孟曰：“范、中行氏虽信为乱，安宇则发之，是安宇与谋乱也。晋国有命，始祸者死。二子既伏其罪矣，敢以告。”当时，赵氏还没有范氏强大，赵孟明知范氏的用意却没有办法。因为，知文子是以勾结叛乱者的名义控告董安宇的。不除董安宇，知文子必将以此为借口向赵氏发难。但是，杀死董安宇也于心不忍。在这种情况下，董安宇主动请死：“我死而晋国宁，赵氏赵孟，将焉用生？人谁不死，吾死莫矣。”乃自缢而死。董安宇用自己的死免除了赵氏家族的危机。这种以死保护主人利益的精神，大有保护江山社稷的气派。

但是，这种各为其主的江湖伦理和维护江山社稷的忠君伦理是存在冲突的。一般情况下，人们都会通过家对国的服从化解这一矛盾。但是，当个人利益占上风或者是君权处于弱势的时候，主仆之礼往往会危害君臣伦理，致使江湖利益置于江山利益之上。石乞死其主就是其中一例。

第五章

霸主政治与霸主之礼

霸主政治是《左传》叙事的重要支撑。孟子说《春秋》所叙述的是"齐桓晋文之事",道出了《春秋》记事的基本特点。《左传》以《春秋》为线索,也围绕霸主政治展开。

突出霸主政治,是《春秋》《左传》尊重历史的结果。春秋史就是霸主兴替的历史。凡春秋记事,自然无法回避这一历史。问题是,以什么样的态度去书写这段历史,却反映史家的政治态度和历史观。后世史家和思想家对于齐桓晋文之事多有不同看法。但基本的观点是崇王抑霸。如孟子虽然也承认霸主政治的历史必然,但同时也认为齐桓晋文是"三王之罪人"。汉代以后,在大一统思想的影响下,经学家通过解释《春秋》表达了他们的尊王倾向。从《公羊传》开始,历代经学家几乎都将《春秋》视为兴王抑霸之作。但是,《左传》并未如后世经学家那样,以尊王思想解读《春秋》和春秋史。《左传》不仅强调了霸主政治的必然性,而且将霸主政治作为春秋历史平衡的重要力量,由此也将霸主之礼作为霸主政治实现的重要因素。

一 天下无王与霸主政治的发生

春秋之前,中国社会处于大一统的政治格局中。大一统政治以宗法制为纽带,分封天下,形成了"天子建国,诸侯立家"这样一个宗法分封体制。在这个体制下,天子、诸侯都处在各自的宗法等级序列中,构成天子为核心的一统天下的政治格局。天子至高无上,诸侯不仅臣服于天子,而且还要履行屏卫天子的义务。诸侯也因与天子大宗的关系及其历史地位,分为公、侯、伯、子、男五个不同等级。宗法等级成为维系天子与诸侯、诸侯与诸侯之间的基本纽带和依据，天下因此一度获得了稳定的政治局面。随着王室力量的衰落和诸侯的不断强大，诸侯开始走上历史前台。平王之后，"礼乐征伐自诸侯出"成为主旋律。与此同时，宗体制也遭到破坏，宗周时期的等级秩序不再发挥作用。正如宋人孙复描述的那样："诸侯强大，朝觐之礼不修，贡赋之职不奉，号令之无所束，赏罚之无所加，坏法易纪者有之，变礼乱乐者有之，弑君戕父者有之，攘国窃号者有之，征伐四出，荡然莫禁，天下之政，中国之事，皆诸侯分裂之。"（（宋）孙复《春秋尊王发微·隐公元年》）在这种背景下，强国摆脱了礼法的束缚，可以吞并地位较高但实力较弱的小国。诸如虢国这样等级较高的国家就被郑国吞并，天子也经常唯诸侯大国马首是瞻。霸主政治由此形成。春秋时期先后有齐桓公、晋文公、宋襄公、秦穆公、楚庄王等交替称霸，东南一隅的吴越也一度挥兵中原，扮演霸主角色。

霸主并非春秋时期才有的现象。早在周代以前，就有方伯存在。方伯代天子管理分散一方的小诸侯。宗周以后，齐国也曾经扮演方伯的角色。春秋时期的霸主实际上是方伯的延续。但是，其政治功能和权力放大了，大有取代天子号令诸侯的意味。因此，孟子对霸主政治不以为然，认为"以力假仁者霸"。但是，考虑到天下无王的局面，《左传》希望维持宗周社会的基本结构，齐桓晋文之事在《左传》中也得到了认可。

《左传》不仅认可了霸主政治出现的合理性，甚至对霸主报以欣赏的态度。《左传》中，直接描述霸政的文字有 20 多处，这些文字对霸主毫无贬抑的态度。霸主政治被看成诸侯强盛和政治治理成功的标志，并披上了道德的外衣。《闵公元年》："亲有礼，因重固，间携贰，覆昏乱，霸王之器也。"《僖公二十七年》说晋文公"出谷戍，释宋围，一战而霸，文之教也"。《文公三年》说："秦伯伐晋，济河焚舟，取王官，及郊。晋人不出，遂自茅津济，封肴尸而还。遂霸西戎，用孟明也。"《成公十七年》说晋悼公"举不失职，官不易方，爵不逾德，师不陵正，旅不逼师，民无谤言，所以复霸也"。《成公十八年》赞扬宋国"欲求得人，必先勤之，成霸安强，自宋始矣"。做霸主同时也是政治成功的标志。应成霸主没有成霸主，被视为失败的象征。《僖公二十二年》："楚子入飨于郑，九献，庭实旅百，加笾豆六品。飨毕，夜出，文芈送于军，取郑二姬以归。叔詹曰：'楚王其不没乎！为礼卒于无别，无别不可谓礼，将何以没？'诸侯是以知其不遂霸也。"

《左传》表现出的崇霸倾向，与其对霸主政治的历史作用的认识有关。春秋社会是一个历史过渡时期。宗周社会形成的宗法体制开始瓦解，但是并未彻底退出历史，以力量称雄天下的霸主实际上催生着新的政治体制，但是还没有成型。这样，春秋社会实际上在两种体制线索下运行，一个是宗周社会形成的宗法分封体制，在这个体制下，诸侯各国依然在天子诸侯的模式中拥有合法性。另一个是在礼仪征伐自诸侯出的背景下，诸侯争霸，形成大国控制天下的局面。但是，在青铜依然是武器制作材料的情况下，诸侯各国的军事力量有限，一个强大的国家在征服另一个诸侯国的过程中，必须借助其他诸侯国的力量，大国控制天下的能力就变得有限了。于是，寻找盟友便成为称霸天下必备的条件。在这种情况下，大国称霸就必须顾及宗周社会留下的体制和观念。其次，礼仪征伐自诸侯出的不安定环境，也造成了小国生存的危机感，在周天子不能担当天下共主的情况下，小国渴望有一个共主来维持秩序。《昭公十六年》记载，齐国军队攻打徐国。徐国国君及郯人、莒人会齐侯，盟于蒲隧，并赂以甲父之鼎。叔孙昭子叹息说："诸侯之无伯，害哉！齐君之无道也，兴师而伐远方，会之，有成而还，莫之亢也，无伯也夫！《诗》曰：'宗周既灭，靡所止戾。正大夫离居，莫知我肄。'其是之谓乎！"礼崩乐坏的政治伦理失范需要强有力的霸主维持秩序。霸主之礼也就为《左传》所认可。

二　力与礼：霸主政治存在的前提

天下无王是霸主政治出现的历史原因。天下无王的重要原因是天子失去对诸侯的控制。这种控制从表面上看是天子之礼的丧失。从深层看，天子之礼的丧失不仅是因为天子自身的失德，同时也因为天子控制天下的力量衰竭。周天子既无广阔的土地，也无足够的人口和兵源，经济基础甚至不能维持王室的运转，天子自然就失去以往的权威。同样的，霸主的出现，也是以力相争的结果。霸主虽然没有统一天下的能力，却具有震慑一方诸侯的力量。齐国称霸是在召陵之盟之后，力量已力压中原诸侯并足以阻止楚国北上。晋文公称霸则是在城濮之战大获全胜之后。没有足够的力量也难以震慑不听话的诸侯。郑庄公曾经在中原风光一时，盟诸侯，讨不庭，甚至和王室分庭抗礼，被后世称为小霸主。但是，郑庄公自己却非常清楚，郑国是中原小国，夹于大国之间，无险可守，与郑国力量相当的国家不只一个，郑国能够强盛一时，却不能持久。因此，隐公十一年，郑灭许，却将许君安置在郑国之东，保其社稷。人言庄公知礼，殊不知庄公的举动后面包含了对郑国未来的担忧。他说："天祸许国，鬼神实不逞于许君，而假手于我寡人。寡人唯是一二父兄不能共亿，其敢以许自为功乎？寡人有弟，不能和协，而使，糊其口于四方，其况能久有许乎？吾子其奉许叔以抚柔此民也，吾将使获也佐吾子。若寡人得没于地，天其以礼悔祸于许？无宁兹许公复奉其社稷。唯我郑国之有请谒焉，如旧昏媾，其能降以相从也。无滋他族，实逼处此，以与我郑国争此土也。吾子孙其覆亡之不暇，而况能禋祀许乎？寡人之使吾子处此，不唯许国之为，亦聊以固吾圉也。"（《隐公十一年》）从内政到外交，郑庄公深知其子孙将无力和大国抗衡。"覆亡之不暇"，将许国安置在郑国的东边只是为了给郑国多设一道屏障而已。因力不从心而放弃图霸之心，郑庄公可谓有历史感。但是，这也说明，力不足就不能成就霸业。

因此，成就霸业的霸主，无一不是从以力征天下开始。力主要表现在武力，但实质是国力。齐桓公的霸业实际上是从振兴国力开始。首先，齐桓公试图通过武力讨伐鲁国，以报当年容纳公子纠的不善之仇。但是，在长勺之战中彻底败北。齐桓公采纳管仲意见，实行"相地而衰征""三其国而五其鄙""作内政而寄军令"，创立"三选制"，实行强国强军战略，国力空前提升，于是才有东征西讨，步步为营。其次是主动对外施展武力。一是征讨所谓不臣之国，齐国征灭了纪等小国，扩展地盘。二是在征战中，帮助受到威胁的诸侯国家解除威胁，保护卫、邢等国，使狄夷不能谋中国，赢得诸侯的信任，然后才能九合诸侯，成为霸主。晋国的称霸也是建立在力的基础上的。晋国原本是一个小国，经武力征伐灭掉诸多小国，征服周边诸侯，一跃而为中原大国。晋惠公时期，吕甥改革"作爰田""作州兵"，提高了晋国的国力，为晋文公称霸奠定基础。晋文公回国后，进一步整顿兵力，安民治国，终于使晋国成为中原实力最强的国家，不仅让中原国家驯服，也通过城濮之战使楚国北进中原的野心彻底破灭，一战而霸。先以力征，是霸主成为霸主的前提。

获得霸主地位后，维持霸政秩序，确保诸侯政治有效运行，也需要力量作为保证。霸主就其身份而言，依然是和诸侯在同一个层次上，不同的是，它凭借高于他国的实力变成霸主，诸侯各国原本都是天子分封的诸侯，服从霸主是出于无奈。因此，霸主同盟实际上是一个松散的共同体。诸侯时刻都想摆脱霸主的控制。利益、实力以及国际环境的变化，都可能导致离心倾向的出现。在春秋时期，背叛盟主的事件经常发生。或投向其他强国，或者拒绝参加霸主组织的会盟，或者拒绝向霸主履行朝聘、纳贡等义务。因此霸主必须用武力加以威胁，迫使诸侯服从自己。《昭公十三年》言邾人向晋国告状："鲁朝夕伐我，几亡矣。我之不共，鲁故之以。"晋侯因此拒绝见鲁昭公。子服惠伯向叔向辩解说："君信蛮夷之诉，以绝兄弟之国，弃周公之后，亦唯君。寡君闻命矣。"态度较为强硬。叔向因此以动武威胁："寡君有甲车四千乘在，虽以无道行之，必可畏也，况其率道，其何敌之有？牛虽瘠，偾于豚上，其畏不死？南蒯、子仲之忧，其庸可弃乎？若奉晋之众，用诸侯之师，因邾、莒、杞、鄫之怒，以讨鲁罪，间其二忧，何求而弗克？"于是"鲁人惧，听命"。《襄公十一年》记载了晋国与诸侯会盟中对盟国的威胁之词："凡我同盟，小国有罪，大国致讨，苟有以藉手，鲜不赦宥。"《昭公十三年》记载，晋人向齐国寻盟，齐人不可。晋侯使叔向向王室刘献公询问，刘献公说："盟以厎信。君苟有信，诸侯不贰，何患焉？告之以文辞，董之以武师，虽齐不许，君庸多矣。天子之老，请帅王赋，'元戎十乘，以先启行'，迟速唯君。"得到了王室的首肯，晋国叔向便向齐国发出警告："国家之败，有事而无业，事则不经。有业而无礼，经则不序。有礼而无威，序则不共。有威而不昭，共则不明。不明弃共，百事不终，所由倾覆也。是故明王之制，使诸侯岁聘以志业，间朝以讲礼，再朝而会以示威，再会而盟以显昭明。志业于好，讲礼于等。示威于众，昭明于神。自古以来，未之或失也。存亡之道，恒由是兴。晋礼主盟，惧有不治。奉承齐牺，而布诸君，求终事也。君曰：'余必废之，何齐之有？'唯君图之，寡君闻命矣！"面对霸主的威胁，齐人才感到恐惧，做出服从的承诺："小国言之，大国制之，敢不听从？既闻命矣，敬共以往，迟速唯君。"叔向就此认识到提高霸主权威的重要性："诸侯有间矣，不可以不示众。"于是，"八月辛未，治兵，建而不旆。壬申，复旆之。诸侯畏之"。

但是，《左传》对于力的肯定是有限的。它承认力对于霸主政治的重要作用，但是并没有着力表现它。《左传》以战争作为主要内容展开，但是对战争的力量呈现比较简单，至于国力对战争的作用也是一笔带过。重点描述的是战争准备以及战争过程中人的精神状态以及思想交锋，所有这一切，集中到一点，就是强调德与礼对战争胜负的作用。《左传》对于霸主政治的描写多集中在德与礼的展开上。《左传》突出的是，德与礼对于霸主政治的实现具有至关重要的作用。一是实现强国的目标需要礼的促进。二是赢得诸侯的拥戴需要力与礼的相互支持。三是战争的胜负首先要看是否符合礼的要求。由此，礼就成为霸主政治的必要条件。有礼未必就能称霸，无礼绝对难以成霸。《左传》通过大量的正反例证说明礼对于霸主政治的重要性。《闵公元年》中，齐仲孙归对齐君说："不去庆父，鲁难未已。"齐君问："鲁可取乎？"仲孙归说："不可，犹秉周礼。周礼，所以本也。臣闻之，国将亡，本必先颠，而后枝叶从之。鲁不弃周礼，未可动也。君其务宁鲁难而亲之。亲有礼，因重固，间携贰，覆昏乱，霸王之器也。"民心秩序皆可通过礼来得到凝聚。霸主的礼还体现为霸主与同盟者的利益分享上。《昭公四年》："楚子问于子产曰：'晋其许我诸侯乎？'对曰：'许君。晋君少安，不在诸侯。其大夫多求，莫匡其君。在宋之盟，又曰如一，若不许君，将焉用之？'王曰：'诸侯其来乎？'对曰：'必来。从宋之盟，承君之欢，不畏大国，何故不来？不来者，其鲁、卫、曹、邾乎？曹畏宋，邾畏鲁，鲁、卫逼于齐而亲于晋，唯是不来。其余，君之所及也，谁敢不至？'王曰：'然则吾所求者，无不可乎？'对曰：'求逞于人，不可；与人同欲，尽济。'"这种与人同欲的观点，反映了郑国作为一个小国的期待。但是从叙事的倾向性看，也代表了《左传》的观点。

因此，求霸就不能只为满足霸主的权威和利益而不顾诸侯的感受。《成公二年》："四王之王也，树德而济同欲焉。五伯之霸也，勤而抚之，以役王命。今吾子求合诸侯，以逞无疆之欲。《诗》曰'布政优优，百禄是遒。'子实不优，而弃百禄，诸侯何害焉！"《僖公十九年》，宋公使邾文公用鄫国国君作为祭祀社的牺牲，以此来威慑东夷各国。司马子鱼说："古者六畜不相为用，小事不用大牲，而况敢用人乎？祭祀以为人也。民，神之主也。用人，其谁飨之？齐桓公存三亡国以属诸侯，义士犹曰薄德。今一会而虐二国之君，又用诸淫昏之鬼，将以求霸，不亦难乎？得死为幸！"这种非礼行为与以人为牺牲有关，自然有失人心。即便是具体的礼节，如果违背礼仪规范，也会失去人心。《僖公二十二年》："楚子入享于郑，九献，庭实旅百，加笾豆六品。享毕，夜出文芈送于军，取郑二姬以归。叔詹曰：'楚王其不没乎！为礼卒于无别，无别不可谓礼，将何以没主？'诸侯是以知其不遂霸也。"

所以，对于霸主政治而言，最佳选择是力与礼的交互并用，刚柔相济。以力示威，显示霸主的力量，使诸侯顺服。以礼相待，是为了增加诸侯对霸主的亲近感。文公七年，晋郤缺言于赵宣子曰："日卫不睦，故取其地，今已睦矣，可以归之，叛而不讨，何以示威，服而弗柔，何以示怀，非威非怀，何以示德，无德何以主盟，子为正卿，以主诸侯，而不务德，将若之何？"先因小国不服从而施加武力，并取其土地，等到征服之后交还土地，展现霸主胸怀。而力与礼并用的控制天下的策略，显然和宗周社会以宗法伦理控制天下的性质截然不同。实际上意味着以力量为主的霸主伦理开始取代以血缘伦理为核心的宗法伦理。

二　霸主之礼的基本形态：尊王、事大、字小

霸主政治的出现使礼文化发生了巨大转折。作为一种社会意识，礼文化总是因不同的时代产生并发生变化。这种变化无一不是围绕统治中心的变化展开。当天子失去权威，霸主占据历史舞台中心的时候，天子之礼也就向霸主之礼位移。天子之礼以亲亲尊尊的宗法伦理展开，霸主之礼的依据则是强弱之间的游戏规则，亲亲之别和小大之分是天子之礼和霸主之礼的不同起点。但是，在春秋时期，天子之礼和霸主之礼不是完全排斥的。一是天子虽然失去权威，但依然是名义上的天下共主，具有道义上的合法性。整个春秋时期，诸侯虽然在现实中已不在意王室的存在，但是，在伦理情感上，天子依然是寻找合法性的重要依托。这样，春秋时期尊王行为总能得到诸侯的普遍认可，霸主不能取代天子，而只能借助天子的认可或者打着天子的旗号展示号召力。二是霸主政治带有霸主代天子行天下共主之事的意味，在霸主和诸侯之间，依然存在着类似于天子和诸侯之间的等级关系。这样，诸侯对天子的伦理义务也大多转移到霸主一边，唯其如此，才能彰显霸主政治力量伦理的存在。于是，处理小与大的关系就成为霸主之礼的核心内容。霸主之礼就从尊王之礼和小大之礼两个维度展开。

尊王之礼主要表现在以下几个方面。

一是霸主之礼不能僭越天子之礼。天子在礼仪规格上依然保持着最高地位。《僖公二十五年》说："求诸侯莫如勤王"。这是因为"周礼未改。

今之王，古之帝也"。因此，僭越就有可能遭受天下人的谴责。毕恭毕敬地遵从天子之礼才能取得霸主地位的合法性。《僖公九年》记载，齐桓公已经获得霸主地位，天子派宰孔为齐桓公赐胙，齐侯将下拜。宰孔说："以伯舅耋老，加劳，赐一级，无下拜！"但齐桓公依然坚持："天威不违颜咫尺，小白余敢贪天子之命，无下拜？恐陨越于下，以遗天子羞。敢不下拜？"天子已经没有高高在上的威严，对于霸主表现出相当的客气。但是已经取得霸主地位的齐桓公，即使是得到天子"无下拜"的许可，也要下拜登受，行臣子之礼。这一方面是因为诸侯在场，另一方面也因为天子之礼尚存约束力。王礼的不可僭越归根结底还是天无二君的意识驱使。这种意识使得天子具有不可取代的地位。《僖公二十五年》记载，晋侯朝王，王飨醴，命之宥。但是，晋文公对这些赏赐并不在意，他想得到的是比诸侯更高的礼仪。在宴会上，他向天子请隧，天子不答应，说："王章也。未有代德而有二王，亦叔父之所恶也。"请隧，就是请求天子葬礼规格。显然，晋文公有与天子平起平坐的野心，但是天子却以"未有代德而有二王，亦叔父之所恶"加以拒绝。可见，天无二王的意识还是具有极大的说服力。任何僭越都是对天无二王的规则否定，因此也得不到诸侯的拥护。《哀公七年》记载，吴国来鲁国征百牢，遭到子服景伯拒绝："先王未之有也。"吴人说："宋百牢我，鲁不可以后宋。且鲁牢晋大夫过十，吴王百牢，不亦可乎？"景伯回答说："晋范鞅贪而弃礼，以大国惧敝邑，故敝邑十一牢之。君若以礼命于诸侯，则有数矣。若亦弃礼，则有淫者矣。周之王也，制礼，上物不过十二，以为天之大数也。今弃周礼，而曰必百牢，亦唯执事。"吴人不听。鉴于吴作为春秋后期的霸主，鲁国被迫答应了吴国的要求，但子服景伯断定："吴将亡矣！弃天而背本。"《僖公二十八年》记载，晋侯召王见诸侯，诸侯召天子，犹如臣召君，属于非礼。《左传》引用孔子的话解释《春秋》以"天王狩于河阳"记载这件事是"以臣召君，不可以训"。孔子认为晋文公"谲而不正"大概也与此类行为有关。对于晋国在礼节上的傲慢，《左传》也借人物之口提出批评。《僖公十一年》："天王使召武公、内史过赐晋侯命，受玉惰。过归，告王曰：'晋侯其无后乎？王赐之命，而惰于受瑞，先自弃也。其何继之有？礼，国之干也。敬，礼之舆也。不敬则礼不行，礼不行则上下昏，何以长世？'"在礼仪细节上，霸主也要顾及天子。《襄公三年》记载，鲁襄公第一次朝晋，盟于长樗。鲁公拜以稽首。晋国知武子说："天子在，而君辱稽首，寡君惧矣。"孟献子回答说："以敝邑介在东表，密迩仇雠，寡君将君是望，敢不稽首？"一方面是诸侯对霸主的敬畏，另一方面则是霸主之国在礼的分寸上的谨慎拿捏，表现出天子之礼依然具有一定的权威性。

二是霸主的身份需要得到天子的认可。由于天子仍然是名义上的天下共主，因此，霸主即使具有超群的实力也不能取代天子，其霸主地位也需得到天子认可。齐桓公称霸的关键时刻是葵丘之会。此时，齐桓公已经打出尊王攘夷的旗号并取得成功，不仅显示出强大的实力，同时也迎合了宗周社会的天子之礼。于是在葵丘之会上，天子派王室大夫子孔参加会盟并赐胙，提高了葵丘之会的规格，等于直接承认了齐桓公的霸主地位。僖公二十八年，城濮之战后，晋文公作王宫于践土，献楚俘于天子，并举行践土之盟。周天子正式承认了晋文公的霸主地位，且场面十分隆重。《僖公二十八年》描绘了当时场景："己酉，王享醴，命晋侯宥。王命尹氏及王子虎、内史叔兴父，策命晋侯为侯伯。赐之大辂之服、戎辂之服、彤弓一、彤矢百、玈弓矢千、秬鬯一卣、虎贲三百人，曰：'王谓叔父，敬服王命，以绥四国，纠逖王慝。'晋侯三辞，从命。曰：'重耳敢再拜稽首，奉扬天子之丕显休命。'受策以出，出入三觐。"此时会盟是霸主邀集同盟商讨大事、摊派贡赋以及惩戒离心者举行的活动。会盟本质上是霸主做主的事。但是，打着天子旗号可以提升会盟的合法性。《襄公三年》记载，晋国会同盟于亳，盟书曰："凡我同盟，毋蕰年，毋壅利，毋保奸，毋留慝，救灾患，恤祸乱，同好恶，奖王室，或间兹命，司慎司盟，名山名川，群神群祀，先王先公，七姓十二国之祖，明神殛之，俾失其民，队命亡氏，踣其国家。"也是把对王室的支持作为盟书的内容。

三是霸主征伐行为需打着天子旗号才具有号召力。春秋开始，打着尊王旗号，挟天子以令诸侯就成为强国征服诸侯的手段。隐公年间，宋郑矛盾重重，郑庄公抓住宋国不朝王的把柄，率领诸侯，"以王命讨不庭"，取得了征伐诸侯的合法性。文公元年，诸侯朝晋，卫成公不朝，并使孔达侵郑，伐绵、訾，及匡。晋襄公随后不久便准备直接联合诸侯伐卫。大夫先且居认为："效尤，祸也。请君朝王，臣从师。"（《文公元年》）先且居认为，卫国不朝晋国又派兵攻打晋国，本身是对大国的失礼，擅自进攻诸侯，也是不合理的。因此，晋国讨伐卫国虽然有足够的理由，但是不能像卫国那样，违礼而行。因此，先朝王，再出兵，有理有利。《庄公十四年》有："诸侯伐宋，齐请师于周。"正义曰："齐既以诸侯伐宋，而更请师于周者，齐桓始修霸业，方欲尊崇天子，故请师，假王命以示大顺耳，非虑伐不克而借王威也。"①

四是霸主须率领诸侯勤王。勤王不仅是在王室遇到侵略时出兵保护，还包含为王室服劳役。"求诸侯莫如勤王"的认识说明了虽然天子已经再无往日的威严，但是，依照周礼的规矩勤王、服王役依然具有正面意义。僖公二十八年，王子虎盟诸侯于王庭，誓词说："皆奖王室，无相害也。有渝此盟，明神殛之，俾队其师，无克祚国，及而玄孙，无有老幼。"《左传》认为："是盟也信。"春秋时期的历史情形和宗周时期完全不同。春秋时期的王室在实力和地位上已经形同弱小诸侯，经常遭受内忧外患的袭扰。经济危机、内部动乱和外部侵袭，都威胁着王室的安全。天子成为需要受到保护的没落贵族。也正是在这样的背景下，勤王天子才显示出诸侯的仗义。勤王主要包括如下几个方面。

一是平息王室内乱。春秋时期，王室内乱不止。天子自身无力平息，因此，霸主就成为王室内乱的平息者。平息王室内乱根据情况不同，或出兵讨伐，或出面调停。遇到侵犯天子夺位的情况，霸主要出兵干涉。鲁僖公二十四年，颓叔、桃子奉太叔以狄师攻王，襄王遂被迫出奔，第二年，晋国出兵在温地擒获大叔，并在隰地杀之，迎周襄王重新复位。对于王室卿大夫之间的权力争夺，大国也经常出面干预，但首先是以调停为主。周王室中卿大夫争位事件主要有周公阅与王孙、王孙苏与召氏、毛氏争政，周公楚与伯舆争政、王叔陈生与伯舆争政，基本上都以调停解决。但是，在卿大夫之间干戈相向，无法调停时，霸主经常出兵进行武力平息。《昭公二十四年》记载，王室遇王子朝之乱。晋范献子与郑子大叔咨询如何面对王室之乱。子大叔表达了自己的立场："老夫其国家不能恤，敢及王室。抑人亦有言曰：'螯不恤其纬，而忧宗周之陨，为将及焉。'今王室实蠢蠢焉，吾小国惧矣。然大国之忧也，吾侪何知焉？吾子其早图之！《诗》曰：'瓶之罄矣，惟罍之耻。'王室之不宁，晋之耻也。"范献子因此害怕，承担起了保护天子的责任。

二是为王室服劳役。为王室服役是宗周时期就有的礼制。只是春秋时期的劳役和宗周时期完全不同。春秋时期，天子已经形同诸侯，无法强制

---

① 孔颖达：《春秋左传正义》卷十八。

诸侯服役，只能依靠大国的权威来动员诸侯完成各种劳役。《定公元年》有："晋魏舒合诸侯之大夫于狄泉，将以城成周。"但在服役问题上，天子在霸主面前基本是以请求的语气说话。霸主对于天子的请求也含有利益算计。《昭公三十二年》记载，周王使富辛与石张到晋国请为成周筑城。天子是这样说的："天降祸于周，俾我兄弟并有乱心以为伯父忧。我一二亲昵甥舅不遑启处于今十年。勤戍五年。余一人无日忘之闵闵焉如农夫之望岁惧以待时。伯父若肆大惠复二文之业，驰周室之忧徽文、武之福，以固盟主，宣昭令名，则余一人有大愿矣。"范献子则从成本的角度认为"与其成周不如城之。天子实云虽有后事晋勿与知可也。从王命以纾诸侯晋国无忧，是之不务而又焉从事？"于是便和诸侯大夫寻盟完成了筑城任务。虽然经过了利益权衡，但是，晋国作为霸主毕竟完成了王役，也算遵守了天子之礼。

春秋尊王之礼与宗周时期的诸侯对天子的尊崇已不可同日而语。霸主是带着利益诉求和居高临下的优越感尊王的。王室处在被保护的位置上，尊王也不是建立在天子地位的神圣性上。如果不是霸主政治的迫切需要，尊王对霸主也就不是那么紧迫了。"求诸侯莫如勤王"的利益诉求是尊王的基本动力。尊王也就带着鲜明的功利性。此间突出的不是诸侯对天子的那种绝对服从，而是霸主对于王权的需求。在王礼和霸礼之间，充满了利益的交换性。天子要借助霸主来得到保护和帮助，霸主需要借助天子的名义来获得合法性，霸主和天子形成了相互依存的关系。《昭公九年》记载，周甘人与晋阎嘉争阎田引发冲突。周天子使詹桓伯向晋国表示不满："我自夏以后稷，魏、骀、芮、岐、毕，吾西土也。及武王克商，蒲姑、商奄，吾东土也；巴、濮、楚、邓，吾南土也；肃慎、燕、亳，吾北土也。吾何迩封之有？文、武、成、康之建母弟，以蕃屏周，亦其废队是为，岂如弁髦而因以敝之？先王居梼杌于四裔，以御螭魅，故允姓之奸，居于瓜州，伯父惠公归自秦，而诱以来，使逼我诸姬，入我郊甸，则戎焉取之。戎有中国，谁之咎也？后稷封殖天下，今戎制之，不亦难乎？伯父图之。我在伯父，犹衣服之有冠冕，木水之有本原，民人之有谋主也。伯父若裂冠毁冕，拔本塞源，专弃谋主，虽戎狄其何有余一人？"显然，天子认为晋国已经损害王室利益，并违背了周礼。叔向认为天子方面有理，但并未认错，而是实话实说："文之伯也，岂能改物？翼戴天子而加之以共。自文以来，世有衰德而暴灭宗周，以宣示其侈，诸侯之贰，不亦宜乎？"骨子里，霸主已经将天子视为弱者，没有必要表现出忠诚。遵守天子之礼显然是出于权宜考虑。

霸主与诸侯之间的关系是霸主政治的重心。霸主政治的基本形态是霸主以类似方伯身份对部分诸侯国家进行控制。但是，这种控制是双向的。它既反映了霸主称霸天下的野心和欲望，同时也反映了诸侯在天子失位的情况下，寻求共主的要求。如前所述，霸主要实现自己的目标不仅要示之以威，同时也要通过礼与德柔而服之。诸侯必须认识到对抗大国必将招致武力威胁，承认大国的地位，服从大国。由此，霸主之礼就在诸侯和霸主之间产生了。在武力威慑产生作用后，大小关系基本明确，维系大小关系的基本纽带就是霸主之礼。正如《昭公十三年》所言："合诸侯，艺贡事，礼也。"

一是小国要服从大国。在武力征伐成为处理诸侯之间关系的重要手段的背景下，春秋诸侯之间的伦理关系基本上由以往的宗法伦理转向力量伦理。力量伦理的基本法则就是以力量大小确定尊卑关系。礼仪制度常以此为根据。《成公四年》记载，鲁成公因晋国对鲁无礼欲从楚叛晋，季文子认为不可："晋虽无道，未可叛也。国大臣睦，而迩于我，诸侯听焉，未可以贰。史佚之《志》有之，曰：'非我族类，其心必异。'楚虽大，非吾族也，其肯字我乎？"强弱之间，大小之间，必然以弱服从强、小服从大为必然。服从大国就是礼，背弃大国就是非礼。《左传》甚至以因果决定论来说明背叛大国的结果。《成公元年》："背盟而欺大国，此必败。背盟，不祥；欺大国，不义；神人弗助，将何以胜？"小国不服从大国是自取灭亡。《襄公四年》记载，楚人将伐陈，闻丧乃止，陈人不买账。鲁臧武仲感慨说："陈不服于楚，必亡。大国行礼焉而不服，在大犹有咎，而况小乎？"夏天，楚侵陈，《左传》认为这是"陈无礼故也"。这种决定论的思考，意在说明服从霸主的正当性，与霸主产生二心遭到讨伐也合乎正义。《襄公十六年》记载，晋侯与诸侯宴于温，请与会大夫跳舞，并要求"歌诗必类！"歌诗必类，就是要求诵诗时必须符合身份和等级关系。齐高厚之诗不类。晋荀偃怒，认为这是"诸侯有异志"，使诸大夫盟高厚，要给高厚惩罚，名义是"同讨不庭"。服从大国成为共识。《昭公元年》："大国令，小国共。"《襄公十一年》中臧孙纥说得更明白："凡我同盟，小国有罪，大国致讨，苟有以藉手，鲜不赦宥。"

二是在礼仪行为上，小国在霸主面前必须遵循小大之间的等级观念。

礼的基本精神源自等级关系。霸主之礼也是建立在霸主政治形成的等级关系上。霸主会盟的一项重要任务就是序班爵。一旦等级关系确立，礼仪行为就不能触犯等级礼仪的规矩。小大之别在宗周礼制中就有规定。《昭公二十三年》有："列国之卿，当小国之君，固周制也。"《成公三年》鲁大夫臧宣叔说："次国之上卿当大国之中，中当其下，下当其上大夫。小国之上卿，当大国之下卿，中当其上大夫，下当其下大夫。上下如是，古之制也。"臧宣叔所说的"古之制"，就是西周制度。杜预注："古制：公为大国，侯伯为次国，子、男为小国。"① 霸主之礼中的小大之别延用周礼的模式，但基本是按照力量伦理的规则确定。《成公十八年》："事大国，无失班爵而加敬焉，礼也。"此处的班爵，是大小之间的等级差异。差异彰显了诸侯之间的等级性。《昭公六年》记载，鲁季孙宿如晋拜莒田，晋侯享之，有加笾。加笾是更高一级的礼节。季孙急忙退出，并使行人告曰："小国之事大国也，苟免于讨，不敢求贶。得贶不过三献。今豆有加，下臣弗堪，无乃戾也。"韩宣子回答说："寡君以为欢也。"季孙宿如说："寡君犹未敢，况下臣，君之隶也，敢闻加贶？"季孙宿如对小大之礼的恪守深受晋国人的赞扬，认为其知礼，不仅坚持用加笾之礼，而且给其重礼。相反，如果在霸主面前失礼，甚至会带来灭顶之灾。齐桓公出行巡游诸侯，路过谭国，谭没有礼遇。等到其巡游归来，诸侯皆贺，谭又不至。冬天齐师灭谭。《左传》认为是罪有应得，因为"谭无礼也"（《庄公十年》）。

三是小国要向大国贡赋。霸主政治的特点就是，霸主在一定程度上拥有了天子的某些权力，以往天子拥有的礼仪和尊重部分地转移到霸主身上。小国不仅要朝见霸主，还要向霸主纳贡。《襄公二十九年》："鲁之于晋也，职贡不乏，玩好时至，公卿大夫，相继于朝，史不绝书。"纳贡数量依照周制和诸侯的地位高低确立。《昭公十三年》郑子产抱怨说："昔天子班贡，轻重以列，列尊贡重，周制也。卑而贡重者，甸服也。郑伯男也，而使从公侯之贡，惧弗给也。""列"指的是等级。"列尊贡重"，就是等级越高，贡赋越重。霸主通过会盟的方式向诸侯摊派上贡的数量，这些贡献多以朝聘之礼的方式实现。《襄公八年》："五月甲辰，会于邢丘，以命朝聘之数，使诸侯之大夫听命。季孙宿、齐高厚、宋向戌、卫宁殖、

---

① 杜预：《春秋经传集解》第十二，上海古籍出版社1997年版。

邾大夫会之。郑伯献捷于会，故亲听命。"诸侯也认可了霸主拥有天子部分特权的现实。当然，《左传》也说明，对贡献之礼的承认并不是建立在诸侯对天子的那种名正言顺的礼法基础上，而是建立在小国免遭大国涂炭的生存危机感上的。《宣公十四年》鲁孟献子对鲁宣公说："臣闻小国之免于大国也，聘而献物，于是有庭实旅百。朝而献功，于是有容貌采章嘉淑，而有加货。谋其不免也。"《左传》对这种强者为尊的现实表示了顺应的态度。在《左传》看来，在宗周伦理失去对天下控制的情况下，对强者的服从和尊重就是最现实的选择。向大国纳贡是保存自己的必要手段。《僖公十一年》："黄人不归楚贡。冬，楚人伐黄。"《僖公十二年》："黄人恃诸侯之睦于齐也，不共楚职，曰：'自郢及我九百里，焉能害我？'夏，楚灭黄。"《左传》惟妙惟肖地写出了黄人轻敌自负的形象，以此说明小国不向大国纳贡的必然结局。

四是小国听从大国号令征伐，参与大国进行的武力征伐。武力征伐是春秋列国政治的重要内容。以往天子有事，诸侯出兵勤王。霸主政治形成后，霸主以天子召唤诸侯的模式召唤诸侯。天子有事也要通过霸主召集才能实现以往的"勤王"。但是，诸侯召唤诸侯，并非都是王事，许多是替霸主征伐天下。有些战争甚至是代理霸主打仗。《左传》中记录了多起诸侯代霸主进行战争的事例。宣公二年，郑受楚国命伐宋。宋师败绩，成公六年，受晋国之命鲁孟献子侵宋。成公十年，晋国命卫国侵郑国。襄公二十四年，鲁为晋报仇侵略齐国。定公六年，鲁国为晋国讨郑取匡。定公八年，鲁国为晋国讨卫。当然，为表示征伐的合法性，霸主也经常打着天子的旗号。

五是小国要朝觐霸主。朝聘是宗周时期留下的传统。朝聘实际上分为朝觐和聘问。朝觐是诸侯对天子的。聘问则发生于天子与诸侯和诸侯之间。但是在春秋时期，朝觐天子的活动越来越少，朝觐霸主倒成为诸侯必不可少的礼仪行为。《襄公元年》："凡诸侯即位，小国朝之，大国聘焉，以继好、结信、谋事、补阙，礼之大者也。"霸主和诸侯间也有聘问之事，但是，霸主聘问诸侯并没有强制性，而诸侯对霸主的朝觐却成为惯例。《昭公三年》："昔文、襄之霸也，其务不烦诸侯。令诸侯三岁而聘，五岁而朝，有事而会，不协而盟。"小国不朝觐大国者经常要遭到惩罚。文公二年晋人以鲁国国君不朝讨伐鲁国。宣公七年鲁国又没有朝觐。《左传》曰："晋侯之立也，公不朝焉，又不使大夫聘，晋人止公于会，盟于黄父。公不与盟，以赂免。故黑壤之盟不书，讳之也。"不朝霸主在《左传》看来也是不符合礼仪的事。

霸主之礼并不仅仅表现为诸侯对霸主的遵从，同时表现为霸主对于诸侯的礼遇和保护。只有在霸主和诸侯之间的这种关系相对平衡的情况下，霸主才能顺利地推行霸主政治。霸主之礼就是"小事大"与"大字小"的统一。

一是霸主要对诸侯以礼相待。霸主和诸侯之间的等级关系是一种相对松散的关系，它没有宗周时期天子和诸侯之间的那种以周礼为基础的合法性基础。即便是宗周时期，天子对诸侯也不能以周礼为借口肆意发号施令，因此，霸主虽然借助于强力成为诸侯的盟主，但是，它也必须以礼待诸侯才可能凝聚人心。《昭公四年》："诸侯无归，礼以为归。"《哀公七年》："大国不以礼命于诸侯，苟不以礼，岂可量也？"以礼命诸侯才是大国风范，才可树立大国威望。如果大国以其强权恶意欺凌诸侯，则往往导致诸侯的背叛。春秋诸霸主中，楚国最热衷于使用强权。定公三年，蔡昭侯带着两佩与两裘朝楚，献一佩一裘于昭王。楚子常想要另一份礼物，蔡公没有答应。子常便软禁了蔡公三年。唐成公朝楚也遇到了类似麻烦。子常向他索要肃爽马，没有得到，子常也将唐成公囚禁三年。此举违背了"小事大，大字小"的规则，同时也严重伤害了小国的自尊。蔡公和唐公因此对楚国产生了仇恨，蔡公在回国路上将玉沉入汉水，发誓说："余所有济汉而南者，有若大川。"（《定公三年》）他们还到晋国请求出兵报仇。因此，强权极有可能伤害霸主之礼规定的游戏规则，大国和霸主要谨慎使用强权。《昭公二十三年》记载，邾人向晋国诉鲁国侵其土地。鲁派叔孙婼应诉。晋韩宣子想将叔孙婼交给邾国人。在等级上，鲁国高于邾。此举激怒了叔孙婼。晋士弥牟劝韩宣子："子弗良图，而以叔孙与其仇，叔孙必死之。鲁亡叔孙，必亡邾。邾君亡国，将焉归？子虽悔之，何及？所谓盟主，讨违命也。若皆相执，焉用盟主？"

以礼相待不仅是基于小大之间的力量伦理，同时也要遵从君臣父子的基本伦理规范。对基本伦理的尊重，也反映大国的基本品格。晋齐鞌之战后，作为取胜一方的晋国不仅收取贿赂，同时以"必以萧同叔子为质，而使齐之封内尽东其亩"。此举遭到了齐国的坚决反对，晋国在军事上胜利了，道义上却失败了，原因就是挑战了社会普遍遵从的基本伦理。齐人的回答是："萧同叔子非他，寡君之母也。若以匹敌，则亦晋君之母也。

吾子布大命于诸侯，而曰：'必质其母以为信。'其若王命何？且是以不孝令也。《诗》曰：'孝子不匮，永锡尔类。'若以不孝令于诸侯，其无乃非德类也乎？先王疆理天下物土之宜，而布其利，故《诗》曰：'我疆我理，南东其亩。'今吾子疆理诸侯，而曰'尽东其亩'而已，唯吾子戎车是利，无顾土宜，其无乃非先王之命也乎？反先王则不义，何以为盟主？其晋实有阙。四王之王也，树德而济同欲焉。五伯之霸也，勤而抚之，以役王命。今吾子求合诸侯，以逞无疆之欲。《诗》曰：'布政优优，百禄是遒。'子实不优，而弃百禄，诸侯何害焉！"（《成公二年》）

二是霸主要在小国遇到威胁时保护小国。鉴于强者为尊成为现实，小国对大国的畏惧感和依附性增强，小国需要在危难时期得到大国的保护。襄公十九年，诸侯还自沂上，盟于督扬，晋曰："大毋侵小。"《哀公七年》记载，鲁执政季康子欲伐邾。子服景伯反对："小所以事大，信也。大所以保小，仁也。背大国，不信。伐小国，不仁。民保于城，城保于德，失二德者，危，将焉保？"霸主因此也有保护小国的义务。小国有难，向霸主拜师求援，是因为霸主有这份责任。襄公十九年，齐国武力威胁鲁国，鲁季武子如晋拜师，在宴享中表达了小国寻求保护的心情："小国之仰大国也，如百谷之仰膏雨焉！若常膏之，其天下辑睦，岂唯敝邑？"霸主保护小国也事关霸主的尊严和声望。昭公十一年，楚师伐蔡，晋国无法救援。晋荀吴谓韩宣子曰："不能救陈，又不能救蔡，物以无亲，晋之不能，亦可知也已！为盟主而不恤亡国，将焉用之？"（《昭公十一年》）僖公元年，齐国与其盟国将受狄人侵害的邢迁到夷仪，诸侯为之筑城，解救了邢国。《左传》说："凡侯伯救患分灾讨罪，礼也。"《成公十八年》记载，楚国攻打彭城，征伐宋，宋华元入晋告急。当政者韩献子认为："欲求得人，必先勤之，成霸安强，自宋始矣。"晋侯于是派兵救宋，楚军撤退。晋则稳固了与宋的关系。

三是大国取信小国。信是礼的重要道德基础。无信，礼也失去了意义。小国欺大国被视为不义。大国对小国失信，霸主之礼也就荡然无存。《定公四年》记载有"晋人假羽旄于郑，郑人与之。明日，或旆以会"。羽旄相当于礼器，代表国家尊严，借而不还不仅有辱人国，也失去了基本信用。《左传》以"晋于是乎失诸侯"来说明晋国失信的结果。《成公七年》记载，汶阳之田本为鲁地，晋国曾经答应将汶阳之田归于鲁国，最后却受齐贿赂转而归于齐国。鲁国季孙行父据理力争："信以行义，义以成命，小国所望而怀也。信不可知，义无所立，四方诸侯，其谁不解体？《诗》曰：'女也不爽，士贰其行。士也罔极，二三其德。'七年之中，一与一夺，二三孰甚焉！士之二三，犹丧妃耦，而况霸主？霸主将德是以，而二三之，其何以长有诸侯乎？《诗》曰：'犹之未远，是用大简。'行父惧晋之不远犹而失诸侯也。"

四　从郑人争礼看霸主之礼的复杂性

郑国争礼是《左传》记事中较为精彩的内容。春秋初年，郑国一度强大，成为周边诸侯的盟主。自齐桓公称霸以后，郑国就一直生存于霸主的阴影下。为了生存，郑国一方面向霸主履行小国义务，遵守霸主之礼，另一方面，也保持了一定的自主性和独立性，与霸主周旋。争礼是郑国为其独立性辩护的重要手段。郑国争礼不仅表现出其在霸主面前的不屈姿态，同时也维护了自身的主权和尊严。郑国争礼说明霸主之礼的复杂性。

郑国争礼主要包括三个方面，一是为自己的二心辩护；二是为小事大之礼节辩护；三是为减少职贡争理。

郑国处于晋、秦、楚等大国之间，地处中原，无险可守，经常受到来自不同方向的大国的威胁。长期在大国之间周旋，使郑国形成了尊霸主、求平衡、争主权的生存策略。一是追随强者，早先齐国强大，郑国便向齐国靠拢，并得到帮助。齐国衰落后，晋国和楚国就成为争霸的主角。郑国处于夹缝中，受到来自两方的威胁，但又受到双方的争取。郑国利用这一特殊的国际环境采取了求平衡的战略。或者是屈服于武力，或者是在遇到攻击时倒向另一方。受到晋国威胁郑便向楚国求援，受到楚国攻击郑就倒向晋国。襄公二年，晋因郑事楚两次会诸侯大夫，在虎牢筑城以逼郑，郑因惧怕而背楚事晋。但郑国归顺晋国，又招来楚国不满。《襄公八年》记载，楚国大兵压境。在这种情况下，郑国利用"小事大，大字小"的规则，在大国之间展开周旋。大夫子驷说："民急矣，姑从楚，以纾吾民。晋师至，吾又从之。敬其币帛，以待来者，小国之道也。牺牲玉帛，待于二境，以待强者而庇民焉。"一面与楚国求和，一面又以"民知穷困，而受盟于楚"向晋国解释。晋国对郑国向楚国求和依然不满，会同诸侯伐郑。襄公九年，郑被迫与晋国会盟谈判。但是，这次会盟也让郑国形成了应对大国霸主的立场。不是示弱，而是争礼。会盟仪式上，晋士庄子作盟书，称"自今日既盟之后，郑国而不唯晋命是听，而或有异志者，有如此盟！"郑子驷回应说："天祸郑国，使介居二大国之间，大国不加德音，而乱以要之，使其鬼神不获歆其禋祀，其民人不获享其土利，夫妇辛苦垫隘，无所厎告。自今日既盟之后，郑国而不唯有礼而强可以庇民者是从，而敢有异志者，亦如之！"晋国要求改书，但是遭到郑国的严词拒绝。郑子展说："昭大神要言焉，若可改也，大国亦可叛也。"郑人利用盟誓之礼获得了选择的主动权，使得晋人不得志于郑。于是，"唯有礼而强可以庇民者是从"便成为郑国对付强国的基本策略。这一策略使郑国巧妙地摆脱了背盟欺大国的道德负担。《襄公九年》记载，楚国伐郑，子驷与楚国求和，子孔、子蟜说："与大国盟，口血未干而背之，可乎？"子驷、子展曰："吾盟固云'唯强是从'，今楚师至，晋不我救，则楚强矣。盟誓之言，岂敢背之？且要盟无质，神弗临也。所临唯信，信者，言之瑞也，善之主也，是故临之。明神不蠲要盟，背之，可也。"向强者妥协又不失自主的策略使郑国更灵活地与大国周旋，最终倒向了对自己更有利的晋国，并通过巧妙利用盟礼在大国之间赢得了生存空间。

霸主和小国实力上的不平等，使得霸主对于朝聘之礼的规格也比较挑剔，给有关小国增加了负担。郑国对此采取的态度也是以礼相争。《襄公二十八年》记载，郑伯使游吉出使楚国为楚康王送葬。楚人因为郑国国君没有像在宋参加会盟那样来送葬，拒绝游吉入楚。游吉辩解："宋之盟，君命将利小国，而亦使安定其社稷，镇抚其民人，以礼承天之休，此君之宪令，而小国之望也。寡君是故使吉奉其皮币，以岁之不易，聘于下执事。今执事有命曰：'女何与政令之有？必使而君弃而封守，跋涉山川，蒙犯霜露，以逞君心。'小国将君是望，敢不唯命是听。无乃非盟载之言，以阙君德，而执事有不利焉，小国是惧。不然，其何劳之敢惮？"游吉从四个方面反驳了楚人。一是说明参加宋国会盟国君前往的原因是为了利小国，安定其人民。二是认为郑国国君有守护国家的责任，无法轻易离开国家。三是在诸侯会盟中也没有规定丧礼必须由国君参加。四是表明小国可以服从大国的要求，但是，大国的过分要求不仅对小国苛刻，对大国自身形象也不利。此事增加了郑人对楚国的蔑视。游吉认为："楚子将死矣！不修其政德，而贪昧于诸侯。"他主张先答应楚国要求，让郑国国君到楚国送葬。但到了楚国，在举行郊劳之礼的时候，故意不为坛。楚人认为不严肃，责怪子产。子产回答说："大适小，则为坛。小适大，苟舍而已，焉用坛？侨闻之，大适小有五美：宥其罪戾，赦其过失，救其灾患，赏其德刑，教其不及。小国不困，怀服如归。是故作坛以昭其功，宣告后人，无怠于德。小适大有五恶：说其罪戾，请其不足，行其政事，共某职贡，从其时命。不然，则重其币帛，以贺其福而吊其凶，皆小国之祸也。焉用作坛以昭其祸？所以告子孙，无昭祸焉可也。"子产用大适小和小适大进行对比，正话反说，讥讽了楚国苛刻对待小国，缺少大国风度的拙劣行为。不卑不亢，楚人无言以对。《昭公三年》记载，郑子骊到晋国送葬也遇到了这样的问题。晋梁丙认为大夫参加送葬规格太低。子骊回答说："昔文、襄之霸也，其务不烦诸侯。令诸侯三岁而聘，五岁而朝，有事而会，不协而盟。君薨，大夫吊，卿共葬事。夫人，士吊，大夫送葬。足以昭礼命事谋阙而已，无加命矣。今婐宠之丧，不敢择位，而数于守适，唯惧获戾，岂敢惮烦？"子骊的辩解让晋张趯心服口服，认为晋国应该退让，否则"晋将失诸侯，诸侯求烦不获"。

小国向大国贡献职贡是霸主之礼规定的义务。但是，霸主之国及其权势人物也经常向诸侯索取额外的财物或者人为增加职贡的数量。郑国人对此也通过争礼予以回绝。《昭公十六年》记载，晋国韩宣子得到一玉环，另一只在郑商手中。韩宣子到郑国索取玉环，子产不答应。其他大夫都认为晋为霸主，韩宣子大权在握，不可得罪。但子产认为："吾非偷晋而有二心，将终事之，是以弗与，忠信故也。侨闻君子非无贿之难，立而无令名之患。侨闻为国非不能事大字小之难，无礼以定其位之患。夫大国之人，令于小国，而皆获其求，将何以给之？一共一否，为罪滋大。大国之求，无礼以斥之，何餍之有？吾且为鄙邑，则失位矣。若韩子奉命以使，而求玉焉，贪淫甚矣，独非罪乎？出一玉以起二罪，吾又失位，韩子成贪，将焉用之？且吾以玉贾罪，不亦锐乎？"子产不畏惧不给玉环导致的后果，认为大国贪求无限，如果听仕其所要，必将带来无穷无尽的负担。子产坚守小国事大国的原则，这也使大国之臣无法找到更多的理由。《昭公十三年》记载，晋与诸侯同盟于平丘。面对霸主不断提高的职贡要求，子产争辩，他说："昔天子班贡，轻重以列，列尊贡重，周之制也。卑而贡重者，甸服也。郑伯，男也，而使从公侯之贡，惧弗给也，敢以为请。诸侯靖兵，好以为事。行理之命，无月不至，贡之无艺，小国有阙，所以得罪也。诸侯修盟，存小国也。贡献无及，亡可待也。存亡之制，将在今矣。"一直争吵到中午，晋国人终于答应了子产的要求。

干涉诸侯内政，在君主废立和卿大夫之家继承人的确定上，霸主经常行使特权。郑国子产也经常以礼捍卫郑国的主权。昭公十九年，郑驷偃卒。其子丝的母亲是晋人。因丝懦弱，郑人未立其为家族继承人。丝向晋人表达了不满。晋派人责问郑国为何不立丝。子产回答晋人说："郑国不天，寡君之二三臣，札瘥夭昏，今又丧我先大夫偃。其子幼弱，其一二父兄惧队宗主，私族于谋而立长亲。寡君与其二三老曰：'抑天实剥乱是，吾何知焉？'谚曰：'无过乱门。'民有兵乱，犹惮过之，而况敢知天之所乱？……平丘之会，君寻旧盟曰：'无或失职。'若寡君之二三臣，其即世者，晋大夫而专制其位，是晋之县鄙也，何国之为？"（《昭公十九年》）子产先从常理"无过乱门"说明晋国干预郑国立太子是多管闲事，然后更从国家主权的高度质疑晋国连大夫立后都干涉，是将郑国看成晋国的一个县，贬低郑国的地位，从而捍卫了郑国内政的独立性。

郑人争礼显示了郑人在与大国周旋中的智慧和胆略，但这也同时暴露出霸主之礼的强权特征。小大之礼所要求的"小事大，大字小"的规则，会盟中强调的大勿侵小，在现实中经常为霸主的强权践踏。霸主对于特权的滥用，也将春秋时期的霸主之礼和宗周时期的天子之礼区别开来。天子之礼追求的是维护周礼规定的格局，保持诸侯间的平衡，霸主之礼之下的霸主则时刻都想借助于霸主的地位进行扩张。这种扩张欲也让人们对于小事大，大字小产生了怀疑。哀公七年，鲁季康子欲伐邾，子服景伯曰："小所以事大，信也。大所以保小，仁也。背大国，不信。伐小国，不仁。民保于城，城保于德，失二德者，危，将焉保？"孟孙问："二三子以为何如？恶贤而逆之？"子服景伯说："禹合诸侯于涂山，执玉帛者万国。今其存者，无数十焉。唯大不字小，小不事大也。知必危，何故不言？鲁德如邾，而以众加之，可乎？"显然，力与礼的结合是霸主政治的基本立场。但是，在现实中，力与礼的平衡经常被打破，小国要承受大国的无理要求。在这种情况下，小国以礼相争成为维护自身利益的基本手段。

《左传》对于郑国争礼的大力渲染，并将郑人置于有理最终也是有利者一方，意在显示礼的力量。但是，郑国争礼之所以成功，一方面是因为其有据理力争的胆略和智慧，另一方面，郑国的特殊地缘位置也为其争礼创造了良好环境。因为处在两个大国之间，大国既是威胁，同时也是利用的条件，受到一国攻击时可得到另一国的保护。同时，两个大国对郑国的争取也提高了郑国的外交价码。仅仅将郑国争礼看成礼的力量也夸大了礼的作用。

第六章

宗法制与《左传》礼学思想

　　宗法制是宗周社会立国的基础。王国维在《殷周制度论》中指出："欲观周之所以定天下，必自其制度始矣。周人制度之大异于商者，一曰'立子立嫡'之制，由是而生宗法及丧服之制，并由是而有封建子弟之制，君天子臣诸侯之制；二曰庙数之制；三曰同姓不婚之制。此数者，皆周之所以纲纪天下。其旨则在纳上下于道德，而合天子、诸侯、卿、大夫、士、庶民以成一道德之团体。"王国维所讲的是宗周社会宗法制的精髓。宗法制就是通过确立嫡庶关系以嫡长子为大宗，余子为小宗，嫡长子继承天子权力，对余子进行分封。对于异姓集团也尽量采取拟血缘化等亲缘化手段构建亲缘关系，并进行分封。宗庙制度则是宗法制度的神权保障。一方面宗庙可以借助于祖先神灵凝聚宗族，另一方面，通过授予大宗祭祀权保证天子的绝对权威。同姓不婚制度则确保了血缘伦理的纯粹性。宗法是分封的基础和依据。宗法制由此将天下权力归天子，四方诸侯与诸侯既保持着亲缘尊卑关系也保持着权力服从关系，形成了血缘关系与权力关系合二为一，宗统和君统合一的国家政治体制。"普天之下，莫非王土，率土之滨，莫非王臣"就是对这种宗法制国家体制的描述。宗周宗法制的目的是通过对亲族的权力分配化解权力继承带来的矛盾，并由此形成对王室的向心力。宗法制是周革殷命的产物，周灭商后，一度延续了商朝方国统领部落的政治组织方式。三监之乱表明了松散的部落酋长制度缺少必要的约束力，国家需要凝聚力更强的社会组织系统。于是，周公制礼，建立了以宗法制为基础、分封制为权力分配方式的宗周社会组织模式。《左传》昭公二十八年："昔武王克商，光有天下，其兄弟之国者十有五人，姬姓之国者四十人，皆举亲也。"《僖公二十六年》："昔周公吊二叔之不咸，故封建亲戚以蕃屏周。"宗法分封制对于殷商社会制度来说，无疑是一次革命，同时也为宗周社会的稳定起到一定的作用。

但是，随着时间的推移，天子与诸侯之间的血缘关系日益疏远，大小宗关系亲密程度逐渐降低，王室力量的衰败和诸侯力量的增强使诸侯不再听命于王室。天下无王，霸主代替了宗主，宗周社会的宗法体制解体已成必然。但是，这并不意味着宗法观念和体制的彻底消失。宗法制在随历史渐变的过程中又找到了新的立足点。一是宗法制下移，由天子之家向诸侯卿大夫之家位移。二是宗周宗法制度虽然解体，但是，宗法情感依然留在人们的记忆中并影响着人们的行为。三是嫡长子继承观念逐渐强化。宗法伦理观念由此也成为《左传》判断礼与非礼的重要依据。

一　宗法制下移与《左传》的宗法观念

春秋宗法制度演变的显著特征就是宗法制向诸侯卿大夫之家位移。宗法政制体制开始解体。宗法制作为国家政治基础的意义不断淡化，宗法制逐渐成为家族政治支柱的意义不断增强。宗周时期，宗统和君统合一。天子和诸侯之间的关系就是一个宗法化和泛宗法化的集合体。在天子层面上，虽然多数诸侯承认与周天子之间的同姓血缘关系或异姓亲戚关系，但是，诸侯自身的强大和天子势力的衰弱使得天子失去了至高无上的权威。天子已经无力号令诸侯，礼仪征伐自诸侯出，霸主利用天子号令天下，诸侯鲜有朝王之事，僭越时常发生。晋文公称霸居然向天子"请隧"，要求使用天子葬礼规格。在春秋初年，还发生了周桓王和郑国交战导致天子受伤和交换人质的事件。这一切，都表现出君统和宗统的分离，最终导致在天子层面上君统和宗统的丧失。所谓"礼崩乐坏"就是以此为特征的。孔子所愤慨的"是可忍，孰不可忍"就是指这种现象。但是，宗统和君统的分离并不止于天子，它逐渐出现在诸侯和卿大夫之家，最终导致宗法制向家族位移的局面。

宗周宗法制失去号召力的时候，宗法制在诸侯层面依然发挥着作用。除了楚国等宗法色彩不够浓厚外，多数诸侯国家尤其是中原国家如齐、鲁、晋、卫、郑、宋等国都保留着宗法制。各国内部依然保留着权力世袭制和分封制度。宗周时期宗法政治理念也被这些诸侯国家所承认。在制度上，嫡长子继承制虽然没有普遍实行，但它在礼法上依然被视为正宗，父死子继作为嫡长子继承制的补充或替代确保了君权多在固定的宗族中传承。分封制则是基本的权力和利益分配方式。隐公八年，鲁无骇卒，羽父向鲁隐公为其族"请氏"。鲁公就族名问题咨询众仲。众仲解释说："天子建德，因生以赐姓，胙之土而命之氏。诸侯以字为谥，因以为族。官有世功，则有官族。邑亦如之。"鲁公便命无骇之族为展氏。此处可以看到分封制的基本形态。国君向某一宗族命氏，命氏不仅是命名，同时也连带着权力和利益。命氏必要胙土，就是给予一个宗族食邑。一旦经过胙土命氏，权力和地位继承就是永久的，此所谓世卿世禄制度。这种继承对于宗族的生存具有关键作用。在诸侯各国，我们都可以看到这种利益传承制度。分封也不是只停留在诸侯层面，卿大夫之家也要分封。《桓公二年》说："天子建国，诸侯立家，卿置侧室，大夫有贰宗，士有隶子弟，庶人工商各有分亲，皆有等衰。"晁福林认为，建国、立家自然是分封，而卿置侧室之侧室、大夫之二宗，也是层层分封的结果。有人认为，春秋时期，天子已经不能分封，诸侯进行大规模分封是从春秋开始的。宗庙制度在春秋得到了较完整的继承。宗庙制度是通过祭祀行为体现的。祭祀权与君权的结合显示出宗法政治的特征。《襄公二十六年》记载：卫宁喜策划出奔于外的卫公返国执政，卫灵公派子鲜向宁喜提出条件："苟反，政由宁氏，祭则寡人。"诸侯卿大夫有重大活动如出国返国和出兵等都要进行告庙之礼。就是诸侯卿大夫因内部矛盾出奔，也要进行告庙之礼。族墓被认为是死后的归属地，也一直被重视。敌国相争，一般不轻易占领和毁坏另一方墓地。对族墓的重视甚至高于战争的胜负。《僖公二十八年》："晋侯围曹，听舆人之颂，舍于曹人墓地。曹人惧，晋人因其凶也而攻之，遂入曹。"鲁昭公欲除三桓势力，结果反被三桓所制，被迫流亡。昭公死后归葬鲁国，执政季氏在葬礼后将其墓地和宗族墓地用沟隔开，引起一些臣子的不满。族墓对宗族成员的重要性由此可见。宗族大宗具有处置其宗族成员的权力。《成公四年》记载，晋赵婴和侄儿赵朔之妻庄姬通奸，宗主赵同、赵括对其非礼行为进行惩罚，流放其到齐国。总之，宗法伦理在诸侯各国不同阶层依然发生着作用，并在一定程度上左右着政治。《成公三年》记载在邲之战中晋国贵族知罃被楚国俘虏。后晋国用楚国一位贵族的尸体换回知罃，楚王要知罃感谢他。知罃说："以君之灵，累臣得归骨于晋，寡君之以为戮，死且不朽。若从君之惠而免之，以赐君之外臣首；首其请于寡君而以戮于宗，亦死且不朽。"这从另一个角度说明一个人可以被国君处置，也可以由宗族首领决定其生死。

　　春秋宗法制和宗周时期的宗法制相比已经有了很大的变化。这不仅表现于天子之家的坍塌，更表现于宗法制在诸侯之家也出现君统与宗统的分离，与此同时，卿大夫之家的独立性日益增强，在形成自己的宗法系统的过程中变得强大起来，并威胁着君统和宗统。

　　宗统和君统的分离来自诸侯宗族内部的利益冲突。这种冲突一是因为对君权的争夺，二是因为对国家行政权力的控制。前一种以晋国为例。晋国的宗法文化存在着先天不足。晋成为诸侯从武公代晋开始。武公代晋相当于被分封的小宗后代推翻了合法的大宗君主即位者。这个宗族内部的权力争夺给晋国后人留下了阴影。晋献公是晋武公子，晋献公即位时，还有一些宗族兄弟在，人称桓庄之族或群公子。晋献公对于桓庄之族的存在心有余悸，为了防止宗族内部尤其是宗室内部发生推翻君主的事件，晋献公听从了大夫士蒍的话，采取了离间计的方式，灭掉了群公子。至此，晋无公室的局面出现了。骊姬之乱，晋太子申生自杀，重耳出逃，晋国又掀起新一轮灭公子活动。这样，晋国国君和卿大夫之间就不存在直接的血缘关系。异姓卿大夫进入了晋国统治阶层的中枢。在相当长的时间里，晋国一直采取限制公子的办法，晋无公室成为诸侯中独特的现象。此举防范了公子对君权的觊觎，却导致国君和卿大夫之间宗法链条的断裂。担当卿大夫者不是宗室分离出去的小宗，而是旧有贵族后代和功勋卓著者。表面上看，这颇有点后世官僚政治体制的格局，但事实上，这不是任命制，而是类似于胙土命氏的分封制。国君给卿大夫分封采邑，卿大夫的采邑和爵位都是可以继承的。卿大夫还各自有自己的军队，实力强大。而卿大夫势力的发展，则又对国君形成威胁。晋国多次发生的卿大夫废君和弑君的现象多与此有关。卿大夫之间因为争权夺利形成内斗，一些国君则利用卿大夫之间的矛盾让其自相残杀，化解危机。君不君、臣不臣的非礼现象便由此产生。真正的宗法制则存在于卿大夫之家，宗法伦理成为他们巩固宗族力量和扩大势力的工具。晋国最后被三家瓜分而灭国应该与此有关。宗统和君统分离的另一种情形如鲁国。鲁国是宗法制最完善的国家。所谓"周礼尽在鲁"也有这一方面的因素。鲁国君权一直在鲁惠公之后一脉中传承。未获得君权的公子们基本上都变成了卿大夫。鲁国的卿大夫都属于同姓，宗法色彩较为浓厚。但是，鲁桓公之后，卿大夫之族在扩展自身的过程中实力不断增强，到三桓时期发展到了与公室抗衡的程度，君弱臣强成为鲁国政治的特征。国君逐步傀儡化，三桓凌驾于公室之上，甚至掌握了废立国君的主动权。三桓不断瓦解公室，削弱公室的权力，最后到了逼走鲁昭公的地步。卿大夫强大和君权较弱的情况在中原各国是较为普遍的现象。宋、郑、卫等国都属于君臣同姓的国家，虽然出现过君权强大的时候，但君臣之间的矛盾、臣与臣之间的相互残杀贯穿了春秋整个历史。春秋政治在很大程度上是卿大夫政治。在这种情况下，国君虽然处于百世不迁的大宗位置上，也不能将君权和大宗的地位统一起来，反而受卿大夫的摆布和威胁。家族的强大冲击和阻断了君臣之间的宗法关系，宗法制甚至成为卿大夫之家与国君分庭抗礼的温床。虽然其间也出现陪臣执国命，卿大夫家臣扰乱家族的事件。但宗法制对卿大夫之家的凝聚力起到了重要作用。

　　《左传》对于宗法制下移造成伦理失范表现出矛盾态度。一方面，它也认识到了作为国家政治体制基础的宗法伦理已经无法适应新的政治变动，对于君弱臣强、挑战宗法伦理的行为给予谅解。另一方面，它站在周礼的立场上，对削弱公室、君臣之间宗法伦理的破坏表示痛惜。对于晋国对公子的长期打压，《左传》曾发出"晋无公室"的感慨。因为，公子是公室的"枝叶"，它们之间唇亡齿寒。《文公七年》记载，宋昭公将去群公子，大夫乐豫曰："不可。公族，公室之枝叶也，若去之则本根无所庇荫矣。葛藟犹能庇其本根，故君子以为比，况国君乎？此谚所谓庇焉而纵寻斧焉者也。必不可，君其图之。亲之以德，皆股肱也，谁敢携贰？若之何去之？"在骊姬之乱中，《左传》对申生和重耳的描写就表达了对宗法伦理破坏的不满。孔子说，孝悌乃"仁之本"，孝是礼的基础，也是宗法伦理的基础。骊姬之乱实际上也是对以亲情孝悌为中心的宗法伦理的挑战。申生和重耳都以孝为本，但是，应对危机的方式却不相同。申生面对骊姬的诬陷、晋献公的轻信表现得逆来顺受，明知后果严重但是决不逃父命，为尽父子之礼屈从了骊姬的迫害。《左传》是这样记载的："或谓大子：'子辞，君必辩焉。'大子曰：'君非姬氏，居不安，食不饱。我辞，姬必有罪。君老矣，吾又不乐。'曰：'子其行乎？'大子曰：'君实不察其罪，被此名也以出，人谁纳我？'十二月戊申，缢于新城"。即便明知父亲受了迷惑也不愿意辩解，理由就是要成全父亲对骊姬的情感依赖，带有愚忠愚孝的味道，但是其对于亲情的顾惜却是彻底的。重耳选择逃走，在逃走之前，面对父亲派来的追兵不反抗，并告诫随从"君父之命不校"，"校者，吾仇也"。申生、重耳的孝顺和善良与晋献公听信谗言的昏聵形成了鲜明对比。《左传》对于君统和宗统的融合似乎抱有好感，因此，对鲁国三桓独大表达了遗憾之情。在对待鲁昭公出走的事件上，《左传》批评昭公不自量力，认为"社稷无常奉，君臣无常位"，季氏"二鲁侯"的结局具有合理性。同时，他又对违背宗法伦理和君臣伦理的行为表现出批评态度。《左传》对子家羁对昭公的忠诚给予赞扬，而对季氏在昭公死后的行为给予否定。季氏在昭公死后做了两件有违君臣之礼和宗法之礼的事。一是要将昭公的墓地与其族墓分开，甚至要埋进公墓中，此举遭到荣驾鹅的批评："生弗能事，死又离之，以自旌也。纵子忍之，后必或耻之。"二是给鲁昭公以恶谥，此举也引来荣驾鹅的批评："生弗能事，死又恶之""是自信也，将焉用之"（《定公元年》）。前者是对于季氏利用宗法制葬礼规则侮辱昭公的不满，后者则是对其不能明君臣之礼的批评。

《左传》对于宗法制的同情还表现在对卿大夫之家衰亡的矛盾态度上。虽然在诸侯之家层面，《左传》看到了卿大夫之家崛起造成君统的衰弱，但是，在卿大夫之家的层面，它似乎也不愿看到卿大夫之家的衰亡。卿大夫之家的衰亡，原因主要有卿大夫之间的自相残杀、新贵崛起、君臣矛盾、家臣夺位等。在晋国、齐国等国，天子诸侯分封的卿族纷纷败落甚至灭亡。对此，《左传》表达了担忧之情。

《昭公三年》记载，齐晏子出使晋国，叔向设宴款待。叔向向晏子打听齐国的情况。晏子说："此季世也，吾弗知。齐其为陈氏矣！公弃其民，而归于陈氏。齐旧四量，豆、区、釜、钟。四升为豆，各自其四，以登于釜。釜十则钟。陈氏三量，皆登一焉，钟乃大矣。以家量贷，而以公量收之。山木如市，弗加于山。鱼盐蜃蛤，弗加于海。民参其力，二入于公，而衣食其一。公聚朽蠹，而三老冻馁。国之诸市，屦贱踊贵。民人痛疾，而或燠休之，其爱之如父母，而归之如流水，欲无获民，将焉辟之？箕伯、直柄、虞遂、伯戏，其相胡公、大姬，已在齐矣。"晏子对于新贵族取代旧贵族的趋势表达了自己的预见和担忧。叔向对晋国也表示类似担忧："虽吾公室，今亦季世也。戎马不驾，卿无军行，公乘无人，卒列无长。庶民罢敝，而宫室滋侈。道殣相望，而女富溢尤。民闻公命，如逃寇仇。栾、郤、胥、原、狐、续、庆、伯，降在皂隶。政在家门，民无所依，君日不悛，以乐慆忧。公室之卑，其何日之有？《谗鼎之铭》曰：'昧旦丕显，后世犹怠。'况日不悛，其能久乎？"

晏子和叔向的对话反映了齐国和晋国相同的处境：公室衰微，旧贵族沦落，国有易姓的可能。"政在家门，民无所依，君日不悛，以乐慆忧。公室之卑，其何日之有？"看到的不是江山易主，国家可能出现的转机，而是"民无所依""公室将卑"的宗法秩序毁灭后的秩序危机。卿大夫之家是宗法制链条的最后防线，它的状况也反映了国内宗法制度的状况。在很多场合下，《左传》都对宗法制度权力下移可能带来的家天下格局的解体的担忧。

《左传》这种对于卿大夫之家的衰亡的感慨与其希望天下能够保持宗周时期分封格局的思想有一定关联。春秋时期，诸侯武力相伐，小国随时都面临被吞并的危险，宗法权利便成为自我保护的正当理由。孔子讲"兴灭国，继绝世"，就是恢复宗周宗法制和分封制带来的特权。由于宗祀是宗法的象征，春秋时期，许多人将不灭宗祀视为有礼。《宣公十一年》记载，楚国借惩罚夏征舒灭陈，并将陈变成自己的一个县。楚国贵族申叔时从齐国返回后，没有向楚王表示祝贺，楚王对此表达了不满。申叔时说："夏征舒弑其君，其罪大矣，讨而戮之，君之义也。抑人亦有言曰：'牵牛以蹊人之田，而夺之牛。'牵牛以蹊者，信有罪矣；而夺之牛，罚已重矣。诸侯之从也，曰讨有罪也。今县陈，贪其富也。以讨召诸侯，而以贪归之，无乃不可乎？"申叔时认为，为了惩罚一个人灭掉其国家不仅惩罚过重，而且违背了宗法分封制。灭国的行为必然引起诸侯的警惕。楚王乃复封陈。在解释春秋书"楚子入陈，纳公孙宁、仪行父于陈"时，《左传》表示这是"书有礼也"。《昭公十六年》："楚子闻蛮氏之乱也，与蛮子之无质也，使然丹诱戎蛮子嘉杀之，遂取蛮氏。既而复立其子焉，礼也。"

二　宗法情感对礼的影响

《左传》对亲亲之情的凝聚作用抱有好感，因此，对于维护宗法情感，通过宗法伦理的亲亲之情化解诸侯与天子、诸侯内部的矛盾，是赞赏的。

第一，《左传》对天子与诸侯之间存在的宗法情感表达一种欣慰之情。天子失去宗法政治的核心地位使自身边缘化，《左传》对此是同情的。因此，诸侯对天子表现出的任何宗法情感，《左传》都给予积极的评价。东晋袁宏在《后汉纪》中说："春秋时期，礼乐征伐，霸者迭兴，以义相持，故道德仁义之风往往不绝。虽文辞音制渐相祖习，然宪章规仪先王之余也。"诸侯尤其是霸主对王室一方面表现出对王室的利用，另一方面也表现出一定的宗法情感。这种情感常以称谓的方式表现出来。《礼记·曲礼下》云："天子同姓，谓之伯父；异姓，谓之伯舅。"《左传》记事也多次记录了这样的说法，并以为尊礼。《僖公二十八年》："王谓叔父：'敬服王命，以绥四国。'"叔父就是晋文公。《成公二年》："今叔父克遂，有功于齐。"葵丘之盟中周天子之使称齐桓公为"舅父"。诸侯对同姓卿大夫也以"父"相称。《左传》隐公五年臧僖伯卒，鲁隐公曰："叔父有憾于寡人。"宗法伦理渗透于日常生活中，也是《左传》评价礼与非礼的标准。尊王的伦理在《左传》中得到了认可。《襄公二十九年》记载，晋平公因为其母亲是杞人，就派知悼子召集诸侯之大夫为杞国筑城，此举不仅损害了诸侯们的利益，同时也有背弃宗法和违背尊王之礼之嫌。因为强迫诸侯给诸侯筑城，有贬损诸侯和天子的意味。郑子大叔与卫国大叔文子一起谈论这件事并表达了看法。大叔文子认为晋国太过分，他说："甚乎！其城杞也。"子大叔则认为："若之何哉？晋国不恤周宗之阙，而夏肆是屏。其弃诸姬，亦可知也已。诸姬是弃，其谁归之？吉也闻之，弃同即异，是谓离德。《诗》曰：'协比其邻，昏姻孔云。'晋不邻矣，其谁云之？"

第二，重视同姓亲亲关系还表现在它经常成为诸侯国间防范冲突阻止大国吞并小国的理由。诸侯间相互征伐兼并是春秋时代的普遍现象。宗法制确立的亲缘关系也受到了挑战。郑国与卫国、周王室和郑国、鲁国和郑国、晋国和卫国、晋国和卫国都是同姓，但不止一次发生过战争。同姓国家强国吞并同姓弱国的现象不断发生。郑国东迁后灭掉的第一个国家就是同姓的虢国。宗法伦理已经无法抑制扩张的野心。晋国伐北虢，假道于虞国。宫之奇力阻假道，虞国国君却认为："晋，吾宗也，岂害我哉？"宫之奇却认为，亲缘无足轻重："大伯、虞仲，大王之昭也。大伯不从，是以不嗣。虢仲、虢叔，王季之穆也，为文王卿士，勋在王室，藏于盟府。将虢是灭，何爱于虞！且虞能亲于桓、庄乎，其爱之也？桓、庄之族何罪，而以为戮，不唯逼乎？亲以宠逼，犹尚害之，况以国乎？"（《僖公五年》）这种亲亲互灭的现实使得众多诸侯都有了危机感，于是，借亲亲伦理维护自身安全就成为人们的选择。亲亲之国相助不相伐就成为合乎礼仪的表现。

　　《左传》中，同姓及亲缘之国的相互攻伐被视为"非礼"。成公九年晋侯使巩朔献齐捷于周。周天子未出现在献捷场合，单襄公替周天子说明理由："蛮夷戎狄，不式王命，淫湎毁常，王命伐之，则有献捷。王亲受而劳之，所以惩不敬、劝有功也。兄弟甥舅，侵败王略，王命伐之，告事而已，不献其功，所以敬亲昵、禁淫慝也。今叔父克遂，有功于齐，而不使命卿镇抚王室，所使来抚余一人，而巩伯实来，未有职司于王室，又奸先王之礼。余虽欲于巩伯，其敢废旧典以忝叔父？夫齐，甥舅之国也，而大师之后也，宁不亦淫从其欲以怒叔父，抑岂不可谏诲？"讨伐蛮夷戎狄和诸侯相互征伐有本质区别，讨伐蛮夷具有伦理正义，亲缘之国的相互征伐则本身就缺少伦理正义。因此，晋国的献捷就无法得到天子的认可。周天子虽然处在无王的处境中，但是，其思维的逻辑起点依然是宗周伦理。

　　同姓不伐也是对祖先的尊敬。祖先在春秋时期依然具有极大的号召力。因此，同姓相伐被认为是亵渎宗庙和祖先神灵的行为。《僖公二十四年》记载：郑公子士、泄堵俞弥帅师伐滑，周襄王使伯服、游孙伯到郑国说情。郑伯怨恨当年周惠王没有给郑厉公爵位，不但不听王使的话，反而将王使抓起来。周襄王怒，准备联合狄人伐郑。大夫富辰谏曰："不可。臣闻之，大上以德抚民，其次亲亲以相及也。昔周公吊二叔之不咸，故封建亲戚以蕃屏周。管蔡郕霍，鲁卫毛聃，郜雍曹滕，毕原酆郇，文之昭也。邘晋应韩，武之穆也。凡蒋邢茅胙祭，周公之胤也。召穆公思周德之不类，故纠合宗族于成周而作诗，曰：'常棣之华，鄂不韡韡，凡今之人，莫如兄弟。'其四章曰：'兄弟阋于墙，外御其侮。'如是，则兄弟虽有小忿，不废懿亲。今天子不忍小忿以弃郑亲，其若之何？庸勋亲亲，昵近尊贤，德之大者也。即聋从昧，与顽用嚚，奸也大者也。弃德崇奸，祸之大者也。郑有平、惠之勋，又有厉、宣之亲，弃嬖宠而用三良，于诸姬为近，四德具矣。周之有懿德也，犹曰'莫如兄弟'，故封建之。其怀柔天下也，犹惧有外侮，扞御侮者莫如亲亲，故以亲屏周。召穆公亦云。今周德既衰，于是乎又渝周、召以从诸奸，无乃不可乎？民未忘祸，王又兴之，其若文、武何？"富臣在这里对同姓相伐进行了严厉的道义批判。一是从祖先的角度说明亲亲之国的亲情关系牢不可破。二是说明亲亲之国相互保护不仅维护了宗庙的传统，而且也为柔服天下树立了榜样。

　　同姓不伐也成为弱国防止被强国消灭的重要说辞。僖公二十八年晋侯生病，此时，晋国扣留了曹国国君。曹国国君买通巫师让他劝说晋君。巫师按照曹君的意思对晋君说："以曹为解。齐桓公为会而封异姓，今君为会而灭同姓。曹叔振铎，文之昭也。先君唐叔，武之穆也。且合诸侯而灭兄弟，非礼也。与卫偕命，而不与偕复，非信也。同罪异罚，非刑也。礼以行义，信以守礼，刑以正邪，舍此三者，君将若之何？"（《僖公二十八年》）可见，同姓不伐的伦理规则具有很强的说服力。

同姓不相助而相伐违背了血缘伦理，被视为非礼。在《左传》中无论是人物还是叙事者都有明确的表示。秦伐郑，威胁到晋国的安全，蹇叔哭师未能阻挡秦的决心。晋国想借此伏击秦国，无奈在国丧期间行事不便。晋国内部就此展开争论。大夫先轸认为："秦违蹇叔，而以贪勤民，天奉我也。奉不可失，敌不可纵。纵敌患生，违天不祥。必伐秦师。"大夫栾枝则以为秦曾在困难时帮助晋国，反对伏击秦军："未报秦施而伐其师，其为死君乎？"先轸曰："秦不哀吾丧而伐吾同姓，秦则无礼，何施之为？吾闻之，一日纵敌，数世之患也。谋及子孙，可谓死君乎？"僖公二十五年春，卫侯灭邢。《左传》认为《春秋》将其记录在案，是因为"同姓也，故名"。

第三，与同姓不相伐对应的是同姓相亲。同姓相亲不仅是化干戈为玉帛的需要，同时也是增强自身凝聚力的需要。《昭公七年》记载，秋八月，卫襄公卒，晋大夫言于范献子曰："卫事晋为睦，晋不礼焉，庇其贼人而取其地，故诸侯贰。《诗》曰：'即鸰在原，兄弟急难。'又曰：'死丧之威，兄弟孔怀。'兄弟之不睦，于是乎不吊，况远人，谁敢归之？今又不礼于卫之嗣，卫必叛我，是绝诸侯也。"献子以告韩宣子。韩宣子使人到卫吊唁，且反戚田。《左传》不止一次地肯定霸主政治需要"柔服"诸侯。柔服的最低标准实际上要看兄弟之国是否服从。

同姓相亲的伦理情感也引发了同姓异姓之别。春秋时期，同姓诸侯和异姓诸侯之间存在着明显的等级关系，卿大夫亦然。说明亲亲伦理依然在起作用。以封赏制度为例，《周礼·春官·巾车》云："金路、钩、樊缨九就，建大旗以宾，同姓以封；象路、朱、樊缨七就，建大赤以朝，异姓以封。"《国语·鲁语下》有："古者，分同姓以珍玉，展亲也；分异姓以远方之职贡，使无忘服也。"这在《左传》中也有所表现。定公四年，周王对于鲁公、康叔、唐叔等人进行赏赐，《定公四年》关于封赐之物的记载虽不全面，但可以看到鲁公、康叔确实是按同姓的待遇被封以金路、大旗等物。此外，鲁公、康叔、唐叔还被分别赏赐以"夏后氏之璜""封父之繁弱""大吕"等贵重礼物。异姓陈侯则只被赐以"肃慎氏之矢"等来自远方的粗糙贡品。

同姓异姓之别的观念可以进一步扩展到夷夏之别。《左传》没有鲜明的"尊王攘夷"思想，有时还对戎狄之人为自己生存处境的辩解表现出同情。这是因为就其内容而言，《左传》突出的是诸侯关系和霸主政治的消长。但是，在亲亲观念上，夷夏之别还是比较鲜明的。《成公四年》记载，鲁成公想背弃晋国而与楚国结盟，季文子表示反对："史佚之《志》有之，曰：'非我族类，其心必异。'楚虽大，非吾族也，其肯字我乎？"这里强调的不是南蛮北夷与中原文明的差异，而是亲亲之情的差别，与宗法情感在本质上是相通的。

第四，《左传》宗法情感还表现在对于维护宗族内部和家族内部的伦理关系的渴望上。春秋时期，由于权力争夺造成的伦理失范，不仅诸侯之间相互攻伐，诸侯内部的家族矛盾也日益突出。弑君、弑父和兄弟之间的骨肉相残时常发生。《左传》对于主动制造骨肉相残的行为持有鲜明的批判态度，对鲁国庆父的杀嫡立庶、宋国华督的弑君篡权等行为都表示了反感。因为亲亲相残是破坏宗法伦理的祸根，所谓"庆父不死，鲁难未已"即包含这样的意思。《左传》常通过一些细节对宗族和家族内部的自相残杀表达痛惜。郑国强族驷氏、良氏之间矛盾尖锐，最后导致良氏大夫伯有被杀。伯有死后，子产枕股而哭，并且以礼安葬了伯有。驷氏的人要杀子产。被子皮阻止："礼，国之干也。杀有礼，祸莫大焉。"在这次变乱中，伯有也是挑起事端的一方。子皮之所以认为子产"有礼"，是因为他顾及的是兄弟之情。《昭公二年》记载，郑公孙黑将作乱，欲去游氏而代其位，导致卿大夫之族之间的相互残杀。子产在边境外出，听到消息后返回都城，历数其罪责："伯有之乱，以大国之事，而未尔讨也。尔有乱心，无厌，国不女堪。专伐伯有，而罪一也。昆弟争室，而罪二也。熏隧之盟，女矫君位，而罪三也。有死罪三，何以堪之？不速死，大刑将至。"借此机会，子产除掉公孙黑，并给予示众惩罚，以此捍卫卿族之间的和谐。

孝悌是家庭伦理的根本。《左传》也试图通过巩固孝悌情感来维护社会的基本伦理。《左传》一开始，就详细记述了郑庄公与其弟弟共叔段的冲突。这场冲突是因为母爱的不公引起的。母亲姜氏因为不喜欢庄公希望其弟共叔段获得君权。在郑庄公合法即位后，便唆使共叔段发难，最后发展到里应外合除掉郑庄公的程度。郑庄公击败了共叔段，并惩罚了母亲姜氏，发出"不及黄泉，无相见也"的毒誓。但对于这种亲情割裂的悲剧，《左传》给予温暖的收场。郑庄公在惩罚母亲后又"既而悔之"。颍考叔抓住这个机会，设计让其母子重新相见，母子尽释前嫌，找回了亲情。《左传》借"君子曰"赞扬说："颍考叔，纯孝也，爱其母，施及庄公。诗曰'孝子不匮，永赐尔类，其是之谓乎'？"郑伯克段以亲情撕裂始，以亲情弥合终，说明如果有亲情在，就不会有君不君、臣不臣的非礼现象。对孝悌情感的呵护实际上也是对宗法伦理的维护。

三　《左传》中的嫡长子继承制

嫡长子继承制是宗法制最基本的制度。宗法制就是通过嫡长子的认定确立大小宗，然后展开权力的继承和分配。嫡长子是因一夫多妻多子现象产生的。多妻多子导致继承权问题的混乱。宗周以前，继承制是多变的。夏代多为父死子继，商代则既有父死子继，也有兄终弟及。无论父死子继还是兄终弟及，都存在着一个传给谁的问题。王国维在比较兄终弟及与父死子继后认为父死子继是最优越的。他认为，"传弟既尽之后，则嗣立者应该为兄之子，还是弟之子？理论上似乎应该传位于兄之子，但在家族观念和私有观念日益增强的现实当中，兄弟之亲本不如父子，而兄之尊有不如父"，商朝自中丁以后"弟子或争相代立，比九世乱"，相反，"自康丁以下，四世传子，王室比较安定"。[①] 但是，父死子继也存在着传给谁的问题。在一夫多妻多子的婚姻状况下，众多子嗣都是潜在的权力和财产继承人。嫡长子制的意义在于，它明确了嫡长子在继承权上的绝对性，从而排除了在嫡长子存在的情况下，众多非嫡长子继承权力的可能性，使复杂的继承权问题变得清晰了，从而减轻了因继承权而产生的纷争甚至相互残杀，也为宗法制度的建立提供了保障。因此王国维在《殷周制度论》中指出，"中国政治与文化之变革，莫剧于殷、周之际"，其中"周人改制最大者"，就是"立子立嫡之制"。

---

① 王国维：《观堂集林（卷十）·殷周制度论》，中华书局1959年版。

　　宗周时期，嫡长子继承制基本上得到保障。除了周孝王是继承其侄周懿王外，基本上都是嫡长子继承制。公元前841年，国人暴动，厉王被流放。大臣召公将太子静藏在自己家中，被国人包围。召公以自己的儿子顶替太子，使太子存活下来，是为周宣王。从这一点看，贵族阶级捍卫嫡长子的观念较强。但是，在春秋以后，随着宗周社会宗法体制的瓦解，嫡长子继承制也受到冲击。尤其是在诸侯层面，嫡长子继承制没有得到彻底实行。鲁国早在周夷王时期出现杀嫡立庶后，就不再坚持嫡长子继承制，基本上以一继一及形式展开权力继承。晋国在晋武公之后君位继承就处于无序状态。有嫡长子继承制，但也有庶子继位，还有叔父继承侄子君位的，如晋文公从晋怀公手中夺得君位，属于叔叔继承侄子的君位。晋成公也是晋灵公的叔叔，晋悼公则是晋厉公的侄子。齐国同样有嫡长子继承和非嫡长子甚至是庶子继承、立宠或者依靠卿大夫势力继承等多种继承方式。齐桓公是齐僖公的第三子，其继承者经历多人反复最后落在齐惠公身上，惠公也非长子。齐庄公的继承者齐景公则是庄公之弟。宋国也不都是嫡长子继承制。但这并不意味着春秋时期没有形成嫡长子继承制，只能说明嫡长子继承制遭到了破坏。事实上，除了楚国一类所谓的蛮夷之国，中原诸侯各国嫡长子继承制早就存在，嫡长子继承制在人们的观念中依然被视为正统。如晋国，在武公代翼之前，采取的基本都是嫡长子继承制。晋穆侯当年就是封年长的儿子公子仇为太子，封晋武公祖父成师为曲沃桓叔。武公之后，继承制进入无序状态，是因为内部权力争夺的结果。骊姬之乱导致太子申生自杀，晋文公获得君位也不是经过正常程序，而是借助于秦国力量杀死晋怀公夺位的。晋悼公则是因为晋厉公被臣子所杀，从成周请回继承君位的，也非正常程序。但在晋人的观念中，嫡长子继承制依然具有伦理正义。比如晋襄公死后，几位重臣对选择继承人争执不下，襄公夫人穆嬴"日抱太子以啼于朝，曰：'先君何罪？其嗣亦何罪？舍适嗣不立而外求君，将焉寘此？'"出朝后，则抱着太子找赵宣子，声称："先君奉此子也而属诸子，曰'此子也才，吾受子之赐；不才，吾唯子之怨'。今君虽终，言犹在耳，而弃之，若何？"（《文公七年》）迫使赵宣子与诸大夫立太子皋夷为君。可见，嫡长子继承制也有较强的说服力。郑国一开始就有比较坚定的嫡长子继承观念，《隐公元年》记载的郑伯克段于鄢的故事中，郑武公夫人姜氏因不喜欢郑庄公想立小儿子共叔段，被武公多次拒绝。这说明郑国嫡长子观念比较强。此后很多代君主都是嫡长子继承。鲁国在春秋前一继一及的现象比较规律，因此便有"一继一及，鲁之常也"的说法。但是，这种说法也受到过人们的质疑。钱杭在《鲁国继承制度中的"一继一及"问题》① 认为，一继一及并非制度，兄终弟及往往出现在政治动乱或国君无子等非常时刻，一继一及多为君权非正常继承的结果。春秋以后，一继一及在鲁国就不能得到认可。庄公死前确定太子时，庆父一派欲让庆父继承君位，季友则依照庄公意愿立公子般为太子，叔牙推庆父继位未果，还被季友逼迫自杀。如果一继一及为制度，就不会出现如此情形。但是，春秋以后，鲁国没有完全实行嫡长子继承制。这种情况也与鲁国内部卿大夫之族专权有关。鲁庄公死后，季友按照庄公的意愿，立公子般为君，庆父因想继承君位未成，使圉人荦杀鲁君子斑，而立庄公之子启，是为闵公。闵公之后的鲁僖公则是闵公之弟，其继位是因庆父弑杀闵公引起的。僖公之后文公是嫡长子继承。文公时期，庄公子遂襄仲掌权。文公死后，襄仲为保住权力，在齐人的支持下，杀了文公嫡子恶及公子视，废嫡立庶子倭，是为宣公。此后君权继承也为三桓操纵。因此，鲁国嫡长子继承制未得到贯彻，也是外因使然。但在鲁国人的心目中，嫡长子继承制依然具有合法性。惠公太子桓公当年年幼，由隐公代理君位。隐公处于摄政位置上，不算是真正的君。他自觉以摄政者的姿态去应对各种礼仪活动，并一直有还政给桓公的愿望。在公子遂杀嫡立庶后，公子恶与视的母亲哀姜在街上哭诉，鲁人闻之兼潸然泪下。《左传》详尽描绘了文公夫人离开鲁国的情景："夫人姜氏归于齐，大归也。将行，哭而过市曰：'天乎，仲为不道，杀适立庶。'市人皆哭，鲁人谓之哀姜。"而庆父和公子遂最终都没有得到好下场。《昭公二十七年》记载，鲁国发生公子公衍、公为出生时间造假事件。公衍先出生，其母准备向昭公报告，公为的母亲说："我也快生了，等我生了孩子一块报告。"三天后，公为生，"其母先以告，公为为兄"。昭公无嫡子，公衍、公为都不能算嫡子。按照《襄公三十一年》"太子死，有母弟则立之，无则立长"的原则类推，公为当做太子。后昭公知道了底细，重新立公衍为太子。对长子身份的重视和对嫡长子身份的重视都是一样道理。楚国早期实行幼子继承制度，但在后期，也逐步接受了嫡长子继承制。

因此，造成中原国家嫡长子继承制度无序的原因非嫡长子制度未在诸

---

① 　钱杭文章见《史林》1990 年第 1 期。

侯中推行，而是和礼崩乐坏的现实有关。归结起来，一是宗法制不再像宗周社会那样作为诸侯政治体制的基础。二是传统立君规则遗留下的君主的权力惯性，在继承权问题上一直存在着以君主意志为转移的立君制，国君可以任意选择自己信任的兄弟子孙继承权力，当国君昏庸无道时，就会出现立宠立爱等现象。三是卿大夫势力扩张，左右朝政，根据自己的利益决定继承权，卿大夫弄权对嫡长子继承制破坏最为严重。另外，国外势力对继承权的干涉也影响了嫡长子继承。《桓公十一年》："郑昭公之败北戎也，齐人将妻之，昭公辞。祭仲曰：'必取之。君多内宠，子无大援，将不立。三公子皆君。'"这说明，君位继承不仅要有内部支持，还要有国外的背景。正是嫡长子继承制出现了问题，春秋时期出现了维护宗法制和嫡长子继承制的呼声。《僖公九年》记载齐桓公与诸侯盟于葵丘，盟书中就有："毋雍泉，毋讫籴，毋易树子，毋以妾为妻，毋使妇人于国事。""毋易树子，毋以妾为妻"就是针对嫡长子继承制中的嫡庶关系而言的。

春秋嫡长子继承制的无序化当然也与嫡长子继承制自身存在设计局限有关系。嫡长子继承制本是为了避免多妻多子情况下出现的权力争夺。但是，嫡长子继承制将权力继承权限定在一个人身上，结果嫡长子就成为权力争夺的焦点，一旦国君在立储事宜上权力失控，嫡长子继承制就会遭遇危机。宗周因宗法制大一统比较稳定，嫡长子继承方面没出太大的问题。到了春秋，诸侯内部普遍出现君弱臣强的现象，国君对国家控制能力减弱，卿大夫争权夺利的情况不断出现，无视嫡长子继承制的现象自然会发生。其次，嫡长子继承制也不能保证新君的治理才能，一旦新君出现身体和精神方面的问题，继承制度也就陷入用贤和用嫡的两难困境。嫡长子继承制在《左传》中属于礼的内容。《成公十八年》："齐侯反国弱，使嗣国氏，礼也。"作为历史著作，《左传》并未深究嫡长子继承制存在的问题。它对于嫡长子继承制无序现象进行了较为客观的记录。但是，出于对宗周礼法的偏爱，《左传》对嫡长子继承制总体上怀有同情。并经常以此作为礼与非礼的判断标准。

首先，《左传》通过具体事件在理论上彰显嫡长子制度的合法性。《宣公四年》记载郑灵公被弑，郑人欲立大夫子良。子良坚辞："以贤，则去疾不足；以顺，则公子坚长。"乃立公子坚，是为郑襄公。这里突出的是立嫡长子的"顺"。《昭公二十六年》记载，楚平王卒。令尹子常欲立子西，孔注曰："子西，平王之长庶。"子常说："大子壬弱，其母非适也，王子建实聘之。子西长而好善。立长则顺，建善则治。王顺、国治，可不务乎?"子西严词拒绝："是乱国而恶君王也。国有外援，不可渎也；王有适嗣，不可乱也。败亲、速仇、乱嗣，不祥。我受其名。赂吾以天下，吾滋不从也。楚国何为?"《襄公三十一年》记载，鲁襄公薨，季氏立敬归之娣齐归之子公子裯，公子裯非嫡，大夫穆叔不同意："大子死，有母弟则立之，无则长立，年钧择贤，义钧则卜，古之道也，非适嗣，何必娣之子，且是人也，居丧而不哀，在戚而有嘉容，是谓不度，不度之人，鲜不为患，若果立之，必为季氏忧。"季武子不听，最终立公子裯，是为昭公。在襄公葬礼上，公子裯不换缞服，若无其事。《左传》对其评价极低："君子是以知其不能终也。"这里不仅是对其非礼的评价，也与对其获得继承权不合礼制有关。

其次，《左传》肯定遵守嫡长子继承规则的行为。如鲁隐公在《左传》中被塑造为嫡长子继承制的典范。隐公作为摄政者，行使君主的职权，除了在外交方面做了缓和与诸侯关系的事情外，其他政绩平平。隐公在一些私人活动中有违背礼法的行为。但在君位继承一事上，隐公却能在礼法上不以国君自居。隐公二年冬，改葬惠公，隐公因其摄政，未以国君身份出席。隐公十一年，羽父出于个人野心，劝隐公杀死太子，做正式的君主。但是被隐公拒绝了："为其少故也，吾将授之矣。使营菟裘，吾将老焉。"隐公死后被谥为隐，就是依其遵守摄政规则而言。杜预《春秋经传集解·隐·第一》曰："《谥法》：'不尸其位曰隐。'"这也可说明鲁隐公无政治野心、遵守嫡长子继承制的精神。隐公之举给后人留下较好印象。清高士奇认为，隐公应学其祖宗周公辅佐成王之故事，"抱负以临群臣，听国政"①。《僖公八年》记载，"宋公疾，大子兹父固请曰：'目夷长，且仁，君其立之。'公命子鱼，子鱼辞，曰：'能以国让，仁孰大焉?臣不及也，且又不顺。'遂走而退。"兹父即后来的宋襄公，其为宋桓公嫡次子。此人以礼让闻名。他要将太子之位让给目夷之子子鱼，被子鱼拒绝。他认为"能以国让"是最大的仁，而且从嫡庶关系而言，兹父为嫡，因此，作为庶子继承权力是"不顺"。《左传》多次提到庶取代嫡的"不顺"，此处以欣赏的口吻描写了兹父和子鱼的知礼和仁义之举。

再次，通过破坏嫡长子继承制给国家带来的动乱说明继承权混乱

---

①　高士奇：《左传纪事本末》卷五，中华书局1979年版。

的危害，强调嫡庶之别。《桓公十八年》记载骊姬之乱，晋献公废黜太子申生，大夫狐突劝谏说："并后、匹嫡、两政、耦国，乱之本也。"并后，就是出现两个正妻，匹嫡，就是出现两个嫡长子。《左传》中有诸多事实都证明了嫡庶不分或以嫡为庶以及以庶为嫡是"乱之本"。骊姬之乱源于对嫡长子制度的破坏。晋献公元夫人无子，太子申生是献公烝于其寡嫂而生，名分属于庶子。嫡长子制的补充规定就是在正妻无子的情况下，可选庶子中长者为太子，所谓"以长不以贤"。太子申生虽非嫡子，但立其为太子，依然符合嫡长子制的精神。晋献公的问题在于，他因宠爱骊姬而强行封之为夫人，从而改变了固有的嫡庶关系，事实上也改变了太子申生的地位。这一改变使得骊姬得寸进尺，引发了废太子、逐群公子的政治动乱，为几代君权继承的混乱局面埋下了伏笔。

下　篇

第七章

《左传》中祭祀之礼

祭祀是古代最重要的礼仪活动。《礼记·礼器》言："礼也者，合于天时，设于地财，顺于鬼神，合于人心，理万物者也。""是故夫礼，必本于大一，分而为天地，转而为阴阳，变而为四时，列而为鬼神。""顺于鬼神"关乎天地秩序和人情物理，因此，祭祀之礼被列为吉礼，为五礼之首。但必须看到，春秋时期祭祀之礼表现出不同于三代也不同于后世的复杂性。理性精神激发了人神揖别的冲动，但是，在自然面前的局限又使人们不得不向天地鬼神寻找依靠。《左传》重视祭祀之礼，声称"国之大事，在祀与戎"，同样也在历史理性面前表达对天地鬼神的有限敬仰，同时在实践中又强调人自身的作用，一边是不敢轻易放弃对鬼神的依赖，另一边则将成败荣辱的原因归结于自身。《左传》关于祭祀之礼的表述和评价也在这样的二元对立与融合中展开。

一　从敬天到保民

中国古代祭祀起源于神创论和祖先崇拜。上古的祭祀行为基本上沿着这两条线索发展。神创论几乎是一切宗教的逻辑起点。中国古代宗教虽然没有明确地指明天地为神创，但却赋予天地以神性，天被奉为至上神，人间的一切都由天安排，包括生命都是上天的赐予。在以族群为生存依托的时代，始祖享有崇高的地位。由于始祖的生命被认为是来自天帝，祖先的形象也具有了神性。祖先是族群的起始，也是族群和个体向天神沟通的中介。天的保佑多通过祖先的保佑来实现。由此，祭祀上天和祖先就成为人渴求保护与求福的重要形式。诚如《易·观》所言："观天之神道，而四时不忒，圣人以神道设教，而天下服矣。"夏商周三代中，夏和商基本上处于神本社会。尤其是商代，天神成为社会组织和动员的最高的价值依据。商朝一代对天神的信仰十分坚定。《礼记·表记》："殷人尊神，率民以事神。先鬼而后礼。"商人相信，包括自己的祖先在内的一切都和天神的创造有关。《诗·商颂·玄鸟》："殷契，母曰简狄，有娀氏之女，为帝喾次妃。三人行浴，见玄鸟堕其卵，简狄取吞之，因孕生契。"天可以对人进行无情的惩罚。《尚书·汤誓》："有夏多罪，天命殛之。"商人的一切行为都围绕宗教活动展开，向天地神祇问卜是最常见的宗教行为。发动战争中商王都要向"帝"问卜胜败，通过"帝若"或"帝不若"来确定战争行为。实施刑罚也打着天的旗号。《尚书·汤誓》："尔尚辅予一人，致天之罚，予其大赉汝！尔无不信，朕不食语。尔不从誓言，予则孥汝，罔有攸赦。"对天神祖先鬼神的信仰，很自然地使得祭祀之礼成为商朝的重要礼仪活动，祭祀之礼成为社会组织的重要手段。负责祭祀的巫师具有极高的地位，处于帝王师的位置上，成为国家重大事件决断的参谋。商人已经有了完备的祭祀礼仪规范，每一次占卜活动本身就带有鲜明的祭祀色彩。祭祀天地的礼仪也比较完整。《礼记·郊特牲》："殷人尚声，臭味未成，涤荡其声，乐三阕，然后出迎牲"，这表明祭祀过程中已经有了燔燎、歌舞、鼓乐、牺牲等礼仪。这和金文中的记事基本一致。根据甲骨文记事，《周官·大宗伯》中"以禋祀祀昊天上帝，以实柴祀日、月、星辰，以燎祀司中、司命、风师、雨师"的记载应该在商代就存在了。出于对天帝神祇的信仰和与天神沟通的愿望，殷人对于祭祀是隆重的也是真诚的，祭祀的频率相当高，甚至出现日日祭祀的现象。商朝可谓神本社会。

商朝人对鬼神崇敬的精神随着商朝的灭亡而发生了变化。周人战胜了自认为天神授命的商人，内心产生的震撼是巨大的。通过人力战胜神圣的商朝，周人认识到，天道和人事之间，人事更加重要。神只保佑那些道德上无罪的人。要得到天的保佑，还需要人自身的努力。由此，天人关系发生了变化，不是天无条件地决定人的命运，而是人自己的行为决定了自己的命运。但宗周时期，人对神的依然处在一种景仰和依赖中，周人不敢轻易否定天神，天神依然具有强大的力量，能够对人间一切做奖励与惩罚。因此，周人没有放弃对天神地祇的祭祀，只是天神的绝对性变成了相对性，天对人的奖励与惩罚取决于人的道德表现。以德配天的思想表明，人要得到上天的支持，不取决于对上天的虔诚，而取决于道德的完美。

以德配天成为天人关系的新模式。这一变化显然是革命性的。人的主体性突出了，人首先要依靠自己，而不是把一切都归于神。神本社会悄然向人本社会位移。所谓"周虽旧邦，其命维新"，其维新就在于打破了单一的神本治理体系，开始了以人事为中心的历史新时代。

周人对天的态度是，天深不可测，但依然决定着人间的命运，但尊天既不能忽略对天的祭祀，同时也要将立德作为尊天不可缺少的内容。《大雅·文王》："有命自天，命此文王，于周于京。"《周颂·时迈》："时迈其邦，昊天其子之，实佑序有周。"周人对天的祭祀是隆重的。祭天之礼为郊祀。《礼记·中庸》："郊社之礼，所以事上帝也。"《诗经》中大量的颂歌都是用来祭祀上天的。如《周颂·昊天有成命》《大雅·生民》就属于祭祀上天的乐歌。孔颖达在《诗经正义》中说："《昊天有成命》诗者，郊祀天地之乐歌也。谓于南郊所感之天神，于北郊祭神州之地祇也。"周人认为，商的灭亡不仅与纣王的暴虐有关，也与他们对天的不敬有关。《尚书·酒诰》说商人"弗惟德馨香，祀登闻于天"，因此受到上天的惩罚。从文王开始，周人就对祭祀上天表现出严肃的态度，《大雅·大明》："维此文王，小心翼翼，昭示上帝，聿怀多福。厥德不回，以受方国。"祭祀活动在礼乐结合的氛围中显示了对上天的虔诚。《周颂·我将》："我将我享，维牛维羊，维天其佑之。"《生民》是周民族的史诗。从诗歌取得内容看，祭祀对象应当是周民族的祖先。但是，祖先的功德乃至生命都是上天的给予，"厥初生民，时维姜嫄。生民如何？克禋克祀，以弗无子。履帝武敏，歆，攸介攸止。载震载夙，载生载育，时维后稷"，即表达了这样的意思。祭祀祖先也和祭祀上天结合在一起。诗歌详尽地叙述了祭祀时刻的隆重和神圣性：

> 诞我祀如何？或舂或揄，或簸或蹂。释之叟叟，烝之浮浮。载谋载惟，取萧祭脂。取羝以軷，载燔载烈。以兴嗣岁。卬盛于豆，于豆于登，其香始升。上帝居歆，胡臭亶时。

《生民》首先突出了上帝的恩德和力量。周人的祖先是后稷，真正的祖先是上帝。姜嫄"履帝武"而生后稷，后稷被遗弃也因上帝的原因受到呵护。后稷带领周人发明了农业，使五谷丰登，生存有了保障。因此，在五谷成熟的时候，将丰收的果实献给上帝就显得非常重要了。诗歌详细地描述了祭祀上天的过程。先"或舂或揄，或簸或蹂。释之叟叟，烝之浮浮"，进行精心准备，进而"载谋载惟，取萧祭脂。取羝以较，载燔载烈。以兴嗣岁"，展开祭祀活动。"昂盛于豆，于豆于登，其香始升。"则想象出祭祀的牺牲馨香达于上帝，"上帝居歆，胡臭亶时"是说上帝居住在上天，欣喜地享受到了祭祀奉献的气息。

但周人也认为，对天的虔诚不能局限于祭祀层面，更要注意在现实中的敬德保民。敬德保民是对天忠诚的根本。殷商的兴起和覆灭都与是否敬德保民有关。《尚书·多士》："自成汤至于帝乙，罔不明德恤祀。亦惟天丕建，保乂有殷。殷王亦罔敢失帝，罔不配天其泽。"商纣王则是"弗惟德馨香祀登闻于天，诞惟民怨庶群自酒腥闻在上。故天降丧于殷"。"诞淫厥泆，罔顾于天显民祗，惟时上帝不保，降若兹大丧。"（《尚书·酒诰》）所谓"天命靡常"就是因为天不是专一地眷顾某一个王朝，而是要视其德行然后确定是否保佑他。因此，周人对上天的祭祀不敢怠慢，同时也力求在道德上走向完美。从以德配天的角度看，周人表现了高度的道德自觉。德一方面是自我约束，另一方面是对民的关怀。"天畏棐忱，民情大可见。"（《尚书·康诰》）周公一再告诫群臣子弟，要"治民祗惧，不敢荒宁"（《尚书·无逸》），"无康好逸豫"（《尚书·康诰》），还要体察民情，"知稼穑之艰难"，"知小民之依"（《尚书·无逸》）。对人民的疾苦忧患不可置之不理，应予以深切的关怀，要"怀保小民，惠鲜鳏寡"。《康诰》强调"用康保民"，"用保乂民"，"应保殷民"，"惟民其康乂"。因为民是监督者："人无于水监，当于民监。"（《尚书·酒诰》）只有这样，才能够得到天的保佑。

可以看出，宗周时期，天作为至上神，在周人心目中依然有极高的地位。天与帝是合一的，具有人格神的特征，它依然起到惩罚和褒奖的作用。《礼记·表记》中说："周人尊礼尚施，事鬼敬神而远之。"这句话不应当视为周人对鬼神的疏远，而是说周人不是像殷商时期的人那样将事敬鬼神当作获得上天保佑的唯一途径，而是要通过"尊礼尚施"得到上天的信任。

宗周社会这种以德配天的祭祀观念在春秋时期发生了根本性变化。这表现在历史理性主义在纷纭复杂的争霸中进一步发展，天作为至上神的地位下降了。宗周时期的以德配天是说天依然作为神处于被膜拜的位置，德是顺应和满足天的必要条件。春秋时期，天神不再处在这样一个中心位置。春秋时期的人不是事事想着天，人们不再将对神的祈求放在第一位。很多祭祀废除了，如周王室就取消了泰山祭天。很多祭祀的礼仪都被淡忘甚至废弛了。与宗周时期比，春秋时期出现了人神揖别的倾向。人与神开始疏远。与此相应的是春秋时期人们对鬼神祭祀的怠慢甚至表达了对鬼神的怀疑，人事成为关注的中心。所谓"天道远，人道迩"就是这个意思。《左传》在鬼神祭祀方面，也表现出重人事轻鬼神的倾向。有时出现否定祭祀作用的现象。《庄公三十二年》："神居莘六月。虢公使祝应、宗区、史嚚享焉。神赐之土田。史嚚曰：'虢其亡乎！吾闻之：国将兴，听于民；将亡，听于神。神，聪明正直而一者也，依人而行。虢多凉德，其何土之能得！'"神的绝对权威被否定，神"依人而行"，甚至根本就和人没有关系。君与神之间的单线关系变成了君、民、神之间的关系，民在其中起决定性作用，君对民的态度则是问题的关键。《昭公二十年》记载，齐侯得病久治不愈，梁丘据与裔款向齐君建议："吾事鬼神丰，于先君有加矣。今君疾病，为诸侯忧，是祝史之罪也。诸侯不知，其谓我不敬。君盍诛于祝固、史嚚以辞宾？"齐侯赞成，晏子却表示反对，他认为，祝史向天神报告情况必须忠实于事实，如果国君做得不好反而说他好，是欺骗神。只有国君以德治国，祝史才能向上天说好话。"祝史祭祀，陈信不愧。其家事无猜，其祝史不祈"；其次是"若有德之君，外内不废，上下无怨，动无违事，其祝史荐信，无愧心矣。是以鬼神用飨，国受其福，祝史与焉。其所以蕃祉老寿者，为信君使也，其言忠信于鬼神"。但是如果"其适遇淫君，外内颇邪，上下怨疾，动作辟违，从欲厌私。高台深池，撞钟舞女，斩刈民力，输掠其聚，以成其违，不恤后人。暴虐淫从，肆行非度，无所还忌，不思谤讟不惮鬼神，神怒民痛，无悛于心。其祝史荐信，是言罪也"。如果人君没有做对不起天的事，祝史也不会向天禀报坏消息。因此，关键的不是把责任推给祝史，而是要改变"民人苦病，夫妇皆诅"的现象，否则，"虽其善祝，岂能胜亿兆人之诅？"因此，"君若欲诛于祝史，修德而后可"。齐侯终于认识到事神实际上是立德事民。于是，"使有司宽政，毁关，去禁，薄敛，已责"。只要君与民的关系处理好了，君与神的关系自然也处理好了。由此，君与神的关系实际上已被君与民的关系取代。《昭公二十六年》："齐有彗星，齐侯使禳之。晏子曰：'无益也，只取诬焉。天道不谄，不贰其命，若之何禳之？且天之有彗也，以除秽也。君无秽德，又何禳焉？若德之秽，禳之何损？《诗》曰："惟此文王，小心翼翼，昭事上帝，聿怀多福。厥德不回，以受方国。"君无违德，方国将至，何患于彗？《诗》曰："我无所监，夏后及商。用乱之故,民卒流亡。"若德回乱,民将流亡,祝史之为,无能补也。'公说,乃止。"认为天降下的一切灾祸都是人的行为引起的。天被认为是公正的化身,彗星之秽在现实中被正名,"天无秽德"表明了天的公正性。人要得到天的保佑,就必须遵守天德,做到"不谄,不贰,君无秽德"。只要人的德行和天德一致,就无须向天祈祷。因为"君无秽德,又何襄焉?若德之秽,襄之何损?"《文公十三年》记载,邾文公占卜迁都,结果是迁都利于君不利于民,于是,他放弃了上天的眷顾,没有迁都:"苟利于民,孤之利也。天生民而树之君,以利之也。民既利矣,孤必与焉。"在德行面前,祭祀变得可有可无,民的利益放在首位。大有民与德取代祭祀的意味。实际上淡化了祭祀天神的意识。

祭祀天帝之礼基本废弛。祭祀天帝是天子之礼,但是,在春秋时期,天子已经无力祭祀天神。郑以泰山之祊易鲁之许田,可表明天子无力顾及天下。祊地接近泰山,是天子为去泰山祭天提供起居方便划定的地方。因郑和王室关系密切,王室便将祊交给郑国,由郑国负责泰山祭天的具体事务。许田位于郑地,史传成王有意东迁,便将靠近洛邑的许地封给鲁,并建周公之庙,为的是让鲁将来朝王时能有一个预先落脚的地方。以祊易许田之事可以说明周天子已无力到泰山祭天,鲁国也不再将朝王当作必需之事。天子祭天活动的废弛在《左传》中几乎未引起任何反响。《左传》也只是记录了郑、鲁之间不经周天子同意,擅自相互交换了祊田和许田而已。这反映了人们对天神祭祀的淡漠态度。

天道论的兴起也影响了对天神的祭祀。对神的质疑,也源于天道论的流行。天道论是以自然本体论为基础形成的宇宙观。天道论相信自然之天存在着一种无形的主宰力量,以其自身规律规定着人间秩序。人道与天道之间存在着决定论关系。正如道家讲"人法地,地法天,天法道,道法自然",儒家也讲天道和天命论。天道观的自然本体论和宗教本体论不同的是,天道观认为天是自然存在的,它是一切秩序的起源,因此也就规定着一切秩序。依照这个秩序行动的,就符合天意,违背这个秩序的就违背天意。不管你是否对天表现出虔诚,都会受到惩罚。宗教本体中的天是一个人格神,接受人间的祭祀,具有主观性。天道论使得天不再以神的身份出现,需要祭祀膜拜。这也就淡化了人们对天的祭祀意识,进而也就淡化了对神鬼的祭祀,并通过对天道的服从实现安宁。

天道观是一种新的天命观。它被认为是自然规律在人事与自然现象上的反映，是天命对人事具有的规定性。如鲁宣公三年，楚庄王问鼎中原，王孙满说："天祚明德，有所底止，成王定鼎于郏鄏，卜世三十，卜年七百，天所命也。周德虽衰，天命未改。"（《宣公三年》）意为上天赐予明德之人的福禄是有一定期限的，虽然周已衰落，但寿数未到，还得维持着，任何强大的诸侯觊觎王位都是徒劳的。昭公十一年景王问于苌弘曰："今兹诸侯，何实吉？何实凶？"苌弘曰："蔡凶。此蔡侯般弑其君之岁也，岁在豕韦，弗过此矣。楚将有之，然壅也。岁及大梁，蔡复，楚凶，天之道也。"（《昭公十一年》）这里对凶吉的解释完全是从天象天道展开的，天的神性被淡化了，它的内在规律性和对事物的规定性强化了。这也无疑降低了人对鬼神的信仰。

由此，春秋时期对神的态度显示出二元对立的倾向。一方面不像宗周时期人对天神的顺应，而是表现出对神的热情的降低，欲以"事民"取代"事神"。人一方面具有越来越清醒的民本思想，另一方面，又保存了对神的些许畏惧。为了化解"事民"和"事神"之间的二元对立，《左传》将事民与事神统一起来。其理想模式是，事民和事神皆不偏废，但事神的前提是事民。《庄公三十二年》："夫民，神之主也。是以圣王先成民而后致力于神。故奉牲以告曰'博硕肥腯'，故务其三时，修其五教，亲其九族，以致其禋祀。于是乎民和而神降之福，故动则有成。"先事民，成民而后事神，既保证了民本德政理想的落实，又避免了不事神引发的畏惧，事民和事神的二元对立得到了相对统一。在意义和功能层面，由于有利民思想做前提，祀神便有了天与人一体的现实基础，更具有保民安民的作用，正如《国语》所言："祀所以昭孝息民、抚国家、定百姓也，不可以已。""国之大事，在祀与戎"，便有了深厚的现实基础。

二 鬼神祭祀的功利化倾向

殷周之变体现出的神本观念向人本观念的位移，进而发展到春秋时期人本观念占上风的趋向，这也根源于中国古代宗教文化的功利性。宗教是一种具有价值信仰的精神现象。神既是被创造出来的超现实力量的化身，同时也是某种价值精神的象征。因此，宗教的膜拜行为不仅仅表达了对神的敬畏。但是，中国原始宗教的产生是建立在人自身在自然中寻找生存保障的诉求之上的。人在自然面前的局限性和自然在人类面前显示出的力量使人们相信自然的背后必有神奇的力量，每一自然现象都有相应的神来支配，处理好和自然神的关系对保证生存延续具有重要意义。敬奉自然神祇就成为缓和人与自然紧张关系的基本途径。由于一切都取决于是否有利于生存的考虑，中国宗教从原始宗教开始就充满了功利诉求。天人关系越来越建立在一种庇护或惩罚的利害关系上。天被当作至上神的观念犹在，但对天的崇拜和基督教、伊斯兰教等宗教不同，对至上神的崇拜不是对信仰的崇拜，而是对力量的崇拜。对力量的崇拜使人们将去祸求福的希望寄托在天神身上，实现这种愿望的途径就是对天神的祭祀和膜拜。上天一直是当作一种工具而不是至高无上的信仰来对待的。周代祭祀观念的革命性变化，提出以德配天，一直到春秋将民看作神之主，人在历史生活中的作用不断增强，神的作用不断减弱，其根本原因就是对神采用的不是价值理性，而是工具理性。一旦神对人的保佑在现实中不能实现，神就有可能在人的祭祀活动中逐渐退场。春秋时期，祭祀的功利主义进一步增强。

其一，祭祀天神与政治权力密切相关。中国古代祭祀行为很早就和政治联系在一起，成为统治维护权力的工具。祭祀天神地祇的权力一直掌握在君主手中。周代以后，政治权力和祭祀权的结合非常紧密。天子诸侯祭祀的范围是与其统治范围的大小成正比的。《礼记·王制》："天子祭天下名山大川，五岳视三公，四渎视诸侯。诸侯祭名山大川之在其地者。"《礼记·祭法》："有天下者，祭百神。诸侯，在其地则祭之，亡其地则不祭。"祭祀天地的范围和祭祀者的权力地位成正比，范围的限制就是对权力的限制。这种限制既是对现实权力的制约，同时也将权力和天地神祇联结在一起，强化了现实权力与天地秩序和天神地祇的关系，用宗教决定论表达了现实权力的格局。春秋时期，对祭祀权的争夺是和对政治权力的争夺紧密结合的。《左传》也描述了类似的情形。《襄公二十六年》中卫献公提出"政由宁氏，祭则寡人"的要求，就反映了祭祀权和现实政治权力的结合。当时，卫宁惠子请卫献公回国当政，试图利用献公巩固自己的势力。献公提出由宁氏执政，自己只要祭祀权。献公的让步完全是权宜之计。既然实力不及宁氏，就先把权让出去。但祭祀权代表一种身份，可召唤国人。卫献公借此凝聚人心，最后杀了宁氏。祭祀权和权力争斗融为一体，失去了纯粹性。因此，春秋时期，带有普遍意义的天之所以在祭祀中被冷落，和大一统政治制度的解体有直接关系。

其二，对神的淡漠是源于对神的保佑能力的信任降低，充满功利性。宗周社会对天神地祇的祭祀较为隆重，也比较普遍。这种祭祀传统形成于远古。《尚书·尧典》："肆类于上帝，禋于六宗，望于山川，遍于群神。"《礼记》："燔柴于泰坛，祭天也；瘗埋于泰折，祭天也：用骍犊。埋少牢于泰昭，祭时也；相近于坎坛，祭寒暑也。王宫，祭日也；夜明，祭月也；幽宗，祭星也；雩宗，祭水旱也；四坎坛，祭四时也。山林、川谷、丘陵，能出云为风雨，见怪物，皆曰神。"祭祀天神地祇用动物的实物祭祀，应与原始社会的祭祀传统相关。周礼继承了古代祭祀传统，也将天地山川之神作为祭祀对象。一部周礼实际上就是依据祭祀天神地祇的框架展开的对人间制度的安排。周礼的整个结构就是依照天地春夏秋冬的结构展开的。天官、地官、春官、夏官、秋官、冬官实际上也是祭祀活动的执行者。宗周时期对于天神地祇的祭祀也相当隆重。

但在春秋时期，天子已经无力遍祀天地、山川、四方和群神。《左传》中基本上没有周天子祭祀的记载。这说明，祭祀和政治实力相关，和信仰没有直接关联。在天子丧失了祭祀能力后，诸侯祭祀天神地祇的活动依然可以展开。诸侯祭祀天地活动基本遵守了周礼的规制，大多没有僭越天子祭祀的层级。但是，祭祀天地的礼仪已经很不规范了。《僖公三十一年》："夏四月，四卜郊，不从，乃免牲，非礼也。犹三望，亦非礼也。礼不卜常祀，而卜其牲、日，牛卜日曰牲。牲成而卜郊，上怠慢也。望，郊之细也。不郊，亦无望可也。"《左传》认为，鲁犹秉周礼。在这样的国家，在祭祀天地活动中也犯常识性错误。礼仪方面的生疏反映的是对天神地祇祭祀意识的淡漠。很显然，天地神祇与政治行为相关性的降低，使得天地祭祀也不那么神圣了。

其三，祭祀的功利性使祭祀行为更具有实用性和选择性。不是依照信仰的驱使而是出于现实的需求不断从天神那里派生出各种各样的功能神。例如，由于天灾经常出现，控制天灾的神便出现了。这是上古时期祭祀常见的现象。相应的是，如果天神不能发挥保佑功能，人们对天神的敬仰和膜拜也就日益淡化了。这样，越是现实中需求的就越在祭祀中得到重视。于是，祭祀便因需求的变化充满了选择性。在对天神的祭祀中，对至上神的祭祀要求远不如对具体功能神的祭祀迫切。有关农业和战争的功能神普遍得到重视。《昭公元年》："山川之神，则水旱、疠疫之灾，于是乎禜之；日月星辰之神，则雪、霜、风、雨之不时，于是乎禜之。"春秋时期常态化的祭祀都和时间灾难有关。比如四时之祭祀、视朔祭祀、大雩之礼、祭祀社神等，这些祭祀活动基本和农事有关。这是由农业在家国生存中的关键作用决定的。对农业的重视，使祭祀对于季节和历法比较在意。对农事的重视，是因为农事关系到社会成员的生存。如《左传》对祀朔、告朔之礼，就强调了其与"生民之道"的关系。《文公六年》："闰月不告朔，非礼也。闰以正时，时以作事，事以厚生，生民之道，于是乎在矣。不告闰朔，弃时政也，何以为民？"祀朔是为了"正时"，正时是为了"作事"，作事是为了"厚生"。单独的四时祭祀是否在春秋以前就出现，目前尚未明确。但是，从三代以来尤其是周代对农业的重视和"正时"的目的看，三代以来就应该有四时之祀的。因为周礼中已经非常重视四季，将四季作为周礼构架的逻辑起点。史书所以没有记录，大概是因为祭祀四时属于常祀，《左传》说："常祀不书"，四时之祀不见于史书也是可以理解的。而有关视朔的活动记载多与非礼有关也是因其关注非常现象。从《礼记》对于四时祭祀的有关陈述可以看出，古人以天地之性定四季之性，并通过四季之性规定人的行为。一切都导向了人类在现实中如何趋利避害。

其四，祭祀鬼神的随机性。祭祀不是出于对于鬼神的纯粹信仰，更出于解决现实问题的迫切要求。郑国的子产是一个对于祭祀鬼神不大热心的政治家。子产不相信天能够解决人间的问题，因此，往往在祭祀天神方面表现消极。但是，到了灾难出现的时候，子产也会采取祭祀鬼神的措施。《昭公十七年》记载，郑国里析告诉子产："将有大祥，民震动，国几亡。吾身泯焉，弗良及也。国迁其可乎？"子产不相信神异之事，不同意迁都。但火灾发生后，子产全力投入救灾中，"使司寇出新客，禁旧客勿出于宫。使子宽、子上巡群屏摄，至于大宫。使公孙登徙大龟。使祝史徙主祏于周庙，告于先君。使府人、库人各儆其事。商成公儆司宫，出旧宫人，置诸火所不及。司马、司寇列居火道，行火所焮。城下之人，伍列登城。明日，使野司寇各保其征。郊人助祝史除于国北，禳火于玄冥、回禄，祈于四鄘"。子产在理性上对于鬼神并不信任，但是，火灾来临，必须借助于鬼神的名义进行救灾动员，于是，子产假戏真唱，进行了一系列抵御火灾的祭祀禳灾活动。因疾病祈求于鬼神，是时人的常态。祭与不祭取决于人们对神的作用信任的程度。《哀公六年》："昭王有疾。卜曰：

'河为祟。'王弗祭。大夫请祭诸郊，王曰：'三代命祀，祭不越望。江、汉、睢、漳，楚之望也。祸福之至，不是过也。不谷虽不德，河非所获罪也。遂弗祭。'"这段记载虽然意在表现成楚昭王的道德境界，但也表明了祭祀的随机性。

其五，是淫祀现象抬头。淫祀是指那些不符合周礼的民间祭祀或异族的祭神活动。《礼记·曲礼下》："凡祭，有其废之莫敢举也，有其举之莫敢废也。非其所祭而祭之，名曰淫祀。淫祀无福。"《僖公十九年》记载，宋襄公想用鄫子来祭祀睢水神："宋公使邾文公用鄫子于次睢之社，欲以属东夷。司马子鱼曰：'古者六畜不相为用，小事不用大牲，而况敢用人乎？祭祀以为人也。民，神之主也。用人，其谁飨之？齐桓公存三亡国以属诸侯，义士犹曰薄德，今一会而虐二国之君，又用诸淫昏之鬼，将以求霸，不亦难乎？得死为幸！'"睢水神是东夷国所祭之神，祭祀时须要用人牲。《左传》夷夏之辨的立场并不鲜明，但是在祭祀这样的大事上依然坚守宗周礼仪。宋襄公为求霸用夷礼，企图通过祭祀睢水神扩大自己的影响，因此遭到了《左传》的批评。

此外，在功利意识的驱使下，春秋时期诸侯各国的祭祀往往多以有用代替信仰。超越性的祭祀慢慢被淡化，功利性祭祀得以保存。《左传》中经常出现的是社祭、雩礼、农事祭祀、祭祀山川、日月、视朔、鬼神祭祀等礼仪。这些礼仪无不与现实的需求有关。

社祭也是常祀中的一种。社神为土地神。《礼记·郊特牲》"社祭土而主阴气也"，"社所以神地之道也。地载万物，天垂象，取财于地，取法于天，是以尊天而亲地也，故教民美报也"。地的这种特点，产生了大地崇拜思想。《礼记·祭法》："共工氏之霸九州岛也，其子曰后土，能千九州岛，故祀以为社。"在原初的意义中，对地的祭祀和对天的祭祀一样，都具有一种由对自然崇拜进一步提升为将自然神化的过程。周礼以天地春夏秋冬为纲目，以地官引地礼，可见宗周时期神地精神。《礼记》说天子有大社，诸侯有国社。春秋时期，祭祀社神的礼仪犹在。《左传》对社祭也有记载。《闵公二年》："间于两社，为公室辅。"《庄公二十三年》："公如齐观社。"鉴于社的重要意义和继承绝世的思想，宗周到春秋亡国较多，但依然为之保存国社，称之为亡国之社。献俘也常在社。《哀公七年》："师宵掠，以邾子益来，献于亳社。"社也是诸多祭祀活动的场所。如告朔之礼，便经常在国社进行。其为现实利益服务倾向鲜明。

　　雩礼也充分反映了对农事的重视。雩礼和旱灾有关。雩礼除了常祀以外，还有临时性祭祀。雩礼分为常雩和大雩。常雩祭一般在孟夏举行，因为此时农作物开始旺长，需要雨露，举行雩祭是为求雨，此之谓常雩。遇有严重干旱，则有大雩。《昭公三年》："八月，大雩，旱也。"《昭公六年》："秋九月，大雩，旱也。"雩礼讲究顺时。《桓公五年》："秋，大雩，书，不时也。凡祀，启蛰而郊，龙见而雩，始杀而尝，闭蛰而烝。"顺时是祭祀活动的重要前提，否则就是非礼。《文公元年》："于是闰三月，非礼也。先王之正时也，履端于始，举正于中，归余于终。履端于始，序则不愆。举正于中，民则不惑。归余于终，事则不悖。"对四时的强调不单是时间顺序，同时也包含了对四季天地活动规律的顺应。顺时是祭祀的基本规则。在祭祀各种功能性自然神的过程中，时被放在重要地位。《礼记》云："礼时为大"，元陈澔在《礼记集说》中认为，"时者，天之所为，故为大"。二是强调祭祀行为要符合礼数。《僖公五年》："公既视朔，遂登观台以望，而书，礼也。凡分、至、启、闭，必书云物，为备故也。"人间祭祀行为必须依照四时的规律进行。启蛰、龙见、始杀、闭蛰都是四时天地神性的表现。人间祭祀只能采用与这些神性对应的方式。祭祀四时是和祭祀天地连在一起的。对时序的重视说明了对天地秩序的重视。《昭公七年》："国无政，不用善，则自取谪于日月之灾，故政不可不慎也。务三而已，一曰择人，二曰因民，三曰从时。"

　　祭祀山河多与为战争胜利祈祷有关。在霸主政治时代，战争事关国家生死存亡。因此，即便是深知战争的胜负取决于人，天道远，人道迩，但是人们对于战争的胜利依然不能有十分把握。在这个时刻，祈求神灵就成为提升信心的手段。在战争的各个环节，祭神是必需的礼仪活动。如练兵时候的大搜礼，战争开始时对天地的祭祀祈祷，都反映渴望天来保佑胜利的心理。《襄公十八年》："晋侯伐齐，将济河。献子以朱丝系玉二瑴，而祷曰：'齐环怙恃其险，负其众庶，弃好背盟，陵虐神主。曾臣彪将率诸侯以讨焉，其官臣偃实先后之。苟捷有功，无作神羞，官臣偃无敢复济。唯尔有神裁之！'沉玉而济。"这是晋国在讨伐齐国时向河神献玉祈祷，希望神能公正裁决。

　　功利性也促使人们对各种功能神祭祀的严肃性。《左传》也强调种种功能性祭祀对礼仪规范的遵守。对于违背礼仪规范的祭祀行为，《左传》都要记载，作为对"非常祀"行为的提醒。《文公五年》："闰月不告月，犹朝于庙。"杜预注："诸侯每月必告朔听政，因朝宗庙。"①《文公十五年》："六月辛丑朔，日有食之，鼓，用牲于社，非礼也。日有食之，天子不举，伐鼓于社，诸侯用币于社，伐鼓于朝，以昭事神、训民、事君，示有等威，古之道也。秋，大水。鼓，用牲于社、于门，亦非常也。凡天灾，有币无牲。非日月之眚，不鼓。"《庄公二十五年》："夏六月辛未，朔，日有食之。鼓，用牲于社，非常也。唯正月之朔，慝未作，日有食之，于是乎用币于社，伐鼓于朝。"《文公十五年》解释说："日有食之，鼓、用牲于社，非礼也。日有食之，天子不举，伐鼓于社，诸侯用币于社，伐鼓于朝。"在礼的细节上，也经常出现与规则不合的地方，《左传》也予以记载。如"夏四月，四卜郊，不从，乃免牲，非礼也。犹三望，亦非礼也。礼不卜常祀，而卜其牲、日，牛卜日曰牲。牲成而卜郊，上怠慢也。望，郊之细也。不郊，亦无望可也。"（《僖公三十一年》）

三 祖先祭祀意识的强化

如前所述，比起对天神地祇的祭祀，祖先祭祀在春秋时期更受重视。对祖先的执着崇拜，对祖宗祭祀的持续不绝，表明了祖先祭祀浓烈的宗教色彩。重视祖先祭祀有着悠久的传统。三代以来，祭祀祖先活动就远比祭祀天地隆重。祖先祭祀比起天地神祇祭祀显得更加规范和神圣。一是祖先被神化为沟通天人关系的角色，人们是通过祭祀祖先来向上天祈祷的。二是祖先祭祀涉及政治生活和日常生活的方方面面。三是祖先祭祀比起天地祭祀更加规范。四是祖先祭祀充满了情感性和对祖先的依恋，不论在何等情况下，人们都会祭祀祖先，情感性大于功利性。从信仰和情感而言，祖先祭祀比天地神祇祭祀更具有宗教性。

祖先祭祀中的祖先崇拜意识和宗教性，是由人们对祖先的认知决定的。祖先崇拜产生于以血缘为纽带的族群组织为基础的生存模式。从原始社会开始，族群一直是个体生存的依托，族群的盛衰关系到个人的命运。因此，族群在其成员具有至高无上的神圣感。对族群的神圣感使族群成员对于族群的创始者产生由衷的敬仰，将他们看成英雄，并进一步神化，基

① 杜预：《春秋经传集注》（卷十），上海古籍出版社1990年版。

于灵魂不死的生命理念，原始人群相信自己的祖先的英灵存在并成为与天神地祇同在的神，于是，祖先常常变成图腾，作为族群的保护神，成为祭祀的神灵。《诗经·商颂》曰："天命玄鸟，降而生商"，《诗序》："《玄鸟》，祀高宗也。"《诗经·生民》则将周人祖先后稷神化。由于祖先神和族群的亲缘关系，使得祖先神在族群中远比天神地祇更为亲切，也更值得依恋，祭祀祖先的热情便常常高出对祭祀天神地祇的热情。其次，祖先祭祀也是对生命传承中生命给予者的崇敬，慎终追远，感念生命传承的伟大。《尚书·尧典》中，我们可以看到舜继位后，"肆类于上帝，禋于六宗，望于山川，遍于群神"，祖先祭祀就受到重视。《墨子·明鬼》："昔者虞、夏、商、周，三代之圣王，其始建国营都日，必择国之正坛，置以为宗庙。必择木之修茂者，立以为丛社。"《礼记·郊特牲》："宗庙先祖，己之亲也，生时有养亲之道，死亡义不可背，故修祭祀，示如生存。推人事鬼神，缘生事死"。因为，"万物本乎天，人本乎祖"。再次，祖先是族群凝聚力的象征，祭祀祖先是对家园的回归。有趣的是，早期祖先祭祀和天地神祇祭祀场所截然不同，祭祀天地神祇一般在郊外，祭祀场所是筑坛祭祀。祖先祭祀则在宗庙进行。宗庙本身的设计就带有家的特征，这种家的归属感无疑会增强人们对祖先的情感依恋。

　　祭祀祖先还基于落实亲亲之道。随着社会组织由族群向天下扩展，这种亲亲之道落实到社会组织过程中。《礼记·丧服小记》："自仁率亲，等而上之于祖，自义率祖，顺而下之至于祢。是故人道亲亲也。亲亲故尊祖，尊祖故敬尊，敬宗故收族。收族故宗庙严，宗庙严故重社稷。"以宗法伦理为基础的周礼，也体现了这一精神。宗周社会建立宗法制度后，祖先不仅是族群之神，而且也是国家之神。因此，周人对祖先的祭祀显得更加隆重。《昭公十六年》："立于朝而祀于家，有禄于国，有赋于军，丧祭有职，受脤、归脤，其祭在庙。"都是说个人与宗族的关系。

　　春秋时期，祭祀祖先的传统基本上没有因为历史变动而变化，传统的祭祀祖先的礼仪得到了比较好的延续。《左传》相信祖先神的余荫能够被泽后世。究其原因，是因为春秋时期人们继承了宗周时期的祖宗观念并进一步强化。春秋时期人们普遍认为，祖先能够保佑后代和家族。《昭公九年》："晋侯问于史赵，曰：'陈其遂亡乎?'对曰：'未也。'公曰：'何故?'对曰：'陈，颛顼之族也。岁在鹑火，是以卒灭，陈将如之。今在析木之津，犹将复由。且陈氏得政于齐而后陈卒亡。自幕至于瞽瞍，无违命。舜重之以明德，置德于遂，遂世守之。及胡公不淫，胡周赐之姓，使祀虞帝。臣闻盛德必百世祀，虞之世数未也。继守将在齐，其兆既存矣。'"因为是颛顼之后，其盛德就会光耀百世，陈氏家族的荣耀会延续到齐国，而且"其兆既存"。祖先能够护佑后代，后代就应当真诚地祭祀祖先。《左传》在祭祀之礼中突出了祖先祭祀。

第一，《左传》重视宗庙制度。宗庙制度是宗周社会构建宗法伦理的支柱之一。王国维在《殷周制度考论》认为："周人制度之大异于商者：一曰立子立嫡之制，由是而生宗法及丧服之制，并由是而有封建子弟之制，君天子臣诸侯之制；二曰庙数之制；三曰同姓不婚之制。此数者，皆周之所以纲纪天下，其旨则在纳上下于道德，而合天子诸侯卿大夫士庶民以成以一道德之团体。周公制作本意，实在于此。"王国维论及宗庙制度从帝喾开始，可见宗庙制度历史久远。但王国维认为，宗庙制度真正成为定制当属周代。其标志是周代宗庙制度真正实行了"礼家之庙制"。"自帝喾以下，至于先公先王先妣，皆有专祭，祭各以其名之日，无亲疏远迩之殊也。先公先王之昆弟，在位者与不在位者祀典略同，无尊卑之差也。""商人继统之法不合尊尊之意，其祭法又无远迩尊卑之分，则于亲亲、尊尊二义皆无当也。周人以尊尊之义经亲亲之义而立嫡庶之制，又以亲亲之义经尊尊之义而立庙制，此其所以为文也。"① 春秋时期，随着宗法体制下移，诸侯成为政治生活的主体，卿大夫之家扩张，祖先祭祀也在诸侯卿大夫之家得到了巩固。诸侯、卿大夫皆有宗庙。文公元年："秋八月丁卯，大事于大庙。"宗周时期建立了昭穆制度，在春秋也得以延续。《礼记》云："天子七庙，三昭三穆，与大（太）祖之庙而七。诸侯五庙，二昭二穆，与大祖之庙而五。大夫三庙，一昭一穆，与大祖之庙而三。士一庙。庶人祭于寝。"即是这种规制。根据《左传》《国语》记事，可见春秋宗庙制度也比较完善。《庄公二十八年》有："凡邑有宗庙先君之主曰都，无曰邑。邑曰筑，都曰城。"《昭公十一年》有："春孟僖子会邾庄公，盟于祲祥，修好，礼也。泉丘人有女梦以其帷幕孟氏之庙。"《国语·鲁语上》有："夫宗庙之有昭穆也，以次世之长幼，而等胄之亲疏也。"《礼记·祭统》："夫祭有昭穆。昭穆者，所以别父子、远近、长幼、亲疏之序而无乱也。"昭穆制度在春秋也得到普遍重视。《僖公五年》：

---

① 王国维：《观堂集林》，中华书局 1959 年版。

"大伯、虞仲，大王之昭也。大伯不从，是以不嗣。虢仲、虢叔，王季之穆也。为文王卿士，勋在王室，藏于盟府。"因《左传》实际上以诸侯之事为主，诸侯宗庙记录较多。诸侯、卿大夫皆有宗庙。贵族谥号也常以昭穆顺序确定。如叔孙豹谥号为叔孙穆子，叔孙婼为叔孙昭子。

第二，祖宗祭祀礼仪隆重。《左传》呈现了宗庙祭祀的规制和过程以及祭祀的意义与功能。《桓公二年》描述了宗庙祭祀的规则：

> 夏四月，取郜大鼎于宋。戊申，纳于大庙。非礼也。臧哀伯谏曰："君人者将昭德塞违，以临照百官，犹惧或失之。故昭令德以示子孙：是以清庙茅屋，大路越席，大羹不致，粢食不凿，昭其俭也。衮、冕、黻、珽、带、裳、幅、舄、衡、纮、綖，昭其度也。藻、率、鞊、鞶、鞶、厉、游、缨，昭其数也。火、龙、黼、黻，昭其文也。五色比象，昭其物也。钖、鸾、和、铃，昭其声也。三辰旗旗，昭其明也。"

这里强调的是祭祀祖先礼节被赋予了道德意义，祭祀也是彰显这种道德精神的过程。但祭祀的场面、礼仪、礼器都显示出贵族阶级在祖先祭祀中的庄重态度。祖先祭祀并没有因为礼崩乐坏而破坏，而是得到了空前强化。正如《国语·楚语》所言："国于是乎烝尝，家于是乎尝祀，百姓夫妇择其令辰，奉其牺牲，敬其粢盛，洁其粪除，慎其采服，禋其酒醴，帅其子姓，从其时享，虔其宗祝，道其顺辞，以昭祀其先祖，肃肃济济，如或临之。"前面的对话是针对鲁国在战胜宋国后将放在宋国的郜国大鼎取来，放在宗庙里。臧哀伯认为这是违背了宗庙之礼。在这里，我们首先看到了诸侯宗庙之礼的庄严隆重又俭而有度。通过服饰、色彩、装饰、音乐、旗帜显示庄重。通过"大路越席，大羹不致，粢食不凿"昭其俭。诸侯之庙的祭祀足以显示时人对祖先祭祀的重视，同时也强调了宗庙祭祀对礼的规范的遵守。郜鼎原本是贿器，不是宗庙中原有之物，也似不能放在宗庙中。《左传》引用此言也表达了对规范的遵守。

第三，通过对宗庙的神圣呵护表达对祖先的崇敬。保护宗庙在春秋时期成为自觉。即便是国家之事，也不轻易破坏家庙。《昭公十二年》记载，郑简公卒，郑国要为其清理送葬的道路。游氏之庙正好处在路上，郑人准备毁庙通路，子产下令绕道而行，不毁宗庙。此举拖延了送葬时间，但保护了子游家庙。这一方面是因为子游家族势力强大，另一方面也反映了子产对宗庙的保护意识。同时，对宗庙的祭祀不仅实行于固定的时间，也行之于日常生活中。祭祀祖先常祀的就有四时之祭、月告等。《左传》桓公五年载："凡祀启蛰而郊，龙见而雩，始杀而尝，闭蛰而烝。"其次是按照天上人间对称的想象，祖先牌位的设置必须按照宗法体制规定的程序展开。祖先祭祀中有一重要的礼仪活动就是禘礼。关于禘礼，有一种观点认为禘礼只有天子祭祀天地时才用，诸侯不得用禘礼。"礼，不王不禘。"（《礼记·大传》）但《左传》中诸侯行禘礼也不少。可见《左传》不以为只有天子才可行禘礼。禘礼在《左传》中多是一种合祭祖先的活动。禘礼三年一次。合祭祖先牌位须将祖先按照世代顺序排列。这种排列必须按照尊卑长幼的顺序进行，以显示礼顺。凡是不按照等级序列进行的排列，都被认为是非礼。《文公元年》记载，鲁进行大事于大庙，"跻僖公"，就是将僖公灵位置于所有祖先牌位前。这属于逆祀。鲁夏父弗忌为宗伯，尊僖公，解释说："吾见新鬼大，故鬼小。先大后小，顺也。跻圣贤，明也。明、顺，礼也。"但《左传》借君子的观点表明态度："君子以为失礼。礼无不顺。祀，国之大事也，而逆之，可谓礼乎？子虽齐圣，不先父食久矣。故禹不先鲧，汤不先契，文、武不先不窋。宋祖帝乙，郑祖厉王，犹上祖也。是以《鲁颂》曰：'春秋匪解，享祀不忒，皇皇后帝，皇祖后稷。'"《左传》借君子之语予以赞物："君子曰礼，谓其后稷亲而先帝也"。

对于有违宗庙规范的行为，《左传》也予以批评。《僖公八年》："秋，禘而致哀姜焉，非礼也。凡夫人不薨于寝，不殡于庙，不赴于同，不祔于姑，则弗致也。"国家和宗族的重要事情都要举行告庙之礼，相比至上神，个人行为乃至国家大事和祖先关系更为密切。因此，凡有家国大事，必向祖先行告庙之礼。治兵是国家大事，非战争时期，诸侯要进行大搜，大搜时要向祖先行告庙礼。《庄公八年》："八年春，治兵于庙，礼也。"《闵公二年》："帅师者受命于庙，受脤于社，有常服矣。"新君即位也要到宗庙行礼祭祀。《昭公二十五年》："一月，宋元公将为公故如晋。梦大子栾即位于庙，己与平公服而相之。旦，召六卿。公曰：'寡人不佞，不能事父兄，以为二三子忧，寡人之罪也。若以群子之灵，获保首领以没，唯是楄柎所以藉干者，请无及先君。'"此是记载梦境，但宋元公以梦为实，可证新君即位需要告庙祭祀。国君出行诸侯，属于离开祖先土地，因此需要向祖先告诉。《桓公二年》："冬，公至自唐，告于庙也。凡公行，告于宗庙；反行，饮至、舍爵，策勋焉，礼也。"而卿大夫因罪出奔，也要向宗庙告诉。《宣公十年》："凡诸侯之大夫违，告于诸侯曰：'某氏之守臣某，失守宗庙，敢告。'所有玉帛之使者，则告，不然，则否。"宗庙作为家族存在的象征，无人继承宗庙就意味着家族的毁灭，因此，出奔者也被称为"失守宗庙"，出奔者在出奔后最大的担忧就是宗庙无人祭祀，这说明宗族观念日益增强。告庙表现了卿大夫对于祖先和家族的归属感，说明祖先在心中无可替代的地位。

第四，祭祀祖先有严格的族群意识。《左传》多次记述了祭祀祖先须受族群限制。族群意识来自血缘伦理情感。先民长期聚族而居的生活传统，培育了对血缘情感的高度信任，人们相信家族成员不仅生相依为命，死后为鬼也聚族而居。祭祀作为生者与死者沟通的纽带，也只能在亲族关系中展开。宗周社会推行的宗法制强化了宗族意识和宗庙观念，因此，祭祀的亲缘原则也被广泛继承。《僖公三十一年》："卫成公梦康叔曰：'相夺予享。'公命祀相。宁武子不可，曰：'鬼神非其族类，不歆其祀。杞、鄫何事？相之不享于此。久矣，非卫之罪也，不可以间成王、周公之命祀。请改祀命。'"卫成公梦见先祖康叔诉说相夺走了他享用的祭品，就准备祭祀想以此缓和矛盾。但是，宁武子认为"鬼神非其族类，不歆其祀"要求改祀。这种观念在春秋时期已经十分普遍，孔子就说过："非其鬼而祭之，谄也。"而试图在死后让他族祭祀自己也是徒劳的。《僖公十年》："狐突适下国，遇大子，大子使登，仆，而告之曰：'夷吾无礼，余得请于帝矣。将以晋畀秦，秦将祀余。'对曰：'臣闻之，神不歆非类，民不祀非族。君祀无乃殄乎？且民何罪？失刑乏祀，君其图之。'"晋太子申生在骊姬之乱中被冤死，夷吾晋怀公后来并未给申生恢复名誉并行祭祀礼，申生鬼魂声称要将晋国送给秦国，让秦国祭祀其阴魂。但是，狐突反驳了他的想法，除了强调百姓无辜外，其中最有说服力的一条就是"神不歆非类，民不祀非族"。这种观念表达了祖宗祭祀中血缘关系的神圣性，突出地表现出春秋时期的家族主义情感。

第八章

《左传》中的军礼

军礼是历史悠久的礼仪制度，几乎在人类有战争行为的时候，军礼就随之产生。早在原始部落时期，部落间因各自利益攻伐不断，为了达到胜利的目的，整合军心，军事礼仪也出现了。国家出现后，战争规模扩大，军事体制也不断完善，军礼也逐步完备。《周礼》一书从不同层次描述了治军与用兵之礼。春秋时期，战争成为各国政治的核心内容，军礼依旧得到重视，并显示出时代特色。《左传》以诸侯战争作为叙事的基本内容，不仅记录了春秋军礼的基本形态，同时也通过军礼表达了自己的战争观。

一 治军之道与治国之礼的统一

《司马法》曾将治国与治军区别对待，认为"治国尚礼，治军尚法"，二者有着根本区别，因此，"国容不入军，军容不入国"，"军容入国则民德废，国容入军则民德弱"。但是，《司马法》提出的观点，可能是战国时期治军理论的自觉，却不能代表前代治军理念。春秋以前的社会基本上沿着部落形态发展到城邦社会，其国家形态决定了兵源的全民性，军民一体是春秋以前军队构成的基本形态，由此也就使得治军与治国连为一体。《周礼·春官·大宗伯》说："以军礼同邦国：大师之礼，用众也；大均之礼，恤众也；大田之礼，简众也；大役之礼，任众也；大封之礼，合众也。"所谓大师之礼，就是天子亲征出征仪式，威仪盛大。用众，就是为唤起国民的战斗热情。大均之礼，是为战争进行物质准备，出征士兵应准备武器、铠甲、粮草等。恤众，就是让民众均衡承担军赋。大田之礼是古代天子诸侯都亲自参田猎活动，分四季进行，有春搜、夏苗、秋狝、冬狩。简众，有练兵强军之意。大役之礼，是调集民众修筑城池宫殿和水利工程等，因此称为用众。用众之礼在于调集民众需根据强弱分派不同任务。大封之礼是诸侯征战后，确认疆界，封土植树，让失散的民众回归。由此可见，军事行为和国家治理连在一起，军礼实际上就是治国的重要依托。《春秋》以降，尽管文明不断发展，国家规模扩大，但是，宗周社会留下的宗法体制和城邦社会依然是国家构成的基本形态。专业性的军队只在小规模的范围存在，军民一体的状况依然延续，这也是春秋时期可见卿大夫之家也拥有武装的原因。因此，治军先治民几乎成为各诸侯治军的基本原则。这一理念也得到了《左传》的认同。《宣公十二年》随武子在晋楚交战前阻止对楚用兵：

> 会闻用师，观衅而动。德刑政事典礼不易，不可敌也，不为是征。楚军讨郑，怒其贰而哀其卑，叛而伐之，服而舍之，德刑成矣。伐叛，刑也；柔服，德也。二者立矣。昔岁入陈，今兹入郑，民不罢劳，君无怨讟，政有经矣。荆尸而举，商农工贾不败其业，而卒乘辑睦，事不奸矣。蒍敖为宰，择楚国之令典，军行，右辕，左追蓐，前茅虑无，中权，后劲，百官象物而动，军政不戒而备，能用典矣。其君之举也，内姓选于亲，外姓选于旧；举不失德，赏不失劳；老有加惠，旅有施舍；君子小人，物有服章，贵有常尊，贱有等威；礼不逆矣。德立，刑行，政成，事时，典从，礼顺，若之何敌之？见可而进，知难而退，军之善政也。兼弱攻昧，武之善经也。子姑整军而经武乎，犹有弱而昧者，何必楚？仲虺有言曰："取乱侮亡。"兼弱也。《汋》曰："于铄王师，遵养时晦。"耆昧也。《武》曰："无竞惟烈。"抚弱耆昧以务烈所，可也。

《成公十六年》郑人闻有晋师，使告于楚，楚君救郑。过申，子反见申叔时询问战事，申叔时认为楚国治国不力难以取胜：

> 德、刑、详、义、礼、信，战之器也。德以施惠，刑以正邪，详以事神，义以建利，礼以顺时，信以守物。民生厚而德正，用利而事节，时顺而物成。上下和睦，周旋不逆，求无不具，各知其极。故《诗》曰："立我烝民，莫匪尔极。"是以神降之福，时无灾害，民生敦庞，和同以听，莫不尽力以从上命，致死以补其阙。此战之所由克

也。今楚内弃其民，而外绝其好，渎齐盟，而食话言，奸时以动，而疲民以逞。民不知信，进退罪也。人恤所底，其谁致死？

战争的胜利并不完全取决于战场上的拼杀，更取决于国家治理是否顺畅。治理国家需要的德、刑、详、义、礼、信被认为是"战之器也"，由此可见，治国是治军的前提已经成为时人的共识。

明了了治军如同治国，用治国的诸要素进行治军就成为必然的事情。首先，治军需先治民，通过治民而得民心。其一，用兵先抚民，即以仁爱之心关怀百姓。《昭公十三年》记载，吴灭州来。楚令尹子期请伐吴，楚王不同意："吾未抚民人，未事鬼神，未修守备，未定国家，而用民力，败不可悔。州来在吴，犹在楚也。子姑待之。"未得民心也就无以治军，更难以取胜。《庄公二十七年》："夫礼乐慈爱，战所畜也。夫民让事乐和，爱亲哀丧而后可用也。"抚慰民众是礼的实质性表现。《昭公十四年》记载，楚王使然丹选拔上国之兵于宗丘，且抚慰其民，"分贫，振穷；长孤幼，养老疾，收介特，救灾患，宥孤寡，赦罪戾；诘奸慝，举淹滞；礼新，叙旧；禄勋，合亲；任良，物官"，然后用师。《左传》对此给予极高评价，认为此举属于"礼也"。

抚民要恤民。庄公十年，齐师伐鲁，曹刿见鲁庄公出谋划策，就"何以战"的问题双方展开了对话："公曰：'衣食所安，弗敢专也，必以分人。'对曰：'小惠未徧，民弗从也。'公曰：'牺牲玉帛，弗敢加也，必以信。'对曰：'小信未孚，神弗福也。'公曰：'小大之狱，虽不能察，必以情。'对曰：'忠之属也，可以一战，战则请从。'"（《庄公十年》）关于战争取胜的条件，不是对鬼神的虔敬，不是对老百姓施以小恩小惠，而是体察百姓疾苦，公平公正地解决老百姓关心的问题，由此才"可以一战"。恤民在本质上就是以百姓利益优先，亲民、安民、富民，由此才能得到民众拥护，达到用民的目的。邲之战之前，楚伐郑，郑降楚。晋救郑不成，在是否和楚人开战的问题上，晋人发生争执。将军随会反对与楚开战，原因就在于楚国的实力是建立在立德恤民的基础之上。

无疑，通过对民众的关爱赢得民众的支持，是战争取胜的基础。而关心百姓生活，从物质上解决民众的实际问题，则是改善与民众关系获得支持的最现实的手段。

《襄公九年》记载了晋国在饥荒时期施舍民众的故事："晋侯归，谋所以息民。魏绛请施舍，输积聚以贷。自公以下，苟有积者尽出之。国无滞积，亦无困人；公无禁利，亦无贪民。祈以币更，宾以特牲，器用不作，车服从给。"此举使晋国国力增强，关键是人民素质空前提高。结果是"行之期年，国乃有节，三驾而楚不能与争"。《成公二年》记载，齐晋鞌之战前，卫人不从楚而从晋伐齐。楚令尹子重发动阳桥之役以救齐。但他反对轻率出兵："君弱，群臣不如先大夫，师众而后可。《诗》曰：'济济多士，文王以宁。'夫文王犹用众，况吾侪乎？且先君庄王属之曰：'无德以及远方，莫如惠恤其民，而善用之。'"于是，乃"大户，已责，逮鳏，救乏，赦罪，悉师"，大户就是清理户口，已责就是免除债务。楚国做完恤民之事才出兵，获得胜利。

其二，治军须尚德，尚德是宗周社会就建立起来的治国传统，春秋礼崩乐坏造成的道德滑坡，激发了人们对道德的向往，试图通过道德约束来缓和社会伦理失范。尚德依然是治国的重要途径。立德不仅是强国之本，也是强军之本。《成公十六年》有申叔时言："民生厚而德正，用利而事节，时顺而物成。上下和睦，周旋不逆，求无不具，各知其极。"《庄公八年》记载，鲁师及齐师围郕。郕降于齐师。仲庆父不满郕降齐师，欲攻击齐师。鲁庄公说："不可。我实不德，齐师何罪？罪我之由。《夏书》曰：'皋陶迈种德，德，乃降。'姑务修德以待时乎。"《左传》说："君子是以善鲁庄公。"

因此，修德是军事行动的前提。僖公十九年，宋人围曹，"讨不服也"。宋子鱼对于宋公说："文王闻崇德乱而伐之，军三旬而不降，退修教而复伐之，因垒而降。《诗》曰：'刑于寡妻，至于兄弟，以御于家邦。'今君德无乃犹有所阙，而以伐人，若之何？盍姑内省德乎？无阙而后动。"也将育德作为战争胜利的必备条件。

其三，治兵须以礼，礼也是构建军队伦理秩序的基本规范。尊礼也是强军的必要条件。尊礼包含两个方面，一是在国家政治中构建以礼为核心的伦理政治体系，正名分，确定伦理秩序，以伦理规范整合民众，将民众纳入伦理体系中。二是在用兵过程中，规范军礼，使军事行为有礼可循。作为治国治军策略，《左传》将礼作为伦理政治的最高境界，《僖公二十七年》："礼乐，德之则也。德义，利之本也。"只有在民众知礼的情况下，国家才能强盛，军队才有战斗力。在《左传》看来，晋文公称霸就是以道德教化为起点实现全民知礼的前提下展开的：

晋侯始入而教民，二年，欲用之。子犯曰："民未知义，未安其居。"于是乎出定襄王，入务利民，民怀生矣，将用之。子犯曰："民未知信，未宣其用。"于是乎伐原以示之信。民易资者不求丰焉，明征其辞。公曰："可矣乎？"子犯曰："民未知礼，未生其共。"于是乎大搜以示之礼，作执秩以正其官。出榖戍，释宋围，一战而霸，文之教也。《僖公二十七年》

以礼治军，也表现在对军队礼仪的重视上，军队之外在表现关乎军队威仪，《左传》将此上升到战争胜负的关键问题上。《僖公三十三年》记载，秦师过周北门，左右免胄而下。超乘者三百乘。在王城门外如此涣散，是非礼表现。王孙满对周王说："秦师轻而无礼，必败。轻则寡谋，无礼则脱。入险而脱。又不能谋，能无败乎？"

二 《左传》军礼的基本内容

狭义之军礼是指战争过程中遵循的礼仪，包括战前准备、开战、交战、战争结束过程中的礼仪活动和礼仪行为。军礼所表达的不单是礼仪过程，也表达了鲜明的战争观念。《左传》作为以战争为内容的历史著作，对于军礼有比较清晰的记载。它基本交代了战争过程中军中礼仪的具体表现，同时也在对军礼的叙述中表达了军礼与伦理政治结合的意图。诸侯各国都十分注意军礼。城濮之战中，"晋侯登有莘之虚以观师，曰：'少长有礼，其可用也。'"（《僖公二十八年》）

《左传》重视战争之前的礼仪。战争前的礼仪不是单纯的礼仪，而是对战争的准备。除了平时进行的大搜礼用来练兵振奋军威外。战争策划和准备时需要通过占卜来完成。占卜祭祀是古代战争重要的程序。占卜祭祀包含对神示的询问和未来结果的预测。春秋时期，重人事已经成为历史理性觉醒的重要标志，占卜祭祀的意义远不及前代，但是，在事关成败得失的军事行动中，对于战争结果的不确定性的忧虑使得人们对战争准备格外谨慎，《左传》借用君子曰说："不备不虞，不可以师。"（《隐公五年》）通过占卜祭祀来判断战争的可行性是战争准备的必要环节，占卜就成为军事准备的重要仪式。

问卜主要是判断战争结果的凶吉。问卜也经常进行于战争的各个环节。《宣公十二年》记载，楚国围困郑国，郑国准备谈判，就先行占卜。"郑人卜行成，不吉；卜临大宫，且巷出车，吉"，占卜的结果是谈判求和不吉利，临大宫抵抗吉利，于是郑人放弃了和谈。问卜方式多样，通过传统的占卜方式，或通过祭祀叩问先祖神灵。鄢陵之战中，楚王登上巢车，观望晋军形势，就发现晋军祭祀问卜的仪式："楚子登巢车以望晋军，子重使太宰伯州犁侍于王后。王曰：'骋而左右，何也？'曰：'召军吏也。''皆聚于中军矣。'曰：'合谋也。''张幕矣。'曰：'虔卜于先君也。'"（《成公十六年》），在战争处在剑拔弩张的紧张时刻，晋军依然不忘向先君问卜，可见战争对问卜的依赖程度。

出征是战争的开始。通过祭祀祈求胜利也是必需的环节。祭祀包括祭天地山川、祭祀祖先。祭祀的功能和目的各有侧重。祭祀天地主要是祈求天地保佑。祭祀祖先则既有保佑之诉求，更有告诉祖先的意味。出征前在祖庙前宣誓告诉古而有之。《诗经·常武》写道："赫赫明明。王命卿士，南仲大祖，大师皇父。整我六师，以修我戎。既敬既戒，惠此南国。"由于春秋战争多在诸侯间进行，因此，诸侯出征时经常要祭社杀牲，以示战争代表国家利益。《庄公八年》说的"治兵于庙，礼也"即为此意。《隐公十一年》有："郑伯将伐许，授兵于大宫。"祭祀祖庙后，还要到社庙祭祀。《闵公二年》："帅师者，受命于庙，受脤于社，有常服也。"受脤是将祭祀所用的肉分发给在场将士。受脤也意味着接受社稷之重托，因此需格外虔敬。《左传》对于告庙和受脤也格外重视。成公十三年，诸侯朝王，并从刘康公、成肃公会晋侯伐秦。成肃公受脤于社，不敬。《左传》借助于刘康公的话进行了批评："民受天地之中以生，所谓命也。是以有动作礼义威仪之则，以定命也。能者养以之福，不能者败以取祸。是故君子勤礼，小人尽力，勤礼莫如致敬，尽力莫如敦笃。敬在养神，笃在守业。国之大事，在祀与戎，祀有执膰，戎有受脤，神之大节也。今成子惰，弃其命矣，其不反乎？"（《成公十三年》）

祭祀在战争中既有常规性祭祀，如告庙、受脤。有的祭祀也比较随意。在战争中根据需要祈求天地鬼神的仪式也经常出现。有时还为了得到保佑，经常对战争发生地的山河神祇进行祭祀。襄公十八年，晋侯伐齐，在过河之前沉玉祈祷就是其例。

战斗开始前，须有请战之礼，请战有挑战的意味，也称为致师。这是古代先礼后兵的传统。请战是将战争愿望告诉对方。《僖公二十八年》记载，晋楚邲之战时，子玉使斗勃向晋请战："请与君之士戏，君冯轼而观之，得臣与寓目焉。"晋侯使栾枝回答："寡君闻命矣。楚君之惠未之敢忘，是以在此。为大夫退，其敢当君乎？既不获命矣，敢烦大夫谓二三子，戒尔车乘，敬尔君事，诘朝将见。"致师不仅是向对方发出战争信号，犹如宣战，同时也借此机会显示自己的军威。《成公二年》记载，齐晋鞌之战，齐国主动向晋国请战："子以君师，辱于敝邑，不腆敝赋，诘朝请见。"晋军也毫不退让："晋与鲁、卫，兄弟也。来告曰：'大国朝夕释憾于敝邑之地。'寡君不忍，使群臣请于大国，无令舆师淹于君地。能进不能退，君无所辱命。"在晋军咄咄逼人的姿态前，齐侯也言辞坚定："大夫之许，寡人之愿也；若其不许，亦将见也。"彼此双方都表现出无所畏惧的姿态。

致师除了相互叫战外，还有实质性的比武。它既是兵戎相见的战斗，又是带有仪式性的表演，为战争前奏。郑玄《周礼注》："致师者，致其必战之志也。古者将战，先使勇力之士犯敌焉。"《宣公十二年》详细记载了一次楚军向晋军进行单车挑战的过程：

> 楚许伯御乐伯，摄叔为右，以致晋师，许伯曰："吾闻致师者，御靡旌摩垒而还。"乐伯曰："吾闻致师者，左射以菆，代御执辔，御下两马，掉鞅而还。"摄叔曰："吾闻致师者，右入垒，折馘，执俘而还。"皆行其所闻而复。晋人逐之，左右角之。乐伯左射马而右射人，角不能进，矢一而已。麋兴于前，射麋丽龟。晋鲍癸当其后，使摄叔奉麋献焉，曰："以岁之非时，献禽之未至，敢膳诸从者。"鲍癸止之，曰："其左善射，其右有辞，君子也。"既免。

致师常选择武艺高强者出来显示威风："齐高固入晋师，桀石以投人，禽之而乘其车，系桑本焉，以徇齐垒，曰：'欲勇者贾余馀勇。'"（《成公二年》）

战争结束后，失败一方如宣布投降，需进行受降礼。投降一方要通过仪式表示自己彻底失败和臣服，一般采用肉袒谢罪的方式。《宣公十二年》记载，郑抵抗楚国入侵失败，郑伯投降：

郑伯肉袒牵羊以逆，曰："孤不天，不能事君，使君怀怒以及敝邑，孤之罪也。敢不唯命是听。其俘诸江南以实海滨，亦唯命。其翦以赐诸侯，使臣妾之，亦唯命。若惠顾前好，徼福于厉、宣、桓、武，不泯其社稷，使改事君，夷于九县，君之惠也，孤之愿之，非所敢望也。敢布腹心，君实图之。"

战争结束后，还有赏罚之礼和告庙献捷之礼。如城濮之战后，"秋七月丙申，振旅，恺以入于晋。献俘授馘，饮至大赏，征会讨贰"（《僖公二十八年》）。饮至是指诸侯朝、会、盟、伐后回宗庙饮酒庆功。《桓公二年》："凡公行告于公庙，反行饮至，舍爵策勋焉。"古代是以折馘即割取敌人的左耳来记功。或在战斗结束后在战场上就地告捷，告捷可向天神祖先，在这种情况下，需搭建祭祀祖先的庙宇，以表示规范。《宣公十二年》："祀于河，作先君宫，告成事而还。"

在和夷狄作战胜利后，还可向天子告捷。献捷礼较为隆重，主要有献俘、行礼、赐命等环节。《僖公二十八年》记载，晋国在城濮之战中获胜，献楚俘于王，先献驷介百乘，徒兵千人。然后由郑国国君陪天子，晋向天子行礼。行礼完毕后，天子将进行享礼，"王享醴，命晋侯宥"。最后天子进行赏赐，"命尹氏及王子虎、内史叔兴父策命晋侯为侯伯，赐之大辂之服，戎辂之服，彤弓一，彤矢百，玈弓矢千，秬鬯一卣，虎贲三百人"。

向天子献俘，一般是针对异族进行的战争，周王之所以接受晋国献俘，是因为中原向来认为楚为蛮夷。春秋时期，因为列国争霸，战争矛头常直指兄弟之国，这种情况下向天子献俘就是非礼了。《成公二年》有"晋侯使巩朔献齐捷于周，王弗见"，周王派单襄公解释原因："蛮夷戎狄，不式王命，淫湎毁常，王命伐之，则有献捷，王亲受而劳之，所以惩不敬，劝有功也。兄弟甥舅，侵败王略，王命伐之，告事而已，不献其功，所以敬亲昵，禁淫慝也。"鞌之战是齐晋之间的战争，王室与晋同姓，称伯父。与齐国为甥舅关系，因此为兄弟之国。这是宗法伦理在战争之礼中的反映。

三 战争之礼中的尊君意识

君是是国家的象征。忠君不仅是等级身份的要求，更是国家意志的体现。为君而战就是为国而战，将忠君之礼落实到治军理念中，目的是强化君国意识。因此，《左传》也强调战争中君权的神圣性。一是在战争中要维护君的神圣性，为君国献身；二是对敌方的君主也要表示适度的尊重。

齐晋鞌之战，齐军大败，晋军追得齐侯无处藏身。逢丑父挺身而出，与齐侯交换了战车和衣服，使晋军失去了捉拿齐侯的机会。晋军识破后，要杀逢丑父。逢丑父临死不惧，并高喊从此要失去一位为君而死的贤臣。其忠君行为也为其敌人佩服，晋国人不仅没有杀他，反而对其精神充满敬意。

在敌国之臣交战时，为了君的尊严，国君一方不可轻易言退。《僖公二十八年》记城濮之战中，楚子玉从晋师，晋师退。晋军吏不理解，认为："以君辟臣，辱也。"《左传》中多处提及君与敌国之臣相遇需显示君威的故事，说明战争中君威的意义。《成公二年》记载，卫侯使孙良夫、石稷、宁相、向禽将侵齐，与齐师相遇后。石稷欲还，孙良夫说："不可。以师伐人，遇其师而还，将谓君何？若知不能，则如无出。今既遇矣，不如战也。"

在战场上，战争双方不仅要维护本国君主的尊严，同时也尽量不伤害敌方君主的尊严。遇见对方君主，至少要在形式上行君臣礼。在双方交流对话中，常以外臣自称，显示出对君权的普遍尊重。《成公十六年》记载，郤至三遇楚君，见楚君必下马，并"免胄而趋风"。楚君也使工尹襄进行慰问并送之以弓。郤至见到使者，"免胄承命"，并表示："君之外臣至，从寡君之戎事，以君之灵，间蒙甲胄，不敢拜命，敢告不宁君命之辱，为事之故，敢肃使者。""三肃使者而退。"

对于溃逃的敌方国君，一般也不赶尽杀绝，而是留有余地。《成公十六年》记载，晋楚鄢陵之战，楚、郑联军失败，郑君溃逃。"晋韩厥从郑伯，其御杜溷罗曰：'速从之，其御屡顾，不在马，可及也。'韩厥曰：'不可以再辱国君。'"郤至一直跟着郑君，目的却是阻止军士伤害郑国国君。当有人要求将郑君俘虏，郤至再次阻止说："伤国君有刑。"对于被俘的国君，胜利者的惩罚也是象征性的。《僖公六年》记载，蔡穆侯伐许，并将被俘的许僖公带到武城见楚王。许君以受降的姿态"面缚，衔璧，大夫衰绖，士舆榇"。就是双手捆在背后，嘴里含璧，大夫穿着丧服，士抬着棺材。楚逢伯对楚王说："昔武王克殷，微子启如是。武王亲释其缚，受其璧而祓之。焚其榇，礼而命之，使复其所。"楚王听从了他的要求，放了许君。

战争中对国君的尊重，实际上是对国家伦理的尊重，也是对等级观念的尊重。国家伦理和军队的治理与使用密切相关。国之大事，在祀与戎，战争是捍卫国家权力的基本途径。但是，国家内部的伦理秩序的顺畅是治军的基本条件，君的权威和尊严的保障是国家稳定的重要前提。由此可见，战争中对君臣之礼的重视也表达了国家意识的自觉。

四　先礼后兵到兵不厌诈

春秋军礼继承了前代的军事礼仪和战争观念，但是，随着宗周体制的瓦解和霸主政治的定型，战争观念也开始发生了变化，传统军礼也开始发生变异。其基本特征是，国家利己主义成为主导战争的唯一动力，先礼后兵的传统开始被兵不厌诈的战争观念取代。

宗周社会的宗法体制决定了诸侯是宗周大家庭中的一员，礼仪征伐自天子出，诸侯间鲜有征伐。征伐之事需天子认可，征伐的目的也是讨贰、讨逆，而非灭国。以战争换取和平是基本的战争伦理。但是，到了春秋，天子之国瓦解，诸侯相互征伐，霸主政治一方面使大国成为维持天下平衡的关键力量，另一方面也强化了诸侯的野心。霸主政治证明了唯有强者才有生存的权力。为天子而战的战争观念由此也被为自存而战的国家利己主义战争观念取代。军礼也因此发生了变化。

首先，军礼的普泛性被诸侯各自的目的性取代。宗周时期，军队重要的勤王功能淡化，军队勤王之事日益减少。勤王基本上变成了调解王室内讧、修筑王城等事务。治军强调的亲民、尚德、守礼主要是针对诸侯国家自身的军队治理。所谓天子之礼降低为诸侯之礼的现象也表现在军队治理和军事目的中。由此，战争观念呈现出双重特征，一方面，注重礼节和适可而止的攻击经常成为战争规则，另一方面，战争中的温和姿态也成为嘲

笑的对象。先礼后兵与兵不厌诈同时出现在战争环境中，表现出历史转型
时期战争观念的多样性。就战争目的性而言，"止戈为武"的和平目的论
在《左传》中得到肯定。宣公十二年，楚获得邲之战胜利。潘党劝楚王：
"君盍筑武军，而收晋尸以为京观。臣闻克敌必示子孙，以无忘武功。"
楚王说：

> 非尔所知也。夫文，止戈为武。武王克商。作《颂》曰："载戢
> 干戈，载櫜弓矢。我求懿德，肆于时夏，允王保之。"又作《武》，
> 其卒章曰"耆定尔功"。其三曰："铺时绎思，我徂求定。"其六曰：
> "绥万邦，屡丰年。"夫武，禁暴、戢兵、保大、定功、安民、和众、
> 丰财者也。故使子孙无忘其章。今我使二国暴骨，暴矣；观兵以威诸
> 侯，兵不戢矣。暴而不戢，安能保大？犹有晋在，焉得定功？所违民
> 欲犹多，民何安焉？无德而强争诸侯，何以和众？利人之几，而安人
> 之乱，以为己荣，何以丰财？武有七德，我无一焉，何以示子孙？其
> 为先君宫，告成事而已。武非吾功也。古者明王伐不敬，取其鲸鲵而
> 封之，以为大戮，于是乎有京观，以惩淫慝。今罪无所，而民皆尽忠
> 以死君命，又可以为京观乎？（《宣公十二年》）

胜利了却不炫耀武力，原因在于战争的目的是为了和平，体现出宗周时期
诸侯间战争的分寸感。与此相应的是，胜利者在夺取胜利后，不是对失败
者赶尽杀绝，有时还表现出相当的友善。邲之战，楚军败晋军，晋军奔逃
时遇到泥泞，楚军居然还提供帮助，显示了胜利者对失败者的友善。与此
同时，灭国行为也时而受到批评，被视作非礼。楚灭陈后，楚君在大臣的
劝说下，重新为陈复国。这种分寸感体现了"止戈为武"的战争精神。

但是，春秋时期，随着争霸的日趋激烈，强者为王的丛林原则占了上
风，因此，先礼后兵的原则便逐渐让位于兵不厌诈，不宣而战的情况越来
越多。晋国为了打败秦国不惜在丧礼时期出兵伏击秦军，兵不厌诈就几乎
成为战争的重要原则。所谓军礼，只是作为各国内部强化军力的形式。

先礼后兵到兵不厌诈的变化主要表现在以下几方面。

一是由宣战、挑战、先排兵布阵正面交锋变成不宣而战以诈取胜。昭
公二十三年，吴楚发生鸡父之战，吴国先击败追随楚国的小国，并故意放
走沈、胡等国的俘虏。沈、胡等国俘虏冲向蔡、许、顿等楚国附庸国的军

阵中乱喊："吾君死矣！"三国军队在鼓噪声中慌忙逃窜，楚师大奔。《左传》认为，《春秋》对此事的评价是"不言战，楚未陈也"，显然认为这种进攻方式缺少早期战争规范性。

《左传》对于过度用诈的战争方式并不认可。但是也对过于拘泥于先礼后兵的战略战术也不以为然。在《左传》看来，宋楚泓之战是对先礼后兵的战争思想的嘲弄。在这次战争开始时，"宋人既成列，楚人未既济"。宋司马提议："彼众我寡，及其未既济也，请击之。"但宋襄公说："不可。"楚人已经过河但未成阵势，司马再次请求进攻，又被宋襄公拒绝。结果是楚军列好阵势进攻，宋师大败，宋襄公伤了大腿。国人将失败归于宋襄公。宋襄公却说："君子不重伤，不禽二毛。古之为军也，不以阻隘也。寡人虽亡国之余，不鼓不成列。"（《僖公二十二年》）显然，宋君遵循的是前代战争的规则，却成为招致失败的原因。对此，《左传》借助于子鱼的话提出批评：

> 君未知战。勍敌之人，隘而不列，天赞我也。阻而鼓之，不亦可乎？犹有惧焉！且今之勍者，皆我敌也。虽及胡耇，获则取之，何有于二毛！明耻教战，求杀敌也。伤未及死，如何勿重？若爱重伤，则如勿伤；爱其二毛，则如服焉。三军以利用也，金鼓以声气也。利而用之，阻隘可也；声盛致志，鼓儳可也。（《僖公二十二年》）

二是友善的和平行为遭到嘲弄和亵渎。宣公二年春，郑公子归生受命于楚，伐宋。与宋华元、乐吕战于大棘，宋师败绩。宋华元被囚，乐吕做了俘房，还缴获许多甲车，俘二百五十人，馘百人。宋大夫狂狡与郑人遭遇，郑人钻进井里，狂狡用戟将其救出，结果郑人反而将狂狡抓了起来。《左传》用"君子曰"给予批评："失礼违命，宜其为禽也。戎，昭果毅以听之之谓礼，杀敌为果，致果为毅。易之，戮也。"知"昭果毅以听之之谓礼"强调战场上杀人的合理性，其实强调的是战争与礼无关。

三是战争中与生老病死有关的禁忌被破坏。丧事不举兵是战争禁忌，显示对哀死送终是对人伦之大事的敬重。《左传》记载多国因丧事停止了彼此战争。但是，不顾对方有丧事发动进攻的事件也时有发生。秦国曾在晋国丧事时出兵伐郑，引起晋人不满。晋人也不管自己有丧事，在殽地伏击秦军，秦军大败。昭公二十七年，吴国欲因楚丧而出兵伐楚。

第九章

《左传》中的丧葬之礼

丧礼是《左传》涉及的比较多的礼仪。但《左传》非纯粹意义上的礼仪之书，因此，对丧礼的的记载也不系统。《左传》对丧礼的记载是有选择的。《左传》中的丧礼主要有三个值得关注的地方，一是有关丧礼的记载主要集中在诸侯层面，甚至连卿大夫的丧礼也少涉及。二是丧礼体现出诸侯政治的特点。三是丧礼依然可见春秋时期丧礼的基本规制以及仪式中表达的生命精神。

一　从《左传》看春秋时期丧礼的规范性和严肃性

丧葬是人类对死亡所作的最后安顿。由于生死是人生大事，因此，人们对于死者的安顿也格外重视。葬礼作为人类有意识的行为，是随着人类思想意识的变化不断改变和发展的。中国古代的葬礼也经历了一个由简到繁的过程。在远古时期，生死都处在一种自然状态中，因此，对于死者的安葬也格外简单。《孟子·滕文公上》："盖上世尝有不葬其亲者。其亲死则举而委之于壑。他日过之，狐狸食之，蝇蚋姑嘬之。"不葬其亲就是生死顺其自然，这是人类在蒙昧时期对死亡的初级态度。一些少数民族中实行的野葬风俗实际上就是远古时期不葬其亲现象的残留。随着文明水平的提高和人们对生死的理性认知提升，安葬死者便成为人类重视死亡环节的标志。石器时代，墓穴就出现了。这说明人们对于死亡再也不是听其自然了。随着文明程度的不断提高，丧葬礼俗也不断复杂并走向规范。中国古代社会的丧葬之礼到了周代基本定型。春秋时期沿袭了周代社会的葬礼，但也有补充。《左传》对于葬礼也比较重视，葬礼也是其记事的重要内容。丧礼记事多穿插于政治记事之中，但也从中可见时人对葬礼的态度和丧葬礼俗。

《左传》显示，春秋时期前代诸多礼法和礼仪都有所变化，有的甚至灭失。但葬礼无论是观念还是仪式都比较完整地传承下来。这当然与人们对生命认知的传承性相关。因此，葬礼就显得比较完整。

葬礼是对死者尸身的处理方式。除了等级规制不一以外，这些环节也适用于贵族和平民。但是，《左传》在叙述葬礼过程的时候，还是具有诸多政治意味。

《左传》对丧礼没有专门介绍，对丧礼过程的描述散见于不同的故事中。《左传》在描述葬礼的过程中，很关注其中的礼与非礼，并时常涉及葬礼对政治的影响。

葬礼可分为襚、敛、殡、葬几个环节。为死者做的第一件事是行襚礼。襚就是为死者穿衣服。《襄公三十年》记载，伯有死于羊肆，"子产襚之，枕之股而哭之。敛而殡诸伯有之臣在市侧者，继而葬诸斗城"。伯有因内乱而死在街头，"子产襚之"，当为直接穿衣。死者死后，前来吊唁者给加赠的衣服也是襚。如《杂记上》所言"诸侯相襚"。《文公九年》："秦人来归僖公、成风之襚，礼也。诸侯相吊贺也，虽不当事，苟有礼焉，书也，以无忘旧好。"似乎在贵族葬礼中，诸侯之间有相互致襚衣的惯例。

敛在古代分小敛和大殓。《左传》没有提到大小敛，但从其描述的内容看，大小敛的具体礼数的确存在。小敛就是停尸体于床，给死者进行沐浴穿衣等，襚当是小敛的一个环节。大殓是将尸身放入棺木保存。小敛期间亲人要依尸而哭，子产"枕之股而哭"便是这一礼节的表现。在进行小敛礼过程中，有一不可缺少的环节就是让死者受含。含，也称为饭含，意思是要在死者口中放入米或者是贝。《礼记·檀弓下》说"饭用米贝，弗忍虚也"，就是让死者不要空着肚子离开。《襄公十九年》："荀偃瘅疽，生疡于头，二月甲寅卒，而视，不可含。宣子盥而抚之，曰'视吾敢不如事主！'犹视。乐怀子曰：'其为未卒事于其故也乎？'乃复抚之曰：'主苟终，所不嗣于齐者，又如河！'乃瞑。"这段事迹可显示春秋即有沐浴饭含之礼。殡是停放灵柩，一般停灵之地须在本家院落或宗庙，伯有因全家遭难，因此子产将伯有之灵停放在靠近市场的伯有家臣院落中。

敛、殡、葬的过程中，还有葬礼的各种仪式。首先，在死者死亡后，要向亲朋四邻行告诉之礼。国君、卿大夫死后诸侯之间则一般也要行赴告之礼。《文公三年》："夏四月己亥。王叔文公卒，来赴，吊如同盟"。有关国家或个人接到告诉后，须派人奔丧吊唁。如《襄公十五年》："郑公孙夏如晋奔丧，子蟜送葬。"《文公五年》："王使荣叔来含，且赗，召昭公来会葬，礼也。"吊丧者不仅亲身前往，还要送上助丧的礼物，礼物可分为赗、赙。《公羊传》曰："财物为赙，车马为赗"。《隐公元年》有"天王使宰咺来归惠公、仲子之赗"。奔丧吊唁须遵循严格的礼节，否则就是非礼。《隐公元年》："赠死不及尸，吊生不及哀，豫凶事，非礼也。"杜预《释例》曰："丧赠之币，车马曰赗，货财曰赙，衣服曰襚，珠玉曰含。然而总谓之赠，故传曰'赠死不及尸'也。"

赴告也有亲疏之别，关系亲近者则赴之以名，《僖公二十三年》："杞成公卒。书曰'子'，杞，夷也。不书名，未同盟也。凡诸侯同盟，死则赴以名，礼也。赴以名，则亦书之，不然则否，辟不敏也。"赴之以名并非前代就有，此礼仪应始于春秋。《襄公六年》："六年春，杞桓公卒，始赴以名，同盟故也。"得到死者的消息后，被告诉方要有举哀活动，并停止一些公共活动，比如取消盟会。《襄公十五年》："冬，晋悼公卒，遂不克会。"《襄公三十一年》："癸酉，葬襄公。公薨之月，子产相郑伯以如晋，晋侯以我丧故，未之见也。"

被告诉后而不去吊唁，被视为非礼。昭公七年卫襄公卒。晋大夫对范献子说："卫事晋为睦，晋不礼焉，庇其贼人而取其地，故诸侯贰。《诗》曰：'鹡鸰在原，兄弟急难。'又曰：'死丧之威，兄弟孔怀。'兄弟之不睦，于是乎不吊；况远人，谁敢归之？今又不礼于卫之嗣，卫必叛我，是绝诸侯也。"晋国便派范献子到卫国吊唁，以尽诸侯之礼。

葬礼是最后的环节。葬是入土埋葬，入土为安。郑国伯有骄横淫奢遭到郑国贵族的集体惩罚，但死后子产还是依葬礼将其安葬，不仅说明子产重亲情，同时也说明了时人对葬礼的重视。贵族阶层可以以财物为随葬品，以车马为随葬更能显示身份和地位。《襄公十九年》："于四月丁未，郑公孙虿卒，赴于晋大夫。范宣子言于晋侯，以其善于伐秦也。六月，晋侯请于王，王追赐之大路，使以行，礼也。"杜预曰："大路，天子所赐车之总名，以行葬礼。"[1] 人殉现象古而有之，在春秋时期已经受到批评，孔子说："始作俑者，岂无后乎"就表达了这样的态度。《左传》中也多

---

① 杜预：《春秋经传集注》卷十六，上海古籍出版社 1990 年版。

记载人殉事件。《宣公十五年》记载，晋魏武子有嬖妾无子。魏武子死前要求其子将嬖妾殉葬，称："必以为殉！"魏武子死后，其子魏颗让嬖妾改嫁。后来在与秦的战争中，魏颗与秦杜回相遇，杜回莫名其妙地跌落马下。晚上有人在梦中告诉魏颗："余，而所嫁妇人之父也。尔用先人之治命，余是以报"。这个故事说明时人认识到了殉葬是残酷的事情。《成公二年》："宋文公卒，始厚葬，用蜃炭，益车马，始用殉，重器备。椁有四阿，棺有翰、桧。"这件事在《左传》中受到批评："君子谓华元、乐举于是乎不臣。臣，治烦去惑者也，是以伏死而争。今二子者，君生则纵其惑，死又益其侈，是弃君于恶也，何臣之为？"从上述葬礼情形还可以看出，厚葬已经成为普遍的习俗。《左传》对于随葬品的讲究是比较重视的，对人殉表示反对态度，同时也欣赏薄葬，对于季文子生为廉洁，死无豪华随葬之物给予高度赞扬："季文子卒。大夫入敛，公在位。宰庀家器为葬备，无衣帛之妾，无食粟之马，无藏金玉，无重器备。君子是以知季文子之忠于公室也。相三君矣，而无私积。可不谓忠乎？"孔子就认为，重要的是要在感情上表现出失去亲人的痛苦，葬礼简单一些也没有什么。《论语·八佾》："礼，与其奢也，宁俭；丧，与其易也，宁戚。"可见，《左传》与时人的看法是一致的。

对于年长者，一般要在死前备好棺木。没有预备，被视为非礼。《襄公四年》记载，鲁夫人定姒薨，"不殡于庙，无椁，不虞"。匠庆批评季文子说："子为正卿，而小君之丧不成，不终君也。君长，谁受其咎？"匠庆是负责木工的人，当初要求季文子为定姒准备棺木，季文子只为自己准备却把定姒的棺木忽略了。《左传》借"君子曰"说："《志》所谓'多行无礼，必自及也'，其是之谓乎！"

灵柩出发的地方因地位各有不同。国君应在宗庙。卿大夫则在朝堂。《僖公三十三年》："凡君薨，卒哭而祔，祔而作主，特祀于主，烝尝禘于庙。"立灵位，才可以哭丧。因此，立灵位要及时。《僖公三十三年》："葬僖公，缓作主，非礼也。"做主犹如后世立灵位。

葬礼过程中，情感表达也是重要的内容。举哀是伴随葬礼过程的礼仪行为。死者亲属则在葬礼过程中要举哀。首先是衣着上需穿缞绖之服，粗茶淡饭，以示哀痛。丧服一般用麻衣做成，也有用葛衣做丧服的。《襄公十七年》："齐晏桓子卒。晏婴粗缞斩，苴绖、带、杖，菅屦，食鬻，居倚庐，寝苫，枕草。其老曰：'非大夫之礼也。'曰：'唯卿为大夫。'"除了丧服外，还要表现出哀伤情感。《昭公十一年》记载，昭公母亲齐归卒，齐归葬礼中，昭公无哀容。晋史赵认为昭公必然会被赶出鲁国："必为鲁郊。"原因是"不思亲，祖不归也"。叔向则说："鲁公室其卑乎？君有大丧，国不废搜。有三年之丧，而无一日之戚。国不恤丧，不忌君也。君无戚容，不顾亲也。国不忌君，君不顾亲，能无卑乎？殆其失国。"

死者亲人要举哀，与死者相关的国人也要示哀，包括国君。《昭公九年》记载，晋荀盈到齐国迎接齐女，回国途中卒于戏阳。"殡于绛，未葬。晋侯饮酒，乐。"此举引起膳宰屠蒯的不满，他通过批评晋君的侍从委婉地批评了晋君："酌以饮工，曰：'女为君耳，将司聪也。辰在子卯，谓之疾日。君彻宴乐，学人舍业，为疾故也。君之卿佐，是谓股肱。股肱或亏，何痛如之？女弗闻而乐，是不聪也。'又饮外嬖嬖叔曰：'女为君目，将司明也。服以旌礼，礼以行事，事有其物，物有其容。今君之容，非其物也，而女不见。是不明也。'亦自饮也，曰：'味以行气，气以实志，志以定言，言以出令。臣实司味，二御失官，而君弗命，臣之罪也。'"晋君为其言打动，主动撤去酒席。

举哀的另一个礼节就是关系比较好的邻国和诸侯国家要停止娱乐活动。《仪礼》说："邻有丧，舂不相。里有殡，不巷歌。适墓不歌。哭日不歌。送丧不由径，送葬不辟涂潦。临丧则必有哀色，执绋不笑，临乐不叹。"《襄公二十三年》："杞孝公卒，晋悼夫人丧之，平公不撤乐，非礼也。礼为邻国阙。"如果丧事在战争期间，战争双方应停止战争。如果在征战或进行其他活动，遇到丧事要表示哀悼，死者亲属要以礼相接。《成公五年》记载，卫穆公卒，晋军正好在卫国进行军事活动，"晋三子自役吊焉，哭于大门之外。卫人逆之，妇人哭于门内。送亦如之。遂常以葬"。《襄公十九年》："齐灵公卒，晋士匄侵齐，及谷，闻丧而还。"

乐哀是丧葬礼仪中最受诟病的行为，为了说明乐哀行为的危害性，《左传》借助于一些人物和故事将乐哀行为和个人乃至国家的生死存亡联系在一起。《昭公十五年》记载，晋籍谈朝周，其时，周先后出现多起丧事，但周天子依然很快乐，甚至和晋国索要乐器。籍谈归，以告叔向。叔向曰："王其不终乎！吾闻之：'所乐必卒焉。'今王乐忧，若卒以忧，不可谓终。王一岁而有三年之丧二焉，于是乎以丧宾宴，又求彝器，乐忧甚矣，且非礼也。彝器之来，嘉功之由，非由丧也。三年之丧，虽贵遂服，礼也。王虽弗遂，宴乐以早，亦非礼也。礼，王之大经也。一动而失二礼,无大经矣。言以考典,典以志经,忘经而多言举典,将焉用之?"《昭公十四年》记载,莒著公卒,莒郊公没有哀伤。"国人不顺从莒郊公,欲立着丘公之弟庚舆。"示哀不仅是礼仪问题,更关乎国家和个人的前途。

哀伤也须有一定的节制,不能无限地表达哀伤。哀伤过度也是对礼的伤害。《仪礼》说:"居丧之礼,毁瘠不形,视听不衰。升降不由阼阶,出入不当门隧。居丧之礼,头有创则沐,身有疡则浴,有疾则饮酒食肉,疾止复初。不胜丧,乃比于不慈不孝。五十不致毁,六十不毁,七十唯衰麻在身,饮酒食肉,处于内。生与来日,死与往日。知生者吊,知死者伤。知生而不知死,吊而不伤;知死而不知生,伤而不吊。"哀伤过甚就是毁。哀伤到了毁的程度必将带来不利的后果。《襄公三十一冬》有滕成公来鲁会葬,惰而多涕。子服惠伯曰:"滕君将死矣!怠于其位,而哀已甚,兆于死所矣。能无从乎?"

参加葬礼者要严格遵循丧礼的礼节。昭公二十一年,葬蔡平公。蔡大子朱失位,位在卑。叔孙昭子叹息说:"蔡其亡乎!若不亡,是君也必不终。《诗》曰:'不解于位,民之攸塈。'今蔡侯始即位,而适卑,身将从之。"失礼不仅是礼节问题,也关乎其人生与政治的兴衰。

二 春秋葬礼的等级性与《左传》的等级观念

《左传》记史的基本目的就是总结强盛与衰亡之道。因此,《左传》将记事的核心放在诸侯贵族对于权力的掌控和运用上。其中,伦理政治是否完善成为评价的重要标准。伦理政治的完善重要的因素就是如何确保等级序列不受到破坏,使君臣父子的伦理秩序成为建立伦理政治的基础。葬礼是对死亡的安排,但是,同时也是对于死者的评价;葬礼不仅是对一个生命的送别,也是对死者权力地位继承的开始。因此,葬礼就不是单纯的送终问题。葬礼的等级性始终是葬礼最核心的问题。只有从等级性出发,葬礼的规制、形式才能展开。孔颖达《春秋左传正义》曰:"天子、诸侯、大夫、士,位既不同,礼亦异数,赴吊远近,各有等差,因其吊答以为葬节。且位高则礼大,爵卑则事小。大礼逾时乃备,小事累月即成。圣王制为常规,示民轨法,欲使各修其典,无敢忒差。资父事君,生民之所极；哀死送终，臣子之所尽，是以未及期而葬谓之不怀，过期而葬谓之缓慢。"① 葬礼等级性远远超越了葬礼本身。它事关对死者的名分以及与此相关的伦理关系和政治地位的认定。因此，春秋时期，葬礼的等级性被格外重视，《左传》也对此予以肯定。

等级性贯穿于葬礼的全过程。首先，赴告吊死因不同等级而形成不同规格。《隐公元年》："天子七月而葬，同轨毕至；诸侯五月，同盟至；大夫三月，同位至；士逾月，外姻至。"此处所指的是葬礼持续的时间。葬礼时间的长短显示了死者的身份，天子葬礼时间最长。而时间长短的核心意义就是哀痛时间的长短。孔颖达《春秋左传正义》云：

> 天子七月，诸侯五月者，死月葬月皆通数之也。文八年八月"天王崩"，九年二月"葬襄王"，是天子之七月也。成十八年八月"公薨于路寝"，十二月"葬我君成公"，是诸侯之五月也。宣八年传云"礼，卜葬，先远日，辟不怀也"。是卜远日不吉，乃卜近日，辟不思亲之嫌也。则未及期而葬者，不思其亲，理在可见，故传皆不言其事，唯过期乃葬者，传言缓以示讥耳。（《春秋左传正义》卷二）

宗周社会葬礼以天子最为隆重。但是，在春秋，霸主的葬礼也有赶上天子的。晋平公卒，"叔孙婼、齐国弱、宋华定、卫北宫喜、郑罕虎、许人、曹人、莒人、邾人、薛人、杞人、小邾人如晋"。场面犹如天子。

对于同轨毕至，杜预注："言同轨，以别四夷之国。"同轨是指车的轨道，中原之国同轨，以此别夷夏。同轨、同盟、同位，强调了身份不同的等差关系。言天子葬礼"毕至"而诸侯以下不言毕至者，主要突出天子的尊贵地位。

在参加葬礼的人员配置上，也依等级而行。但是，在国与国之间，规格却不相同。《昭公三十年》记载，晋顷公卒，郑国派游吉吊唁，游吉是郑国大夫。依当时礼节，一人吊唁，一人送葬。此次郑国只派游吉一人前往，引起晋国不满。而游吉则以先王之制给予回复：

> 诸侯所以归晋君，礼也。礼也者，小事大，大字小之谓。事大在

---

① 孔颖达：《春秋左传正义》卷二，北京大学出版社2000年版。

共其时命，字小在恤其所无。以敝邑居大国之间，共其职贡，与其备御不虞之患，岂忘共命？先王之制：诸侯之丧，士吊，大夫送葬；唯嘉好、聘享、三军之事，于是乎使卿。晋之丧事，敝邑之间，先君有所助执绋矣。若其不间，虽士大夫有所不获数矣。大国之惠，亦庆其加，而不讨其乏，明底其情，取备而已，以为礼也。灵王之丧，我先君简公在楚，我先大夫印段实往，敝邑之少卿也。王吏不讨，恤所无也。今大夫曰："女盍从旧？"旧有丰有省，不知所从。从其丰，则寡君幼弱，是以不共。从其省，则吉在此矣。唯大夫图之。

这段对话显示了贵族阶层参加葬礼的不同规格，也显示了霸主之国对小国的挑剔。游吉的辩解还说明时人对于丧礼的繁文缛节的厌倦。而同轨毕至、同盟毕至并非指诸侯参加。《隐公元年》："卫侯来会葬，不见公，亦不书。诸侯会葬，非礼也。"《成公十年》："葬晋景公。公送葬，诸侯莫在。鲁人辱之，故不书，讳之也。"杜预《释例》："万国之数至众，封疆之守至重，故天王之丧，诸侯不得越竟而奔，修服于其国，卿共吊葬之礼。"因此有诸侯之丧，士吊，大夫送葬。鲁国国君到晋国吊丧，也被认为是非礼。

丧礼期间，参加葬礼者应当注意自己的身份和地位，办丧事一方也要尊重参加者的身份，依身份地位行事，否则也是非礼。《昭公二十一年》记载，葬蔡平公。蔡大子朱失位，站在地位低的位置上。叔孙昭子叹息说："蔡其亡乎！若不亡，是君也必不终。《诗》曰：'不解于位，民之攸塈。'今蔡侯始即位，而适卑，身将从之。"《襄公二十九年》记载，楚王病逝，鲁襄公在楚。楚人为了侮辱鲁君，让鲁君亲自为楚王穿衣。鲁公患之。鲁穆叔曰："袯殡而禭，则布币也。"乃使巫以桃列先袯殡。就是让巫师先在楚王遗体上祛除邪气，这对死者是不尊重的。楚人后悔也没有办法。在这一事件中，楚人刁难鲁君。鲁君用袯除妖孽的方式加以应答，使楚人自取其辱。这说明丧礼要尊重吊丧者的身份。

随葬品是体现死者身份的重要依据。死者等级不同，随葬品也有不同。随葬品以鼎和车马为贵。鼎和车马的数量标志着死者的地位。一般来说，死者生前享受的物质待遇成为死后随葬品选择的依据。卿大夫很少以车为随葬品。但是，如果生前得到车马赏赐，也可得到"路葬"的礼遇。《昭公四年》记载，叔孙穆子死，鲁昭公想降低葬礼规格。派杜泄葬叔孙。叔孙为卿，因此要以卿礼葬之。杜泄将以路葬，即随葬以车马，且尽卿礼。竖牛为了继续控制叔孙家族，指使南遗对主政的季孙说："叔孙未乘路，葬焉用之？且冢卿无路，介卿以葬，不亦左乎？"季孙听了南遗的话，让杜泄舍弃路葬。杜泄据理力争："夫子受命于朝，而聘于王。王思旧勋而赐之路。复命而致之君，君不敢逆王命而复赐之，使三官书之。吾子为司徒，实书名。夫子为司马，与工正书服。孟孙为司空，以书勋。今死而弗以，是弃君命也。书在公府而弗以，是废三官也。若命服，生弗敢服，死又不以，将焉用之？"此处杜泄特别强调葬礼随葬品的等级性，将其和国家政治秩序连在一起，同时也强调了叔孙卿的地位。

厚葬与简葬是相互矛盾的。在追求厚葬之风的时代，葬礼中的奢华也会带来负面影响。因此，许多人认为葬礼中无论是送礼还是随葬品都以简单为宜。《昭公十年》记载，晋平公卒，郑子皮将以币行。子产曰："丧焉用币？用币必百两，百两必千人，千人至，将不行。不行，必尽用之。几千人而国不亡？"子皮希望通过重礼见晋新君，却因丧礼禁忌被拒绝。子皮感慨说："非知之实难，将在行之。夫子知之矣，我则不足。《书》曰：'欲败度，纵败礼。'我之谓矣。夫子知度与礼矣，我实纵欲而不能自克也。"虽然子皮带重礼是为了达到个人目的，但是，因为晋国似乎不太重视葬礼的奢华，送礼未产生效果。《成公二年》记载，宋文公卒，宋开始厚葬，"用蜃炭，益车马，始用殉。重器备，椁有四阿，棺有翰桧"。此为华元等人为显示忠诚而为。《左传》通过君子曰表达了批判态度："华元、乐举，于是乎不臣。臣治烦去惑者也，是以伏死而争。今二子者，君生则纵其惑，死又益其侈，是弃君于恶也。何臣之为？"

三　《左传》丧礼中的生命精神

丧葬是对生命终结的最后安排，应该说它是生命礼仪的组成部分。丧礼如同出生之礼、婚礼等一样，表达了人们热爱生命的态度。中国古人留恋今生，因此，他们往往将对生的留恋寄托于葬礼之中。可以说，葬礼的每个环节，都带有对生命过程的重置。比如，饭含就是希望死者含着食物离开世界，随葬品也表达了将现世拥有的一切带进死亡归属的另一个世界的愿望。对死者的哀痛中，都可以看到对现世生命的留恋。正因为这样，才有了"事死如事生"的严肃态度。在这种态度的驱使下，《左传》也表达了一种生命至上的伦理观。

一是反对人殉。如前所述，人殉是非礼无德的行为，同时也是摧残生命的行为。《左传》通过对人殉场面的描写表达了对人殉制度的批判。《文公六年》："秦伯任好卒，以子车氏之三子奄息、仲行、针虎为殉，皆秦之良也。国人哀之，为之赋《黄鸟》。君子曰：'秦穆之不为盟主也宜哉！死而弃民。先王违世，犹诒之法，而况夺之善人乎？……今纵无法以遗后嗣，而又收其良以死，难以在上矣！'君子是以知秦之不复东征也。"秦穆公因自己尚武而希望死后有武士陪伴，将秦国最优秀的三位武士兄弟作为殉葬，《左传》以"国人哀之"表达了其哀痛之情，同时借助于"君子曰"批评其"死以弃民"表达了对生命的珍惜。这种精神与后世反对以生命为殉葬品的观点是一致的。《礼记》记载，陈子车死于卫。其妻与其家大夫谋以殉葬，决定作出后告诉了陈子亢："夫子疾，莫养于下，请以殉葬。"子亢反对："以殉葬，非礼也。虽然，则彼疾当养者，孰若妻与宰？得已，则吾欲已；不得已，则吾欲以二子者之为之也。"于是没有接受陈妻的殉葬请求。《左传》的立场与当时的普遍观点是一致的。

二是对生命的呵护也表现在对遗体的尊重上。除了入殓过程的细致外，面对出使过程中的突然死亡，《左传》也强调要以礼相待。《哀公十七年》记载，楚子西、子期伐吴。陈侯派公孙贞子慰问，公孙贞子在中途死亡。随从要将尸首带入吴国都城。吴王派大宰嚭以"水潦之不时，无乃廪然陨大夫之尸，以重寡君之忧"婉拒。陈上介芊尹盖回答说：

> 寡君闻楚为不道，荐伐吴国，灭厥民人。寡君使盖备使，吊君之下吏。无禄，使人逢天之戚，大命陨队，绝世于良，废日共积，一日迁次。今君命逆使人曰："无以尸造于门。"是我寡君之命委于草莽也。且臣闻之曰："事死如事生，礼也。"于是乎有朝聘而终，以尸将事之礼。又有朝聘而遭丧之礼。若不以尸将命，是遭丧而还也，无乃不可乎！以礼防民，犹或逾之。今大夫曰："死而弃之"，是弃礼也。其何以为诸侯主？先民有言曰："无秽虐士。"备使奉尸将命，苟我寡君之命达于君所，虽陨于深渊，则天命也，非君与涉人之

过也。

除了维护陈国的尊严外，陈人强调的是"事死如事生"，"死而弃之，是弃礼也"，并以先民之言强调"无秽虐士"。魂归故里的习俗似乎在春秋时期也成为共同意识。宋国乐祁出使死于晋，宋国连续派人取回尸体。楚国连尹襄在邲之战中战死，尸体也被晋人夺走。后来楚人用被俘的晋国贵族荀罃换回连尹襄的尸体和被俘的公子谷臣。这种叶落归根的意识，与时人认祖归宗的神圣意识密切相关，也反映对生命的尊重。

伦理亲情在葬礼过程中表现得比较充分。哭丧是丧礼礼节必要的组成部分。哭丧后来有纯粹仪式化之嫌。但是，在仪式化背后，有着血缘亲情的强调。诸侯为天子而哭自然是政治化的。但亲族之人哭丧就不仅仅是一种政治姿态了。《文公十五年》记载，鲁孟伯穆卒。孟伯穆曾在为其兄迎娶莒女时将莒女据为己有，后来又流亡莒国。鲁人因此拒绝孟伯穆的尸体回鲁国，经过一番争取后，鲁国答应了叶落归根的要求，并举行了葬礼。葬礼中其原配夫人声己不愿意在其灵前哀悼，因此帷堂而哭。其兄襄仲不愿意哭灵。大夫惠伯说："丧，亲之终也。虽不能始，善终可也。史佚有言曰：'兄弟致美。'救乏、贺善、吊灾、祭敬、丧哀，情虽不同，毋绝其爱，亲之道也。子无失道，何怨于人？"襄仲终于抛尽前嫌，"帅兄弟以哭之"。显然，哭丧已经包含对生命之间的伦理情感的关注。

第十章

《左传》中的朝聘会盟之礼

朝觐赐命与聘问会盟之礼原本不是一个层级但又有一定关联的交往礼仪。在研究《左传》礼学思想的时候，将它们放在一起讨论是非常必要的。朝觐赐命原本是天子之礼，但是在春秋时期，天子之礼不再被重视，诸侯对天子的朝觐乃至天子之赐命，已经失去天子君临天下的威严，名为朝觐，实际上经常如同聘问。诸侯之间的朝聘成为频繁的外交活动。会盟成为诸侯间协调关系和解决矛盾的基本手段。霸主政治形成，霸主取代天子成为盟主，小国参与会盟实际上也具有了朝觐的意味。诸侯争霸，战争是主体。《左传》重视战争描写，但似乎又不欣赏战争。通过朝聘会盟达到和平，更为《左传》看重。朝聘和会盟之礼因此成为《左传》记事的重要内容。

一 朝觐之礼：天子之礼权威性丧失

权力关系的仪式化是礼的表现形态。中国古代权力关系集中体现在君臣关系中，这种权力关系也往往更直接地呈现于礼仪行为中。宗周时期，权力关系的礼仪已经系统化，"曲礼三千，仪礼三千"，包含了诸多对权力关系的彰显。朝觐之礼则以庄严繁复的仪式化场面显示了天子权威。

朝觐与赐命在周代属于天子之礼，赐命多为朝觐的一部分。朝觐与赐命既是国内礼，也是国际礼。诸侯与四方部落朝见天子叫朝觐，天子赐予诸侯或远方部落礼物、名分或命令为赐命。朝觐与赐命在三代以前就已经出现。在部落时代，强大部落征服四方后，被征服的部落经常朝见酋长部落，实为朝觐之源头。夏商后，朝觐赐命之礼逐渐发展，尤其是在商代，方国经常要来到商王处会盟，行觐见之礼。《诗经·商颂》就记述了商代朝觐赐命之礼的情况："昔有成汤：自彼氐羌，莫敢不来享，莫敢不来王。曰商是常！天命多辟，设都于禹之绩。岁事来辟，勿予祸适，稼穑匪解。天命降监，下民有严。不僭不滥，不敢怠遑。命于下国，封建厥福。商邑翼翼，四方之极。赫赫厥声，濯濯厥灵。寿考且宁，以保我后生。"这首诗主要写商汤征服天下的威严，四方朝觐是商王威严的表现。从氐羌这样的边缘部落开始，没有谁敢不来向商王献享的。而且，这样的朝觐被说成上天的旨意，要求四方"岁事来辟，勿予祸适"，并让他们"稼穑匪解"，抓紧农业生产。商王同时也替天监管天下，让下民时刻都懂得服从，不要懈怠和胡作非为。商王在"命于下国"的同时也"封建厥福"，这应该就是赐命了。可见朝觐和赐命在商代已经成为常例。朝觐赐命具有多种功能，一是要显示天子的权威，通过四方朝觐达到控制四方的目的。二是发号司令，传达商王的意旨。三是赏赐与分封土地。由此，朝觐和赐命就不是平等的礼仪，而是有上下尊卑的权力等级关系和天子巩固权力的政治组织的手段。朝聘赐命之礼在周代得到进一步完善。周代通过宗法关系和分封制明确了天子的中心地位。"普天之下莫非王土，率土之滨莫非王臣"，朝觐和赐命则成为表达天子与诸侯之间、中国与四夷之间关系的重要方式。朝觐属于宾礼。《周礼·春官》曰："以宾礼亲邦国。"《礼记·乐记》："朝觐，然后诸侯知所以臣；耕藉，然后诸侯知所以敬。"

宗周时期，诸侯之间也有相朝的制度。《文公十五年》："诸侯五年再相朝，以修王命，古之制也。"但是，有关史料对诸侯相朝鲜有记载。可见，朝觐天子才是宾礼的重点。诸侯朝见天子已经是常礼。《周礼·大宗伯》云："春见曰朝，夏见曰宗，秋见曰觐，秋见曰遇。时见曰会，殷见曰同。"这一说法引起过争议。《郑志》就认为："朝觐为四时通称，固觐礼亦云朝也。"[1] 但这一表述也从另一个角度说明宗周时期诸侯觐见天子之频繁。朝觐活动频繁也表明诸侯对天子的臣服和敬畏以及天子至高无上的威严。对朝觐也有一些望文生义的解释。郑玄《周礼》注云："此六礼者，以诸侯见王为文。六服之内，四方以时分来……朝犹朝也，欲其来之早。宗，勤尊也，欲其尊王。觐之言也，欲其勤之事。遇，遇犹偶也，欲其若不期而俱至。"这种解释带有汉代人的经学思维，但诸侯尊天子、勤王也是宗周时期的普遍现象。朝觐是诸侯臣服敬畏天子的仪式化表现。

---

[1] 转引自陈成国《中国礼制史》先秦卷，湖南教育出版社1991年版，第249页。

朝觐经过郊劳、朝、觐、赐命等礼仪过程。朝与觐是两个不同的核心环节。《礼记·曲礼下》曰："天子当依而立，诸侯北面见天子，曰觐。天子当宁而立，诸公东面，诸侯西面，曰朝。"宗周时期的朝觐礼仪文献多保存于《仪礼·觐礼》中。朝觐礼烦琐而有序，充分体现了宗周时期天下一统，天子统御万方的气派。

朝觐礼从郊劳开始，郊劳是宾礼，天子派出使者迎接诸侯。《仪礼·觐礼》云："王使人皮弁用璧劳"，显示礼仪规格之高。"侯氏亦皮弁迎于帷门之外"，是见面礼，也是谢恩礼，表现出彼此亲和。但是，天子之使代表了天子的尊贵与威严，在礼节上并非完全礼尚往来。在诸侯拜与揖的过程中，使者不答拜，升阶时，使者独自先升。诸侯一直处于听命领命的状态："侯氏升听命，降，再拜稽首，遂升受玉。使者左还而立，侯氏还璧，使者受。侯氏降，再拜稽首，使者乃出。"诸侯在天子使者面前是谦卑的。关于朝，仅见《礼记》记载："诸侯前朝，皆受舍于朝。同姓西面北上，异姓东面北上。"可见，朝礼是诸侯集体见天子。天子以伯父称呼同姓诸侯，以舅父称呼异姓诸侯。觐礼则是诸侯单独见天子。觐礼是朝觐之礼的重点，赐命之礼也进行于觐见礼的过程中。觐礼威恩并重，突出了亲邦国和让诸侯及"知所以臣"的功能。觐礼有时也在宗庙进行。宗庙乃是祖先神的象征，在家天下的宗法制国家，宗庙也是天子权力的神性显现。整个场面都显得威严甚至有杀气。《仪礼·觐礼》云："天子设斧依于户牖之间，左右几。天子衮冕，负斧依。"斧乃是兵器，置于天子身后衬托了天子的威严。天子在威严的气氛中，也有亲切问候："伯父实来，予一人嘉之。伯父其入，予一人将受之。"但是，对话又是间接的。对话和贡献都要通过摈者传递，显示了诸侯和天子不平等的地位。觐礼也含有述职以及问责的意味。拜见天子后，诸侯犹如一个负罪之人："乃右肉袒于庙门之东。乃入门右，北面立，告听事。摈者谒诸天子。"直到天子表示："伯父无事，归宁乃邦！"诸侯的所为才算得到天子的认可。此时，诸侯需用稽首之礼感恩于天子："侯氏再拜稽首，出，自屏南适门西，遂入门左，北面立，王劳之。再拜稽首。"一旦被认可，便可以得到天子的赐命。赐命礼是觐见礼的终结："天子赐侯氏以车服。迎于外门外，再拜。路先设，西上，路下四，亚之，重赐无数，在车南。诸公奉篚服，加命书于其上，升自西阶，东面，大史是右。侯氏升，西面立。大史述命。侯氏降两阶之间；北面再拜稽首，升成拜。大史加书于服上，侯氏受。使者出。侯氏送，再拜，傧使者，诸公赐服者，束帛、四马，傧大史亦如之。"(《仪礼·觐礼》)赐命是天子的赏赐，同时也是天子对诸侯的信任。赐命包含礼物的馈赠，也含有天子对诸侯义务的要求。赐命在一定意义上也是诸侯的领命。

朝觐礼庄重威严，同时还要祭祀天地，以明君臣身份乃与天命相关。祭祀天地要为宫设坛，《仪礼·觐礼》云："诸侯觐于天子，为宫方三百步，四门，坛十有二寻、深四尺，加方明于其上。方明者，木也，方四尺，设六色，东方青，南方赤，西方白，北方黑，上玄，下黄。设六玉，上圭，下璧，南方璋，西方琥，北方璜，东方圭。上介皆奉其君之旗，置于宫，尚左。公、侯、伯、子、男，皆就其旗而立。四传摈。天子乘龙，载大旗，象日月、升龙、降龙；出，拜日于东门之外，反祀方明。礼日于南门外，礼月与四渎于北门外，礼山川丘陵于西门外。""祭天，燔柴。祭山、丘陵，升。祭川，沉。祭地，瘗。"祭祀的意义在于将现实政治秩序和天地秩序相连接，说明现实秩序的合法性。

《左传》对朝觐天子之礼较少记录。有关史料也很少记录朝觐之礼详细过程的事例。但是，在《诗经》的有关篇章中，我们还是可以找到与《仪礼》描述相近的情形。

《韩奕》就是这样的一首诗。《韩奕》出自《大雅》。诗的内容主要是叙述年轻的韩侯入朝受封、觐见、迎亲、归国和归国后的活动。其中很多诗句是写觐见礼节的。例如："韩侯入觐，以其介圭，入觐于王。王锡韩侯，淑旗绥章，簟茀错衡。玄衮齿舄，钩膺镂钖，鞹鞃浅，鞗革金厄。"主要写韩侯朝觐天子，先献玉圭，这和《仪礼·觐礼》基本相同。然后天子向韩侯行赐礼。赐予礼物与衣着和车子有关，似有赐辂，也与《觐礼》所述礼仪相近。朝觐礼结束后，天子使者为韩侯送行："韩侯出祖，出宿于屠，显父饯之，清酒百壶。其肴维何，炰鳖鲜鱼，其蔌维何，维笋及蒲。其赠维何，乘马路车，笾豆有且，侯氏燕胥。"清酒百壶，炰鳖鲜鱼，且用礼器，燕礼隆重豪华。按照《毛诗》的说法，这首诗写的是宣王时代的事情。可见，在宗周社会晚期，朝觐天子之礼依然隆重。表明宗周社会依然存在着凝聚力和向心力。

但是，在宣王之后，朝觐天子的礼仪也因天子控制天下能力的下降而日趋减少，朝觐礼仪也不如宗周早期和中期那样规范和威严。夷王之后，天子不下堂的传统就开始松动。天子下堂见诸侯，显然表现出天子对诸侯的屈就。春秋以后，朝王不再是惯例。有记载的朝觐天子的活动屈指可数。如隐公七年，戎朝于王。鲁国君主仅有两次朝王，齐桓公一生未朝王。《左传》记载的朝王活动有隐公六年郑伯朝王。隐公四年，卫国为定州之乱吁请陈国引州吁朝王。僖公二十五年，晋国帮助天子平息王子带动乱后朝觐天子。僖公二十八年，城濮之战后晋献楚俘虏于王，得到了天子宴享、策命"出入三觐"的礼遇。同年，鲁僖公和诸侯各国朝于王所。朝觐礼仪也远离周礼的规定。朝王的目的和主题都发生了变化。宗周时期朝王的目的是尊王和增强诸侯对天子的向心力。春秋时期，朝王由对王的崇敬变为对天子的利用。一是借尊王来提高自身在宗诸侯中的威望，如僖公二十五年晋文朝王，天子蒙尘，晋国想借勤王提高在诸侯中的政治地位。狐偃言于晋侯曰："求诸侯，莫如勤王。诸侯信之，且大义也。"（《僖公二十五年》）勤王不仅得到诸侯的信任，还得了好名声。二是利用朝王作为礼仪征伐的借口。朝觐的形式也发生了变化，天子在朝觐赐命时已经失去过去居高临下的威严，诸侯在朝觐天子时也失去了过去的谦卑。葵丘之会，是齐桓公实现霸业的一次重要会盟。《僖公九年》："王使宰孔赐齐侯胙，曰：'天子有事于文武，使孔赐伯舅胙。'齐侯将下拜。孔曰：'且有后命。天子使孔曰："以伯舅耋老，加劳，赐一级，无下拜。"'对曰：'天威不违颜咫尺，小白余敢贪天子之命无下拜？恐陨越于下，以遗天子羞。敢不下拜？'下，拜；登，受。"虽然齐桓公依然不敢轻易在天子使者面前显示霸主威风，但是，天子的谦卑倒在这个过程中表现得淋漓尽致。一是齐桓公没有觐见天子请求天子对其霸主地位的承认，而是由王派使者来赐胙。二是天子使者以尊齐桓公年老为由，免除了下拜之礼。由此可以看出天子在实力不济的情况下，觐见之礼也无法重现宗周时期的威严。在力与礼之间，力成为决定礼的主要因素。晋文公是唯一朝觐天子的霸主，但是，朝觐过程中也无宗周时期的繁缛礼节，没有袒身露臂请罪的惶恐，有的是胜利者在被保护对象面前的傲慢和从容。在享礼之后，晋文公居然提出了与天子同等待遇的隧葬要求，令天子无法接受。《僖公二十五年》："晋侯朝王，王享醴，命之宥，请隧，弗许，曰：王章也。未有代德而有二王，亦叔父之所恶也。"以隧而葬是天子葬礼规格，晋文公因其成为霸主，要和天子平起平坐，僭越之心毫不掩饰。朝王实际上也带上了和天子叫板的色彩。

　　尽管朝王现象比较少罕见，但《左传》对于朝觐天子之礼也表达了肯定态度。首先是认识到尊天子在当时还有道义上的正当性，因此，对于朝天子尊礼的行为也比较重视。"晋韩宣子聘于周。王使请事。对曰：'晋士起将归时事于宰旅，无他事矣。'王闻之曰：'韩氏其昌阜于晋乎！辞不失旧。'"（《襄公二十六年》）即便是诸侯对天子礼数不够，《左传》也对其尊天子的礼节给予赞扬。《左传》反对僭越。楚庄王问鼎中原，窥伺王室，被视为非礼。主动挑战王室也视为大逆不道。晋侯在温地朝见天子，名为朝见，实为招天子会盟。《僖公二十五年》："是会也，晋侯召王，以诸侯见，且使王狩"，并认为《春秋》记以"天王狩于河阳"隐含着对"以诸侯招王"的不满。晋文公请隧同样是公然挑战天子，而周天子以礼制规矩回答也显得义正辞严，借助对天子形象的正面描写，《左传》表达了自身态度。无论是天子还是诸侯，不守朝觐之礼将被视为无礼之举。隐公六年郑伯首次朝王，但是周王未予礼遇，周桓公说："我周之东迁，晋郑焉依。善郑以劝来者，犹惧不蔇，况不礼焉？郑不来矣。"朝觐被视为重新凝聚诸侯的手段。关注周不礼诸侯造成的冲突，反映了《左传》对于天子不守朝觐之礼的批评。

二 霸主政治环境中的朝聘之礼

尽管《左传》对于天子层面的朝觐赐命之礼依然持尊重态度，但是，天子之礼随着天子地位的衰落而不再产生凝聚力也是客观现实。在政治重心转向诸侯的时候，诸侯之间的交往更加频繁。诸侯之间朝聘之礼受到普遍重视。

朝聘在古代有多重意思。诸侯见天子称为朝，诸侯之间相见也称为朝，朝也指臣子见国君。在春秋，诸侯相朝几乎取代了诸侯朝觐天子。此时，朝的含义多用于诸侯间的相见。同时，诸侯经常派遣使者到他国表达问候或传递信息，这一活动被称为聘礼。《礼记·曲礼》："诸侯使大夫问于诸侯曰聘。"朝聘便成为诸侯间相互敦睦的外交礼仪。

如前所述，诸侯间的朝聘制度在春秋以前就已经产生。朝聘的目的就是为了诸侯间相互敦睦。《礼记·聘礼》："天子制诸侯，比年小聘，三年大聘，相厉以礼。使者聘而误，主君弗亲飨食也。所以愧厉之也。诸侯相厉以礼，则外不相侵，内不相陵。此天子之所以养诸侯，兵不用而诸侯自为正之具也。"天子制诸侯，通过"相厉以礼"增强凝聚力，诸侯之间通过"相厉以礼"，实现"外不相侵，内不相陵"，这种天子时代的礼仪在春秋时期也发挥着重要作用。但是，春秋时期的朝聘与宗周时期的朝聘已经发生很大变化。一是如前所述，诸侯朝天子已经不是常礼。二是诸侯间的朝聘也并非依照古制比年小聘，三年大聘。此规矩也时有实行。如文公十五年夏，曹国国君朝鲁，《左传》说："曹伯来朝，礼也。诸侯五年再相朝，以修王命，古之制也。"（《文公十五年》）但这样依照古制的常规性和礼节性的朝聘并不普遍。朝聘带有较大的随机性和选择性，朝聘活动往往发生在利益相关的国家之间。三是朝聘的不对等性。按照礼尚往来的原则，诸侯之间朝聘应该是相互的，一国朝聘完成后，被朝聘的国家应当还礼，以表示平等和尊重。朝聘之礼重视礼尚往来，这也在《左传》中得到充分肯定。"公至自晋，晋范宣子来聘，且拜朝也。君子谓晋于是乎有礼。"（《成公十八年》）但是，春秋时期，往往是小国朝聘大国多，大国还礼比较少。如齐、陈、蔡、北燕、胡、沈等六国君曾一起聘问晋平公，鲁君聘问晋君有12次，鲁国聘问齐国也非常频繁，但都没有相应的回报。相对于其他周边小国，鲁国又是大国，因此，在鲁国朝聘大国的时候，也接受小国的朝聘。鲁国君主先后受到滕、纪、杞、邾、小邾、曹、郯、薛、穀、鄫、邓等小国君主的聘问，但也很少回访之举。四是朝聘之礼基本上不再遵守宗周时期的宗法等级秩序，以强弱决定朝聘礼仪规格，强者为尊取代了宗周时期的宗法伦理等级。在朝聘内容上，有人曾经将朝聘的目的分为六种。一是诸侯新君即位有朝聘之举。《襄公五年》："夏，郑子国来聘，通嗣君也。"《文公元年》："穆伯如齐，始聘焉，礼也。凡君即位，卿出并聘，践修旧好，要结外授，好事邻国，以卫社稷，忠信卑让之道也。"二是婚丧灾变的相互慰问；三是诸侯间相互回访；四是请求军事政治经济援助；五是为结成军事政治同盟；六是寻盟，即有盟约之后定期或不定期地会面，以巩固盟约。在这里，前三项是古礼中所有，后三项则是在周天子失去对天下控制的情况下产生的。寻求援助、结盟和寻盟体现了天下无王状况下诸侯寻求自保或自强的独立选择，与天子基本没有关系。即使有时也请求天子批准，也是为了获得尊王的美名。而新君即位朝贺、婚丧嫁娶时候的聘问以及礼尚往来的回访，都具有选择性。葬楚康王时，鲁、陈、郑、许等国国君送葬，至郢都西门之外，各国大夫还送葬至墓地，可见葬礼是很隆重的（《襄公二十九年》）。这种多层次的朝聘现象已经不再是宗周时期依照宗法伦理展开，而是多以力量强弱的逻辑进行。同时，这种不平等关系中还包含利益的不平等。在霸主政治的逻辑下，原来诸侯对天子的朝贡关系也变相地转移到霸主身上，朝聘之礼中就包括了朝贡的内容。弱国如果不朝聘强国，强国就给予惩罚。宣公七年记载："晋侯之立也，公不朝焉，又不使大夫聘。晋人止公于会"，即为此例。因此，春秋时期的朝聘之礼带有鲜明的政治功利性和强权政治色彩。

对于霸主政治下的朝聘之礼的变化，《左传》一方面强调宗周社会以来制定的朝聘之礼的规矩，另一方面也采取实用主义的态度，不再强调朝聘的对等性，在"践修旧好，要结外援，好事邻国"的口号下，重视的是要结外援。无论是小国间的相互朝聘还是弱国对强国、小国对大国的朝聘，《左传》看重的是朝聘之礼怎样才能使得诸侯在生存竞争中获得有利地位。朝聘礼对小国自存和强国独大的意义突出了。同时，朝聘过程中，朝聘者自身的能力和手段具有至关重要的作用。在这种情况下，礼尚往来已经不切实际，在礼仪行为中相互尊重倒成为可行的要求。尊与不尊成为礼与非礼的重要标志。《左传》因此塑造了众多行人形象，体现了以礼相尊的意义。

以礼仪相尊表现于朝聘过程中具体环节上的敬与让。诸侯之间以礼相待，实现"内君臣不相陵，而外不相侵"。《仪礼·聘礼》具体描述了聘礼的具体环节。聘礼过程由迎接、郊劳、贿赠、君主燕享等礼节组成。"君使士迎于竟，大夫郊劳，君亲拜迎于大门之内而庙受，北面拜贶，拜君命之辱，所以致敬让也。""三让而后传命，三让而后入庙门，三揖而后至阶，三让而后升，所以致尊让也。卿为上宾，大夫为承摈，士为绍摈。君亲礼宾，宾私面、私觌、致饔饩、还圭璋、贿赠、飨食燕，所以明宾客君臣之义也。"这种礼节性的敬让对于改善诸侯之间的关系具有重要意义："敬让也者，君子之所以相接也。故诸侯相接以敬让，则不相侵陵。介绍而传命，君子于其所尊弗敢质。敬之至也。"（《礼记·聘礼》）礼仪上的敬与让也是《左传》关注的重点。

《文公十二年》记载，秦伯使西乞术聘问鲁国。在献礼过程中，辞让精神在仪式中表现得很充分："襄仲辞玉曰：'君不忘先君之好，照临鲁国，镇抚其社稷，重之以大器，寡君敢辞玉。'对曰：'不腆敝器，不足辞也。'主人三辞。宾客曰：'寡君愿徼福于周公、鲁公以事君，不腆先君之敝器，使下臣致诸执事以为瑞节，要结好命，所以借寡君之命，结二国之好，是以敢致之。'襄仲曰：'不有君子，其能国乎？国无陋矣。'"
《昭公二年》也记载了鲁叔弓出使晋国，这也是对敬与让的一次践行：
"叔弓聘于晋，报宣子也。晋侯使郊劳。辞曰：'寡君使弓来继旧好，固
曰："女无敢为宾！"彻命于执事，敝邑弘矣。敢辱郊使？'请辞。致馆。
辞曰：'寡君命下臣来继旧好，好合使成，臣之禄也。敢辱大馆？'"敬与
让表现出相互之间的以礼相尊。首先是晋国对于鲁国行人表现出尊敬。晋
由国君派礼宾使者举行郊劳之礼迎接客人，鲁行人则称"无敢以为宾"
并非拒绝，而是以谦卑之态展现一种胸怀，是另一种通融和尊重。因此，
《左传》借叔向的话赞扬了这种以礼相尊的姿态："子叔子知礼哉！吾闻
之曰：'忠信，礼之器也。卑让，礼之宗也。'辞不忘国，忠信也。先国
后己，卑让也。《诗》曰：'敬慎威仪，以近有德。'夫子近德矣。"在
《左传》看来，敬是无条件的。《左传》昭公六年："韩宣子适楚也，楚人
弗逆。公子弃疾及晋竟，晋侯弗逆。叔向曰：'楚不辟，我衷，若何效
辟？'晋侯说，乃逆之。"迎接是尊礼，不迎接是不尊礼。尊礼是合乎道
义的，因此，不能因为对方非礼就以其人之道还治其人之身。体现了礼高
于一切的精神。《昭公三年》："小邾穆公来朝。季武子欲卑之，穆叔曰：
'不可。曹、滕、二邾，实不忘我好，敬以逆之，犹惧其贰。又卑一睦，
焉逆群好也？其如旧而加敬焉！'《志》曰：'能敬无灾。'又曰：'敬逆
来者，天所福也。'"

　　敬与让也包含对于等级关系的维护与尊重。《左传》对于君臣等级和
宗法伦理一直持肯定态度。在霸主政治的环境中，因强弱而打乱等级秩序
的行为时常在朝聘过程中发生。因此，捍卫等级的尊严就十分必要。
"夏，晋士鞅来聘，叔孙为政。季孙欲恶诸晋，使有司以齐鲍国归费之礼
为士鞅。士鞅怒，曰：'鲍国之位下，其国小，而使鞅从其牢礼，是卑敝
邑也。将复诸寡君。'鲁人恐，加四牢焉，为十一牢。"（《昭公二十一
年》）《襄公七年》："卫孙文子来聘，且拜武子之言，而寻孙桓子之盟，
公登亦登。叔孙穆子相，趋进曰：'诸侯之会，寡君未尝后卫君，今吾子
不后寡君，寡君未知所过。吾子其少安。'孙子无辞，亦无悛容。"这种
对尊者不能礼让的姿态是对尊者不尊的表现。因此，鲁大夫穆叔说："孙
子必亡，为臣而君，过而不悛，亡之本也。诗曰：'退食自公，委蛇委
蛇'，谓从者也，衡而委蛇必折。"孙文子未能以君臣之礼行事，竟然
"公登亦登"，且在别人的告诫面前"亦无悛容"，被认为"必亡"。别君

臣的意义被上升到决定生死的高度。

《成公十二年》记载，晋郤至出使楚国。楚国给予高规格接待。"楚子享之，子反相，为地室而县焉。"就是在地室中准备了音乐活动。郤至登台的时候，忽闻"金奏作于下"，于是"惊而走出"。郤至的解释是："君不忘先君之好，施及下臣，贶之以大礼，重之以备乐。如天之福，两君相见，何以代此。下臣不敢。"依杨伯峻解释，金奏就是用大钟金镈奏九种夏乐，先击钟镈，再击鼓磬。杨伯峻认为此当为九夏当中的肆夏。肆夏本为天子享诸侯用乐，至春秋为诸侯相见所用。① 因此，郤至不敢承受。他一直坚持到天快黑的时候，楚人认为晋楚国君只能在战场上相见，坚持用金奏。子反曰："如天之福，两君相见，无亦唯是一矢以相加遗，焉用乐？寡君须矣，吾子其入也！"在子反的逼迫下，郤至被迫让步，但是依然表达了自己的立场：

> 若让之以一矢，祸之大者，其何福之为？世之治也，诸侯间于天子之事，则相朝也，于是乎有享宴之礼。享以训共俭，宴以示慈惠。共俭以行礼，而慈惠以布政。政以礼成，民是以息。百官承事，朝而不夕，此公侯之所以扞城其民也。故《诗》曰："赳赳武夫，公侯干城。"及其乱也，诸侯贪冒，侵欲不忌，争寻常以尽其民，略其武夫，以为己腹心股肱爪牙。故《诗》曰："赳赳武夫，公侯腹心。"天下有道，则公侯能为民干城，而制其腹心。乱则反之。今吾子之言，乱之道也，不可以为法。然吾子，主也，至敢不从？

《左传》对这段记载并没有直接发表看法。但从情节上看，显然是楚国逼迫郤至接受这种带有僭越色彩的燕享。楚国一贯轻视中原尊王的礼乐文明，晋作为中原大国，不愿违背礼乐规则。一般燕享之礼从早晨开始持续到中午就算结束，郤至僵持到"日暮"，这种坚持和拒绝说明礼乐尊卑等级的重要性，而楚国坚持使用金奏之乐，不仅违礼，而且也缺少对晋国的尊重，实际上也表明楚国不愿意和晋国以礼相尊，其礼仪虽隆重但隐藏着不敬之心。范文子评价说："无礼必食言。"

以礼相尊不仅是遵守礼法规范，同时也要对朝聘者予以尊重。执行朝

---

① 杨伯峻：《春秋左传注·成公十二年》，中华书局 1990 年版。

聘的有国君，但卿大夫作为行人进行朝聘者居多。朝聘过程中尊重朝聘者是对他国的尊重，轻慢行人使者的行为都是非礼。《左传》中，对朝聘者不敬的行为时常出现。主要表现为扣押和囚禁他国行人，甚至是国君，对朝聘者进行人格羞辱，在礼节上轻慢等。昭公二十三年，鲁国叔孙诺出使晋国，晋人执之。《春秋》经记载曰："晋人执我行人叔孙婼。"《左传》解释说是"言使人也"。就是说，行人作为使者，不应该被囚禁，囚禁就是非礼。《宣公七年》："晋侯之立也，公不朝焉，又不使大夫聘。晋人止公于会。"楚国是扣留朝聘者较多的国家，扣留过郑国使者，还扣留过唐、蔡等国国君。《昭公四年》："许男如楚，楚子止之，遂止郑伯。"昭公五年，徐太子仪楚聘楚，楚灵王以徐亲吴，拘执仪楚。《定公四年》："蔡昭侯为两佩与两裘以如楚，献一佩一裘于昭王。昭王服之，以享蔡侯。蔡侯亦服其一。子常欲之，弗与，三年止之。""唐成公如楚，有两肃爽马，子常欲之，弗与，亦三年止之。"这在礼乐文明时代几乎是不可能。对于这样扣留朝聘者的行为，《左传》皆以为非礼。叔孙婼被扣，《左传》通过叔孙诺与晋人不卑不亢的周旋和视死如归的精神间接地表达了对晋人的批评。唐成公和蔡昭侯被臣子解救后，也表达了对楚国的仇恨和厌恶，这在《左传》中也得到正面描写："蔡侯归，及汉，执玉而沈，曰'余所有济汉而南者，有若大川！'"羞辱行人在《左传》中皆被视为非礼。朝聘中有大国甚至敢于加害朝聘者，《昭公十一年》记载，楚国召蔡灵侯。有人劝说灵侯："王贪而无信，唯蔡于感。今币重而言甘，诱我也，不如无往。"蔡灵侯惧楚怒，应召而去，结果在申地就被楚王派人杀死。楚国对朝聘者的非礼多基于其称霸野心，行事不加掩饰，在《左传》中得到的多为负面描写。对朝聘者进行人格侮辱也是朝聘经常发生的非礼行为。《宣公十七年》记载，晋侯使郤克征会于齐，"齐顷公帷妇人，使观之。郤子登，妇人笑于房。献子怒，出而誓曰：'所不此报，无能涉河。'"郤克中断了行程，提前回国，请求率军讨伐齐国。虽未如愿，但也为鞌之战埋下伏笔。《左传》将鞌之战齐国的惨败和此事联系在一起，说明朝聘中以礼相敬不单是礼节问题，偶然的礼节过失可以给国家带来危害。

　　朝聘属于国际性交往，需要周边国家配合并提供方便。这就涉及其他国家的主权问题。对于朝聘行人，途经国也应给予足够的礼遇。《襄公三十一年》："北宫文子相卫襄公以如楚，宋之盟故也。过郑，印段廷劳于棐林，如聘礼而以劳辞。文子入聘。子羽为行人，冯简子与子大叔逆客。事毕而出，言于卫侯曰：'郑有礼，其数世之福也，其无大国之讨乎！《诗》曰："谁能执热，逝不以濯。"礼之于政，如热之有濯也。濯以救热，何患之有？'"

假道是朝聘中必有的礼节。假道在《左传》中也被纳入礼的范畴。《成公八年》："晋侯使申公巫臣如吴，假道于莒，"属于以礼行事。《定公六年》："公侵郑，取匡，为晋讨郑之伐胥靡也。往不假道于卫；及还，阳虎使季、孟自南门入，出自东门，舍于豚泽。卫侯怒，使弥子瑕追之。"不假道显然伤及国家尊严，因此，曹为小国也要怒而追之。不假道遭受他国报复也在情理之中。对于在假道问题上捍卫国家尊严行为的，《左传》的描写都是赞许性的。《宣公十四年》："楚子使申舟聘于齐，曰：'无假道于宋。'亦使公子冯聘于晋，不假道于郑。申舟以孟诸之役恶宋，曰：'郑昭宋聋，晋使不害，我则必死。'王曰：'杀女，我伐之。'见犀而行。及宋，宋人止之，华元曰：'过我而不假道，鄙我也。鄙我，亡也。杀其使者必伐我，伐我亦亡也。亡一也。'乃杀之。"楚王明令申舟不假道，是蓄意制造事端，意在为伐宋寻找借口。宋人知道楚王的用心，但是因为不假道是"鄙我也"，因此，在明知楚要亡宋的后果的情况下，依然以杀死申舟报复，表现出国家尊严高于一切的精神。

朝聘的主体是朝聘者，朝聘是否合乎礼和朝聘的效果取决于朝聘者的表现。春秋时期，进行外交活动的主要是行人。各国对行人的要求很高。行人不仅要熟悉外交事务，还要能言善辩，遵守礼法。《左传》对朝聘者尊礼、守礼并以此捍卫国家利益、恪守职责的行为给予褒扬，塑造了许多杰出的朝聘者尤其是行人的形象，体现了行于四方，不辱使命的行人精神。

《襄公三十一年》记载，郑子产陪郑伯到晋国朝聘。晋国国君借口鲁国国君病故而拒绝见郑伯。致使郑国君臣在馆舍中等待多日。子产对晋国的无礼予以坚决反击，"使尽坏其馆之垣而纳车马"。晋士文伯责备子产，曰："敝邑以政刑之不修，寇盗充斥，无若诸侯之属辱在寡君者何？是以令吏人完客所馆，高其闳闳，厚其墙垣，以无忧客使。今吾子坏之，虽从者能戒，其若异客何？以敝邑之为盟主，缮完葺墙，以待宾客，若皆毁之，其何以共命？"子产回答说：

以敝邑褊小，介于大国，诛求无时，是以不敢宁居，悉索敝赋，以来会时事。逢执之不间，而未得见，又不获闻命，未知见时，不敢输币，亦不敢暴露。其输之，则君之府实也，非荐陈之，不敢输也。其暴露之，则恐燥湿之不时而朽蠹，以重敝邑之罪。侨闻文公之为盟主也，宫室卑庳，无观台榭，以崇大诸侯之馆。馆如公寝，库厩缮修，司空以时平易道路，圬人以时塓馆宫室。诸侯宾至，甸设庭燎，仆人巡宫，车马有所，宾从有代，巾车脂辖，隶人牧圉，各瞻其事，百官之属，各展其物。公不留宾，而亦无废事，忧乐同之，事则巡之，教其不知，而恤其不足。宾至如归，无宁灾患？不畏寇盗，而亦不患燥湿。今铜鞮之宫数里，而诸侯舍于隶人。门不容车，而不可逾越。盗贼公行，而天厉不戒。宾见无时，命不可知。若又勿坏，是无所藏币，以重罪也。敢请执事，将何以命之？虽君之有鲁丧，亦敝邑之忧也。若获荐币，修垣而行，君之惠也，敢惮勤劳？

　　子产的目的是表达对晋国怠慢无礼的不满。但他没有直接说，而是从小国和大国的关系入手，言明小国向大国贡不易，晋国怠慢让自己的贡礼暴露，难以尽小国的义务。然后直奔主题，以晋文公做盟主时期对朝聘者周全的礼遇对比，说明晋国的无礼，有理有据，使得晋国被迫改变态度，承认错误，晋国主政者赵文子说："信！我实不德，而以隶人之垣以赢诸侯，是吾罪也。"并派士文伯道歉，晋侯也见郑伯，并有加礼，且"厚其宴好而归之"，还特意筑诸侯之馆，提高了郑国的威望。子产争礼表现出极高的胆识和智慧，不仅维护了礼，也维护了郑国的尊严。《左传》借此也说明了行人在霸主政治环境下具有的重要作用。

　　《昭公二十三年》记载，鲁国与邾国发生战争，邾人诉于晋，晋讨伐鲁。鲁国派叔孙婼到晋国，被晋国软禁。晋人让他和邾大夫坐在同一位置上，叔孙婼按照诸侯等级之礼加以拒绝："列国之卿，当小国之君，固周制也，邾又夷也，寡君之命介子服回在，请使当之，不敢废周制故也。"捍卫了鲁国的地位。大国执政者向小国行人索贿当时已经很常见。晋执政范献子向叔孙婼索贿。先向其索要冠，叔孙婼并没有按范献子的要求让其满足。为解救叔孙婼，鲁派人带着礼物到晋国准备行贿，但是被叔孙婼制止了。晋人又索要叔孙婼的狗，叔孙婼将狗杀掉，把狗肉送给他们。叔孙婼行不改步，坐不改色，每天将所住馆舍打扫如新，就是不向晋人妥协。

晋人自知理亏，最后找个台阶把叔孙婼放了。叔孙婼将国家尊严放在个人安危和利益之上，其精神成为行人典范。

行人精神还表现在尽职尽责上。聘问完成后，行人要回国复命。但是，有的行人在出使过程中遇到了国内政治变动，或无法回国，或者回去有生命危险。很多行人还是在危难之际履行复命的职责。《宣公四年》："楚灭若敖氏，其孙箴尹克黄使于齐，还，及宋，闻乱。其人曰：'不可以入矣。'箴尹曰：'弃君之命，独谁受之？君，天也，天可逃乎？'遂归，复命而自拘于司败。"《宣公十八年》记载，鲁遂逐东门氏。属于东门氏的子家出使晋国，回国途中，听到消息，到国境后，"坛帷，复命于介。既复命，袒、括发，即位哭，三踊而出"。然后出奔齐国。《春秋》经曰"归父还自晋"。《左传》解释说这是"善之也"。

三　会盟：盟以立信与盟以守礼

盟与会是不同的两个概念。盟是一种较为古老许诺方式。盟因何而起，尚难作定论。但就其基本内容看，盟是人们以仪式化的方式向其他对象主体发出的许诺，或者是两个或多个主体间的相互许诺。这种许诺不仅是人与人之间的许诺，也有人对天的许诺。因为主体间的许诺要通过对天起誓才能生效，因此具有不可背约的神圣性。《礼记·曲礼》："约信曰誓，莅牲曰盟。"《说文》认为盟是"割牛耳盛朱盘，取其血歃于玉敦"。只要是不同主体间歃血对天明誓都可以称之为盟。根据《左传》记事，私人之间、国家之间和社会群体之间都可能通过盟的方式达成一致意见或承诺。《庄公三十二年》："公筑台临党氏，见孟任，从之。闭，而以夫人言许之。割臂盟公。"此为私人盟誓。《定公六年》云："阳虎又盟公及三桓于周社，盟国人于亳社，诅于五父之衢。"则是陪臣与大夫盟誓。会是会同，最初是古代天子召见诸侯的通称。《周礼·春官·大宗伯》："时见曰会，殷见曰同。"会同期间，天子与诸侯之间达成的共识或相互承诺，往往通过盟誓的方式确定和落实。《周礼·司盟》："凡邦国有疑会同，则掌其盟约之载，及其礼仪，北面谓明神。"可见会盟是一种发生在政治组织间的承诺和应答的仪式。

关于盟誓的形成过程，中山大学吴承学曾做简练的概括："盟誓制度从萌芽到形成，应该经过了一个相当长的历程。盟誓是从原始的诅誓咒语分化出来而独立的。最早应用于日常生活的个体与个体之间，以后才逐渐应用于氏族与氏族、部落与部落之间，他们出于某些目的而缔结各种协议，为了互相取信，唯一可行的方式是对神灵作出遵守诺言的保证。盟誓的出现，是基于人们对于神祇的共同敬畏。只有这样，神祇才可能成为各方所承认的见证人和监督者。盟誓的核心内容就是对不守信者，将由神祇加以惩罚，降下灾难。盟誓的威慑力，正是基于当时人们对于神灵共同的崇拜与敬畏观念，盟誓给参盟者造成一种巨大的约束力与心理压力。"①从盟誓活动的历史看，随着人类社会化的不断增强，会盟成为影响社会生活的重要活动。在原始社会，部落社会为了打击敌人，经常与其他部落联合成为一个军事团体。黄帝、炎帝实际上就是军事盟主。《哀公七年》有"禹合诸侯于涂山，执玉帛于万国"，合诸侯便是召集诸侯会盟。夏商时期都是以部落为基本单位的方国组合的社会，天子召集诸侯会盟当是统治天下不可缺少的方式。《昭公四年》："夏启有钧台之享，商汤有景亳之命"，即是其会盟天下的证明。周灭商也是借助了会盟。武王会 800 诸侯取得了伐纣的胜利。而商的灭亡，也因其所属部落成员的背叛。宗周获得天下后，天子成为天下最大盟主，会盟也主要发生在天子与诸侯之间。清人金鹗认为，会盟之礼有四，一是王将有征讨，需会一方诸侯。二是王不巡狩，四方诸侯皆会京师，三是王巡守四方，会诸侯于方岳，四是王有巡守，而殷国诸侯会于近畿。②诸侯间会盟也是经过天子认可才能进行的。《昭公十三年》："明王之制，使诸侯岁聘以志业，间朝以讲礼，再朝而会以示威，再会而盟以显昭明。"《昭公三年》："令诸侯三岁而聘，五岁而朝，有时而会，不协而盟。"可见，在宗周时期，会盟之礼形成了天子号令天下和天下咸归天子的王者气象。

春秋时期，会盟之礼发生了根本性的变化。国家间的纷争不断，诸侯交替称霸，这使得政治谈判和军事结盟活动日益频繁，诸侯会盟成为春秋会盟的主流。宗周时期诸侯会盟尚有一定规则，如"国有疑则盟，诸侯再相与会，十二岁一盟"。但春秋时期会盟则完全被政治利益和需求所左

　　① 吴承学：《中国古代文体形态研究》，中山大学出版社 2000 年版。
　　② 金鹗：《求古录礼说·会同考》，见《王先谦．清经解续编》卷 675，上海书店 1988年版。

右。《左传》记录的会盟活动反映了春秋时期会盟的基本状况和在不同历史阶段会盟活动的发展态势。春秋会盟从组织形式上看，可分为诸侯自由组织和霸主强国号令两种形式。早期会盟以少数诸侯国家的自主会盟为主，此中当然有强国号令的情况。霸主政治形成后，会盟多以霸主号令为主。另外还有强国之间的求和之盟。自主会盟主要是解决诸侯之间的利益冲突，或者通过有限结盟形成互保机制，也有类似郑国小霸主邀集诸侯讨伐与其对抗的国家，提升自己的威望和实力的。召陵之盟之前，诸侯会盟自由选择性较强。召陵之盟后，霸主政治格局形成，会盟也多为大国发号施令的平台。

春秋时期有记录的会盟活动多达 400 余次。如此频繁的会盟，是天下不稳定和诸侯之间相互侵伐和相互斗争的结果，也和春期时期的社会政治结构有关。春秋时期，虽然周天子权威不再，但是分封制的格局依然存在。这是因为虽然出现了列国争霸、弱肉强食的局面，但是，人们在观念上依然以宗周时期的分封制度为正宗，以姓立国的状态依然存在，诸侯国国民具有较强的排他性，在一定程度上限制了强国对弱国的吞并。再加上春秋时期尚无一个强国能够彻底征服天下，霸主只能称霸一方，列国并存是天下的基本格局。在这种格局下，诸侯之间、诸侯和霸主之间的矛盾不断发生，不得不通过会盟解决问题。会盟活动本身也反映了诸侯列国之间的深刻矛盾和人们借助于会盟解决矛盾的渴望。这种渴望可以从会盟盟誓行为的严厉性增强中看出。盟分为盟、誓、诅三个基本环节，盟即是达成约定。誓就是对天神发誓，表示对盟约的遵守。诅是带有惩罚性咒语，即通过诅咒的方式让某人或某团体受到惩罚。许多历史学者都有这么一个看法，即在春秋以前，只有盟誓，没有诅。甚至有人认为只有盟，没有誓和诅。《谷梁传·隐公八年》："诰誓不及五帝，盟诅不及三王，交质子不及二伯。"范宁注："五帝之世，道化淳备，不须诰誓而信自着。"范宁说："夏后有钧台之享，商汤有景亳之命，周武王有盟津之会，众所归信，不盟诅也。"①"二伯"指齐桓公、晋文公。在春秋以后，诸侯间已经互不信任，因此便有了盟誓，甚至有诅。范宁说："世道交丧，盟诅兹彰，非可以经世轨训，故存日以记恶。盖春秋之始也。"这里，对春秋时期诸侯国之间的不信任的描述是正确的。但是认为春秋以前社会是众所归信，而春

---

① 《十三经注疏》，中华书局影印阮元刻本 1980 年版，第 2370 页。

秋后才出现相互不信任，也过于武断。事实上，会盟就是因为防止分歧或者弥合分歧才会出现的，盟礼就是因不信任而产生，盟誓则是为了增强信任的手段。三代乃至三代以前，先民对于鬼神的信任达到了信仰程度，因此负责沟通天人的巫史才在日常生活和政治生活中发挥着重要作用。人们进行重大活动都要向上天报告。会盟也是如此。会盟中的盟誓活动带有通过天神防止背盟行为出现的意味。因为，即使在三代，人们也难以做到完全诚信。对天发誓的同时也是对人的警告。诅在三代时就可能存在，只是没有春秋以后正式而已。所谓三代以前会盟无诅的说法，实际上和汉儒美化三皇丑化春秋的观点一脉相承。但它也说明了诅在会盟之礼中的特殊意义。春秋以后，会盟中出现的诅增多，在《左传》中直接记载的就有20余次，这说明诸侯间的不信任的确变得严重了。盟誓的诅词也格外严厉，都是亡国灭族的恶诅咒。《襄公二十一年》记载，范宣子曰："不慎，必失诸侯。诸侯道敝而无成，能无贰乎？"乃盟，载书曰："凡我同盟，毋蕴年，毋壅利，毋保奸，毋留慝，救灾患，恤祸乱，同好恶，奖王室。或间兹命，司慎司盟，名山名川，群神群祀，先王先公，七姓十二国之祖，明神殛之，俾失其民，队命亡氏，踣其国家！"《襄公十年》，晋合诸侯伐郑，使叔肸告诉诸侯。公使臧孙纥在盟誓中表态："凡我同盟，小国有罪，大国致讨，苟有以藉手，鲜不赦宥。寡君闻命矣。"此为对盟词的回应，但也有诅词的味道。《僖二十八年》记载王子虎盟诸侯于王庭，辞曰："皆奖王室，无相害也！有渝此盟，明神殛之！俾队其师，无克祚国，及而玄孙，无有老幼！"诅礼正是将前代已有的会盟中诅咒之礼进一步延伸和强化了。这种强化说明春秋列国对于通过会盟解决问题的期待。

《左传》也重视会盟活动，它对国家会盟记录也近400次。其对会盟作用的评价也是正面的。比如，诸侯会盟可谓改变体制的大事，《春秋》给予慎重记载。《隐公八年》："秋七月庚午，宋公、齐侯、卫侯盟于瓦屋。"《穀梁传》解释说："外盟不日，此其日何也？诸侯之参盟于是始，故谨而日之也。"《左传》对于这种盟主换位的现实并不感到意外，而是以极其平静的态度记录了各种会盟，并未对诸侯会盟天子缺席的现象予以批评。但《左传》在正面评价会盟行为的同时，并不在意会盟之礼对人的约束力，甚至对于其效果抱以怀疑态度，因为《左传》更重视人对盟约的遵守以及真诚态度。一是强调盟以周信，二是强调盟以守礼。

信是盟礼的核心问题。盟礼中盟誓乃至诅都是为了保证对约定的遵守。《礼记·曲礼下》云："约信曰誓，莅牲曰盟。"孔颖达对盟之法的基本步骤进行了描述："先凿地为方坎，杀牲于坎上；割牲左耳，盛以珠盘；又取血，盛以玉敦。用血为盟书成，乃歃血而读书。"（孔颖达《十三经注疏》）歃血就是将牲口血涂在嘴上以表诚意。血与生死相关，可见这种誓礼带有以生命为信用保证的意味。而神在古代被认为是世界的主宰者，一旦对神发出保证，就具有至高无上的约束力。盟书是歃血为盟时对上天发誓的誓词。盟词的内容包含两个部分，一是保证的内容，二是对保证做出的承诺，这种承诺是直接对天神保证自己承担的责任。孔颖达说："杀牲歃血，告誓神明，若有背违，欲令神加殃咎，使如此牲。"《尚书·无逸》："民否则厥心违怨，否则厥口诅祝。"孔颖达疏云："诅祝谓告神，明令加殃咎也。以言告神，谓之祝；请神加殃，谓之诅。"《礼记》："作盟诅之载辞，以叙国之信用，以质邦国之剂信。"《毛传》曰："民不相信则盟诅之。"《左传》中盟誓之词也常有"犹如此盟"的誓言。盟书不仅要埋入坎中，还要将之藏于司盟之府。《周礼·秋官·大司寇》："凡邦之大盟约，莅其盟书，而登之于天府，大史、内史、司会及六官，皆受其贰而藏之。"就是要将对天起誓的诺言作为凭证，让世人和后世知道。诚信历来就是盟礼的根本，也是盟礼的意义所在。盟礼的这一系列制度是为了增强对会盟信用的外在约束力。但是，春秋时期，远天道重人事已经成为潮流。虽然人们依然对神有所敬畏，但是已经不再依赖神。关键是没有多少人相信神的惩罚功能，加之伦理失范带来了野心的不断膨胀，弃神背盟的现象不断发生。因此，对于盟礼的遵守，还取决于人的自觉。《左传》不断强调信与盟的关系。《成公十一年》："齐盟，所以质信也。"《襄公九年》："盟誓之言，岂敢背之。"《昭公十六年》："世有盟誓，以相信也。"《哀公十二年》："盟所以周信也，故心以制之，玉帛以奉之，言以结之，明神以要之。寡君以为苟有盟焉，弗可改也已。"

　　而盟之信则取决于会盟主体对盟约的遵守。诚则是遵盟的基本精神，无诚难以有信。诚是建立在共同目标的基础之上的。《昭公十六年》："同盟者何？同欲也。"彼此离心离德难以结成同盟。《成公十一年》记载，秦晋两国在令狐会盟，以缔结两国的和平。晋侯先至，秦君却不肯过河，只是派使者到河东来与晋侯进行盟礼，晋只好派郤犫与秦伯在河西进行盟礼。两个大国会盟，谁都不愿意到约定的地点会盟。盟礼未行便丧失诚意，因此难以"质信"，已经违背盟礼的基本程序。主要原因还是秦晋之间存在的隔阂太重，秦国始终想对晋国施加武力，对于会盟没有诚意。晋范文子说："是盟也，何益，齐盟，所以质信也，会所信之始也，始之不从，其何质乎？"果然，秦君归国后便背盟。《哀公十二年》记载，吴王派大宰否来鲁国寻盟。寻盟是为了让盟约持续下去，通过相互聘问来重温盟约的活动。但是吴国这次寻盟不是为了友谊，而是为了让鲁国增加一百头牛的贡赋。鲁国无法承担。鲁哀公不愿意接受寻盟，就派子贡回话："盟，所以周信也，故心以制之，玉帛以奉之，言以结之，明神以要之。寡君以为苟有盟焉，弗可改也已。若犹可改，日盟何益？今吾子曰'必寻盟'，若可寻也，亦可寒也。"吴国此时是鲁国霸主，随意违背原先约定要增加小国贡赋，是私自改盟，缺少对盟约的尊重，而且还以"必寻盟"强令鲁国，缺少尊重。因此，子贡认为这样的盟"可寒"。因此，历史上将终结盟约也称为"寒盟"。鲁国拒绝寻盟正是吴国缺少诚意所致。

《左传》强调会盟过程中小国对大国的诚信。《成公元年》记载："晋侯使瑕嘉平戎于王，单襄公如晋拜成。刘康公徵戎，将遂伐之。叔服曰：'背盟而欺大国，此必败。背盟，不祥；欺大国，不义；神人弗助，将何以胜？'不听，遂伐茅戎。三月癸未，败绩于徐吾氏。"已经和晋国约定和平解决王室和戎人的冲突，刘康公却准备攻打戎人，违背了盟约，欺骗了大国，因此，得罪神与人，最终招致失败。遵守盟约和胜负密切相关，盟以周信的意义被放大了。

盟之信也表现在尊重会盟者的意愿。强迫进行盟誓也难以保证"盟以周信"。但春秋时期，大国或霸主经常强迫小国接受会盟，此谓要盟。大国对小国有要盟，战胜者对战败者有要盟。要盟的主要问题在于不能尊重弱者的意愿，因此也就失去了互信之基础。春秋时期对于要盟普遍持否定态度。《襄公九年》："要盟无质，神弗临也。"《左传·襄公九年》"且要盟无质。虽不要君，吾不信也"。正如《史记·孔子世家》所言："孔子曰：'要盟也，神不听。'"对于抵制要盟的行为，《左传》总是给予正面描写，以表达对抵制要盟者的钦佩。《定公十年》记载，鲁齐两国国君在夹谷相会。孔子陪同鲁国国君前往。齐犁弥劝齐侯说："孔丘知礼而无勇，若使莱人以兵劫鲁侯，必得志焉。"齐侯从之，想借助莱兵而迫使鲁君接受盟约。孔子先让鲁公退出，然后让武士拿起武器，据理力争："两君合好，而裔夷之俘以兵乱之，非齐君所以命诸侯也。裔不谋夏，夷不乱华，俘不干盟，兵不逼好。于神为不祥，于德为愆义，于人为失礼，君必不然。"正义云："故杜以为'于是孔子以公退,贱者终其事。要盟不洁,故略不书。'《释例》曰:'夹谷之会,齐侯劫公,孔丘以义叱之,以兵威之。将盟,又使兹无还责侵田,拒齐之享。屈疆国,正典仪,此圣人之大司也。徒以二君虽会,而兵刃相要,二国微臣共终盟事,故贱而不书,非所讳也。'"①《左传》详尽记录了孔子粉碎齐国要盟的表现,表达了对要盟行为的否定。

会盟的成功也取决于会盟者对礼的遵守。这一方面表现为盟誓各环节礼仪的规范性,另一方面也表现为会盟者之间以礼相待,盟以守礼。春秋人认为完美的礼仪是会盟成功的关键。孔子对于规范宗庙会盟之礼非常热衷。他赞赏其弟子公西华做会盟祭祀的司仪官:"宗庙会同,非诸侯而何?赤也为之小,孰能为之大?"(《论语》)《左传》也强调盟礼过程中守礼尊礼的重要性。《昭公四年》记载,楚王招诸侯会盟,多国不参加。楚大夫椒举对楚王说:"臣闻诸侯无归,礼以为归。今君始得诸侯,其慎礼矣。"《左传》认为会盟尊礼主要着眼于两个方面:除了对礼节的遵守外,对会盟过程中等级观念的尊重也很重要。

《左传》特别强调盟礼中的等级秩序。等级秩序甚至是盟礼的基础。《左传》介绍了结盟时的等级规矩。《成公三年》记载,晋侯派荀庚来鲁国寻盟,卫侯也派孙良夫来鲁国寻盟。鲁成公问臧宣叔:"中行伯之于晋也,其位在三。孙子在卫,位为上卿,将谁先?"臧宣叔说:"次国之上卿当大国之中,中当其下,下当其上大夫。小国之上卿当大国之下卿,中当其上大夫,下当其下大夫。上下如是,古之制也。卫在晋,不得为次国。晋为盟主,其将先之。"鲁按此举行盟礼:"丙午,盟晋,丁未,盟卫"。《左传》认为此为"礼也"。显然,《左传》认可了霸主政治时代的等级秩序。《左传》也曾明确大小国会盟过程中的不对等关系:"列国之卿当小国之君,固周制也。"而在霸主政治的环境中,小国也不能背着盟主私自与他国会盟。《左传》将这种行为称为窃盟。因盟主缺席,也叫匮盟。成公二年,鲁及楚人、秦人盟于蜀。《春秋》未书。《左传》曰:"卿不书,匮盟也。于是乎畏晋而窃与楚盟,故曰匮盟。"孔颖达认为:"彼以畏晋窃盟,故诸侯之卿皆贬而称'人'。此亦畏吴窃盟,宜应贬此三国。经遂没而不书者,彼以晋是盟主,诸侯不应背晋,故贬诸侯之卿,以

---

① 孔颖达:《春秋左传正义》卷五十六,北京大学出版社 2000 年版。

成晋为霸主。此吴以夷礼自处，不合主诸侯之盟，故与吴盟者悉皆不书，是不与吴为盟主也。"①

　　遵守等级秩序的意义还在于等级秩序能够确定会盟参与者的合法性。会盟参与者不能僭越等级制度。因此，对于挑战诸侯权威的会盟，表达了否定态度。春秋后期，陪臣执国命的现象不断发生，对于陪臣主盟挑战诸侯卿大夫的现象，《左传》视之为叛逆。阳虎、南蒯等人被写为叛臣形象，其会盟也成为非礼。《昭公十四年》记载：鲁南蒯将叛鲁，盟费人。费长老多人托病不与盟。此举因为是陪臣作乱，因此，没有得到众人支持。南蒯准备与费人盟誓，以逃脱惩罚。但费人强迫南蒯答应盟词："群臣不忘其君，畏子以及今，三年听命矣。子若弗图，费人不忍其君，将不能畏子矣。子何所不逞欲？请送子。"南蒯得不到费人的支持并被驱逐，是因为他僭越了等级，同时有犯上作乱野心。到齐国后，也被齐人称为"叛夫"。在《左传》看来，春秋时期权力下移是必须承认的现实，但是，礼仪征伐自诸侯出是基本底线。

　　但在强调大小之别时，《左传》认为守礼来自大国和小国双方。并不是小国一定要受制于大国，当大国失礼时，它也会站在道义的另一面。《定公四年》："晋人假羽旄于郑，郑人与之。明日，或旆以会。晋于是乎失诸侯。"小国可以在大国无义和非礼的情况下，维护自身的利益，从而也使得会盟不仅是霸主向小国施加压力的舞台。《襄公十年》记载，晋以郑国背晋和楚纠合诸侯伐郑，郑被迫屈服，并订立城下之盟。但是，郑国并不屈服于晋国的威慑，在盟誓中坚持自己的立场："晋士庄子为载书，曰：'自今日既盟之后，郑国而不唯晋命是听，而或有异志者，有如此盟。'公子騑趋进曰：'天祸郑国，使介居二大国之间。大国不加德音而乱以要之，使其鬼神不获歆其禋祀，其民人不获享其土利，夫妇辛苦垫隘，无所底告。自今日既盟之后，郑国而不唯有礼与强可以庇民者是从，而敢有异志者，亦如之。'荀偃曰：'改载书。'公孙舍之曰：'昭大神，要言焉。若可改也，大国亦可叛也。'知武子谓献子曰：'我实不德，而要人以盟，岂礼也哉！非礼，何以主盟？姑盟而退，修德息师而来，终必获郑，何必今日？我之不德，民将弃我，岂唯郑？若能休和，远人将至，何恃于郑？'乃盟而还。"面对晋国对郑国"惟命是听"的苛求，公孙騑

━━━━━━━━━━

① 孔颖达：《春秋左传正义》，中华书局 1980 年版。

并未在大国逼迫前就范，说明郑国夹于大国之间的处境，同时也暗示出郑国倒向楚国是因为晋国不能保护郑国，郑国只能唯"礼与强"以保其民，断然决绝了晋国盟书的要求，迫使晋国作出妥协，不卑不亢，正气凛然。

盟以守礼也表现在对礼仪细节的遵守上。礼仪细节不仅表现在肢体上，也表现在态度上。《隐公七年》："陈及郑平。十二月，陈五父如郑莅盟。壬申，及郑伯盟，歃如忘。泄伯曰：'五父必不免，不赖盟矣。'""歃如忘"，至少反映了在对天发誓时的不在意，更无恭敬之心。"不赖盟"可能给自身带来危害。《襄公二十一年》记载，晋与齐侯、卫侯为限制和打压栾氏会盟。齐侯、卫侯不敬。叔向曰："二君者必不免。会朝，礼之经也；礼，政之舆也；政，身之守也；怠礼失政，失政不立，是以乱也。"《僖公九年》记载，葵丘之会，齐桓公为了在诸侯面前树立尊王的形象，面对天子使者，竭尽谦卑。葵秋之会是齐桓公称霸的会盟。《左传》对此次会盟给予高度评价："会于葵丘，寻盟，且修好，礼也。"究其原因，是齐桓公在礼节上的周全和谦卑。在霸主政治时代，天子只是霸主利用的对象，他们之间的权力关系已经发生变化。齐桓公仍然依照臣子之礼迎接天子使者，这在礼崩乐坏的背景下无疑会被认为是高尚之举。齐桓公不仅在军事上赢得胜利，在道义上也获得了人心。由此可见，《左传》在叙述盟礼时，不仅强调盟礼本身，也强调会盟之中的礼仪态度及其政治影响。

第十一章

《左传》中的婚姻之礼

婚姻制度与宗法制的一体化是中国古代婚姻制度的特征。这一特点从根本上改变了婚姻作为人类自我生产的原始特征，使婚姻成为社会组织系统中的重要元素，功利主义因此也成为婚姻生活的重要导向。宗周社会宗法制形成是宗法制婚姻制度的起点，春秋乱世考验了这种婚姻体制并使其得以巩固和完善。《左传》对婚姻之礼也有较多的记述，并从中表达其对婚姻之礼的立场。

一　一夫多妻制中的宗法伦理

周王朝获取天下后，产生了强烈的权力安排焦虑。和前朝夺取天下的方式一样，周王朝也是通过家族部落的崛起并号令天下、夺得天下的。小家变成大家，家事演变为国事。当一个家族面对幅员辽阔邦族众多的天下时，权力的分配继承、利益的分割事关天下安宁和家族前程。依前代的经验，家天下的权力继承和利益分配，都依照亲亲、尊长的原则，将权力交给血缘亲近的子弟。棘手的问题是，三代以来，贵族崇尚一夫多妻制，汉蔡邕《独断》说："天子取十二，夏制也，二十七世妇。殷人又增三九二十七，合三十九人，八十一部御女。周人上法帝喾正妃，又九九为八十一，增之合百二十人也。天子一娶十二女，象十二月，三天人九嫔。诸侯一娶九女，象九州岛，一妻八妾。卿大夫一妻二妾。士一妻一妾。"① 多妻导致子嗣众多。多子是一笔财富，家族王朝在血缘系统中拥有了丰富的人力资源；多子也潜伏着危机，谁是主宰江山社稷的主人，谁是管理天下

---

① 《四库全书·子部·杂家类·独断》。

的执行者，权力分配和利益分配的多寡，都可能引发家族内部的自相残杀，王朝的国家治理就这样和婚姻体制联系在一起。于是，周人就根据母亲的身份和子弟出生的先后，把所有的子弟划分为嫡和庶两类。正妻为嫡，妾为庶。嫡为大宗，庶为小宗。周王为天子，以祖先嫡传自居称作"大宗"。依据"传嫡不传庶，传长不传贤"的原则，嫡长子继承王位，其余子弟则按照不同等级被分封为诸侯，对天子称"小宗"，在封国称大宗。诸侯也采取嫡长子继位，将余子依嫡庶关系封为卿或大夫，诸侯国的卿、大夫对诸侯是"小宗"。根据大小宗关系，周天子又通过婚姻关系将宗法关系向异姓族群延伸，由此实现了对天下的分封，构建了"天子建国，诸侯立家，卿置侧室，大夫有贰宗，士有隶子弟"（《桓公二年》）的以王室为中心的宗法体系，"普天之下，莫非王土，率土之滨，莫非王臣"的宏大政治版图由此形成。

宗法制借助了贵族婚姻中的嫡庶关系才确定了家族成员的身份，使大宗小宗关系层次分明。要使嫡长子制度为中心的宗法制得以延续，就必须在多妻的乱局中长期稳定以一个正妻为中心的多妻制格局。一夫一妻多妾的婚姻体制也随之定型。《礼记·昏义》说："古者天子后立六宫、三夫人、九嫔、二十七世妇、八十一御妻，以听天下之内治。"后只有一人，并有"立六宫"等确定多妻等级秩序的特权。春秋时期，礼崩乐坏，周天子大宗地位逐渐丧失。但是，与宗法制对应的一夫一妻多妾的婚姻制度并未瓦解。从《左传》记载的贵族夫妻称谓中，可以看出春秋延续了西周社会的妻妾制度。如天子正妻称为后，庶妻被称为次妃、嫔、世妇等。诸侯之妻称夫人、元妃，庶妻为如夫人、次妃或二妃、下妃、内嬖、诸子和嬖人等，卿大夫之妻称呼夫人，庶妻称如夫人、妾等。贵族不管有多少妻子，都要按照宗法体制构成一个等级层次分明的妻妾序列，一正众庶的体制不可动摇。晋国赵衰之妻主动将正妻之位让出足以说明正妻只能有一人。《僖公十七年》："齐侯之夫人三：王姬，徐嬴，蔡姬，皆无子。"但是这里的"三夫人"并非并列，而是因婚变更替依次出现的。妻可替换，但妻妾体制、嫡庶之别永远分明。多个正妻出现被视为破坏礼法和政治稳定的行为，《桓公十八年》云："并后、匹嫡、两政、耦国，乱之本也。"正妻在家庭女性中有着至高无上的特权。正妻可干涉政务，有的甚至拥有安排庶妻与丈夫居住的支配权。晋国叔向之母曾经因嫉妒叔虎之母美貌而不容许她与丈夫同房。嫡长子继承制由此在理论上仍被视为正统。《襄公三十一年》说，如果"太子死，有母弟，则立之；无，则立长，年均择贤，义均则卜"。嫡长优先依然是继承的基本原则。当然，继承问题在春秋时期比较复杂，兄终弟及、以贤代长、杀嫡立庶等也经常发生。但是，在争夺继承权的过程中，嫡长子继承制经常成为其中一方辩护的理由。郑武公夫人欲废长立幼，将共叔段立为太子，被武公多次拒绝，其中因由就是武公不愿改变嫡长子继承制。《文公七年》记载：晋襄公去世时，赵盾以年纪太小为由欲废太子而立公子雍，襄公夫人就以嫡长子制度为理由坚决反对，赵盾也担心国人反对，最终依然立了时为太子的晋灵公。楚平王去世时，令尹子常欲立子西，子西认为"王有适嗣，不可乱也"，太子壬最终得以继位（《昭公二十六年》）。

　　婚姻制度则是宗法制的基础。在一夫多妻制度存在的情况下，强调婚姻制度中的嫡庶之别，表明了对宗法伦理基本持肯定态度。

二　聘娶婚成为宗法制婚姻的程序保障

　　与宗法伦理关联，《左传》重视婚礼的程序。聘娶婚则是最理想的婚礼程序。聘娶婚是在古代买卖婚基础上发展起来的带有契约性质的婚姻形式。聘就是用一定的礼物求婚，娶是迎娶。古代聘娶婚要经过纳采、问名、纳吉、纳征、请期和亲迎"六礼"完成，其基本精神就是明媒正娶。春秋时期，聘娶婚已经成为贵族社会普遍采用。《左传》没有完整地提到"六礼"，其轮廓却清晰可辨。但是，此时聘娶婚已经深深打上宗法制的烙印。正如《礼记·内则》所说的"聘则为妻，奔则为妾"那样，聘娶婚被看成婚姻的唯一合法程序。只有明媒正娶者才可以成为正妻，非聘而婚的女子常遭歧视。《成公十一年》："声伯之母不聘，穆姜曰：'吾不以妾为姒。'生声伯而出之，嫁于齐管于奚。"聘娶婚成为宗法制婚姻的程序性保障。

　　宗法婚姻制度与聘娶婚制的一体化为聘娶婚持久延续奠定了基础，同时也让聘娶婚制从实体到程序彻底宗法化。首先，聘娶婚严格服从于宗法制的等级观念。天子娶诸侯之女，诸侯的嫡女、庶女、同父姐妹乃至大姑、小姑都可以作为王后人选。诸侯可娶天子之女，或者诸侯之间对等聘娶，只有少量诸侯聘娶卿大夫之女。卿大夫之间基本是对等婚姻。迎亲规制等级森严。如周天子位尊不亲迎，一般托同姓诸侯迎亲，最低也不能低于卿。周灵王娶后时，迎接王后的婚使刘夏不是卿，《襄十五年》说："卿不行，非礼也。"《隐公二年》有"纪裂繻来逆女，卿为君逆也"。卿、大夫、士则须亲自迎娶新妇。《宣公五年》有"秋九月，齐高固来逆女，故书曰'逆叔姬'，卿自逆也"。送亲要以等级规格进行。《桓公三年》说："凡公女，嫁于敌国，姊妹，则上卿送之，以礼于先君；公子，则下卿送之。于大国，虽公子，亦上卿送之。于天子，则诸卿皆行，公不自送。于小国，则上大夫送之。"

聘娶婚礼仪式还表现出强烈的认祖归宗意识。如男方娶女方时，需到女方宗庙举行仪式。迎亲后，新婚夫妇还必须到家庙行庙见之礼，祭拜祖先。没有庙见之礼不可以同房，否则就是非礼。《隐公八年》郑公子忽迎陈女，"先配而后祖"。前来送女的陈针子曰："是不为夫妇。诬其祖矣，非礼也，何以能育？"配就是同房，祖是祭祀祖先。"先配后祖"被认为是对祖先的不敬，而且会影响传宗接代。

和宗法制相呼应，春秋聘娶婚也贯彻了家长制和男权主义精神。首先，尽管春秋时期有男女自由交往的宽松环境，但是，除私奔外，婚姻的决定权不在当事人尤其是女子的手中。《诗经·柏舟》中女子因家长压制而发出的"母也天只，不谅人只"的痛苦呼唤就属其例。其次，丈夫可以随意处置妻子。宣公十五年，晋国魏武子有嬖妾未生子，武子生病后，要求其子魏颗将她逐出家门改嫁。武子快死的时候，又要求其殉葬，幸亏魏颗手下留情，才使该嬖妾幸免于难。这说明，妻妾的人身权和终止婚姻的决定权基本上掌握在男性手中。妻子可以随意被休，专用名词叫"大归"。卿大夫婚礼中的反马之礼也可说明女性的婚姻处境。《宣公五年》记载："齐高固及子叔姬来"；《左传》解释说："冬，来反马也。"杜预解释说："送女留其马，谦不敢自安，三月庙见，遣使反马。"① 意即女方无法自信得到夫家满意，送女时要留马于夫家，一旦被出，则可乘马回娘家。反马是女方得到男方认可，举行庙见之礼，因而将马送还。这说明，被动地接受丈夫的处置是妻子的唯一选择。

① （西晋）杜预：《春秋左传集解》，上海古籍出版社1997年版。

三　对婚姻政治化的表现和担忧

宗法制婚姻从一开始就被纳入政治轨道，并依照政治需求确定婚姻关系的选择。婚姻也由此成为国家政治和家族政治的重要组成部分，深刻地影响着国家政治与家族政治的格局和走向。

宗法制婚姻体制的确立源于宗周社会初期国家政治的需要，其本身就带有政治组织的功能。一方面，一夫一妻多妾制为内部权力分配提供了依据；另一方面，通过与异姓诸侯和异姓部族结成亲缘关系，可将异姓诸侯和族群也纳入宗周社会的宗法势力范围。春秋时期，西周婚姻的政治选择方式依然延续着，但是，其实质发生了变化。

首先是婚姻的政治外交功能被过度发挥。春秋与西周时期不同的是，天子以王道整合天下的时代已经过去，霸主分割天下统领诸侯成为历史主流。诸侯大国争当霸主，充满扩张野心，小国在大国的威逼下面临生存危机，诸侯国内部君臣、卿大夫之间矛盾重重，利用婚姻关系为自己的强盛创造条件也成为缔结婚姻关系的首要考虑。秦楚、秦晋等大国通过婚姻关系拉近距离，试图对付更强大的对手，或者在对方的国内培植自己的力量。在国内权力争夺激烈的情况下，小国政治人物需要通过婚姻得到大国的保护，《桓公十一年》："郑昭公之败北戎也，齐人将妻之。昭公辞。"对此，祭仲不同意，他说："必取之。君多内宠，子无大援，将不立。三公子皆君也。"婚姻选择充满了患得患失的政治算计，不再是充满温情的"合二姓之好"。

婚姻的政治外交功能的过度发挥，打破了人们长期遵循的同姓不婚的伦理禁忌。从原始社会后期开始，同姓不婚的观念就逐步形成。其原因有血缘禁忌，也有生育繁衍的考虑。正如《僖公二十三年》所说："男女同姓，其生不蕃。"一般情况下，春秋贵族也基本上遵循异姓结婚的规矩，买妾也要防止同姓。《昭公元年》说："买妾不知其姓，则卜之。"齐鲁、秦晋、齐晋、秦楚这些长期保持婚姻关系的诸侯国，祖先都是异姓。但是，当政治扩张的野心和自我保护的要求超过了婚姻伦理力量，贵族阶级就会跨过同姓不婚的道德红线。《左传》中记载了大量同姓婚的现象，而且同姓婚多发生在吴、晋、鲁、蔡这些文王之后的国家。如晋献公娶于贾、娶戎女骊姬，晋平公嫁女于吴、鲁昭公娶吴女等。寻其原因，无不和政治因素相关。比如，晋本是中原大国，吴"滨在南海，不与中国通"。但双方遇到了同一个对手楚国，晋国想利用吴国牵制楚人北上，吴国也想借助于晋国分散楚国的力量，于是，就不顾同姓因素展开政治联姻。清人赵翼在《陔馀丛考》中说："同姓为婚，莫如春秋时最多。"[1] 春秋后，同姓婚姻又逐渐被禁止。春秋贵族婚姻的政治疯狂也可见一斑。

婚姻政治化现象也渗透家庭，家庭利益是婚姻关系建立的重要前提。如占卜是周代婚姻评估的重要手段，不仅男方要占卜，女方也要占卜，但其主题不仅是对于凶吉的追问，更有对政治利益的考虑。《庄公二十二年》记载，陈公子完因内乱逃到齐国，得到礼遇。懿氏想将女儿嫁给他，为此他们进行了占卜，占卜结果预测出陈氏家族八世以后在齐国的辉煌前景："凤皇于飞，和鸣锵锵，有妫之后，将育于姜。五世其昌，并于正卿。八世之后，莫之与京。"婚姻的可靠性也就此确立了。利益选择代替了情感选择，婚姻必须服从于家庭或国家的利益要求。家长对婚姻的控制权实际上也代表着政治利益的选择权。

婚姻政治化导致婚姻的变质，也使家庭乃至国家政治复杂化。其一，权力争夺激化了婚姻家庭中的矛盾，改变了婚姻本身祥和幸福的温情。嫡庶之争成为古代家庭和宫廷内部壮观持久且惨烈无比的图景。废长立幼、杀嫡立庶是其中最普遍最血腥的表现。晋献公因骊姬杀嫡立庶，不仅导致太子申生的自杀，还造成了群公子逃亡。鲁国为礼仪之邦，但是，嫡庶之争也从未断绝。文公死后，东门襄仲杀死公子视引发内乱就是其中的典型。其二，婚姻政治化也为后宫干政提供了机会。春秋时期多国出现后宫干政行为，使得宫廷内部权力分配复杂化，《左传》中相关记载近二十起。国君废立、国家重大决策乃至外交都有后宫干政情况发生。鲁成公的母亲穆姜和宣伯私通，宣伯想要除掉季、孟两人而占取他们的家产。穆姜为了满足情人，居然还要求宣伯驱逐季、孟两人。成公不服从，穆姜居然威胁要废掉他。穆姜的行为说明后宫也能获得超越国君的权力。

四　展示婚姻伦理自觉的趋势

宗法制经过周王朝宗法体系崩溃的考验，在诸侯、卿大夫之家深深扎

---

① （清）赵翼：《陔馀丛考》卷三十一。

根，宗法制婚姻也因此被合法化。由此家族利益优先、等级意识、男尊女卑等观念也得到巩固。当这种婚姻观念形成整个社会的价值取向时，维护这种婚姻体制也就成为社会的公共行为。因此，当春秋社会婚姻秩序出现混乱的时候，婚姻伦理的自觉也开始强化，礼崩乐坏的出现也是婚姻道德拨乱反正的开始。

首先，野蛮时期遗留的婚姻风俗开始被清算。由于社会文明发展的不平衡，婚姻文明也同样不是完全与时俱进的。野蛮婚俗不仅出现在下层社会，也经常出现在贵族社会。转房婚、抢夺婚、兄妹婚等遗风犹在。转房婚就是父亲或兄弟死去，男子可将庶母或嫂子、弟媳收为己有。《左传》中将娶庶母称作"烝"，将叔娶嫂称为"报"。春秋时期。类似的野蛮婚俗经常出现在贵族的婚姻生活中。《左传》有关"烝"的记载有六次，涉及卫、晋、齐、郑和楚等国。晋献公烝于其父武公妾齐姜还生了儿子。卫宣公上烝父妾夷姜而生急子并立其太子，却又因贪恋美色夺走急子之妻，带有原始抢夺婚痕迹。齐僖公和妹妹文姜的乱伦通奸，似与原始兄妹婚同出一辙。因有原始习俗作为先例，这些乱伦行为一直被人们默认。但是，在宗法制婚姻礼俗面前，这种习俗就变成了乱伦。如怀嬴因为是晋惠公和晋文公"二君嬖"，在选择太子的大事上，其子就因"母淫子辟"被否决。齐僖公、卫宣公、楚平王在《左传》中皆为乱伦的典型。

婚姻伦理的民间批判也在加强。权力推动欲望的膨胀，春秋时期淫乱之风曾嚣张一时。晋悼公八卿之一栾黡死后，其妻栾祁与家臣之长州宾通奸，使州宾侵占了全部家产。齐成公喜欢上了崔杼妻姜棠，经常公开出入崔杼家中，甚至还将崔杼的帽子赠送别人。庆封掌握齐国大权后，与家臣卢蒲嫳进行夫妻交换。通奸乱伦搅乱了贵族社会的婚姻秩序，因此也引发了道德批判。《左传》本身不仅将淫乱作为丑陋的行为描述，而且通过详尽描述淫乱者的悲惨结局说明淫乱行为必然受到惩罚。如齐成公被崔杼设计以捉奸的名义杀死，薄葬东门，生为国君，死为奸夫。民间批判力量的兴起，则使淫乱之风遭到了全社会的嘲弄。丑闻经常被编成歌谣传唱。卫侯夫人南子和公子朝私通，太子蒯聩经过宋国时，老百姓当着他的面唱出歌谣："既定尔娄猪，盍归吾艾豭"（《定公十四年》），把南子和公子朝比喻成猪，激起了太子的耻辱感，引发了一场宫廷变乱。民间批判的高涨也显示了婚姻伦理的社会监督开始形成。

在以道德批判整理婚姻秩序同时，围绕着健全宗法制婚姻秩序的目标，建设性的婚姻道德观念也不断出现。贤妻良母、从一而终等观念在女性世界中率先萌生。春秋社会开始了新的婚姻道德建构。

家族利益至上是宗法制婚姻的原则，维护家族利益因此也就远远超过了个人得失。重耳流落到齐国并娶了齐姜，他陶醉在温柔之乡流连忘返。齐姜却认为丈夫应当承担起中兴晋国的重任，"怀与安，实败名"。于是，她牺牲个人安乐，促成了重耳回国（事见《僖公三十三年》）。家国责任高于婚姻义务的牺牲精神也为《左传》所赞扬。

晋文公之女、赵衰之妻赵姬是一妻多妾结构下的贤妻典范。赵衰在随晋文公出奔期间，娶了狄女季隗，并育二子。晋文公即位后，赵衰得宠，文公还将女儿赵姬嫁给他，生三子。但赵姬却请求赵衰接回季隗和儿子赵盾，并告诫说："得宠而忘旧，何以使人？必逆之！"接回后发现赵盾才华出众，赵姬便"固请于公，以为嫡子，而使其三子下之；以叔隗为内子，而己下之"（《僖公二十四年》）。这种无私谦让的行为在妻妾明争暗斗的贵族社会里极其少见，因此也成为古代社会促进一妻多妾家庭和谐的楷模。

女子再嫁在春秋时期并不受道德约束，但好女不事二夫，从一而终的道德观念却在乱世中萌芽。《庄公十四年》记载，楚文王灭息，以息妫归。息妫虽生二子，但是终日郁郁寡欢。文王问之，她回答说："吾一妇人，而事二夫，纵弗能死，其又奚言？"贞节观念中隐含了对于夫权的忠诚，同时也表达了强烈的身体归属意识：女人的身体只属于一个男人。这种身体归属意识似乎为许多女性所接受。在吴伐楚时，楚大夫钟建在出逃时背过楚昭王的妹妹季芈。后来昭王想将季芈嫁给别人，季芈辞曰："所以为女子，远丈夫也；钟建负我矣"（《定公五年》），强烈要求嫁给钟建。与一个男人的一次简单的身体接触便成为一个女人非他莫嫁的理由，极端地表达了好女不事二夫的贞洁意识。

女人的节烈，男人的责任担当，是古代婚姻家庭道德基本要求。春秋时期已不乏这样的观念。《成公十一年》记载，声伯先嫁其外妹于施孝叔，晋郤犨来聘，求妇于声伯，声伯夺外妹给了郤犨。其外妹要求丈夫站出来保护自己："鸟兽犹不失俪，子将若何？"但施孝叔退让了。外妹被迫嫁给郤氏并生二子。郤氏亡族后，晋人又将外妹还给施氏。施氏迎接她时外妹将二子沉入河中，她怒斥施氏说："己不能庇其伉俪而亡之，又不能字人之孤而杀之，将何以终？"发誓和施氏断绝关系。这里的抗议显示了女子任人处置的无奈处境，同时也强调男人对女人和家庭的保护责任。

　　春秋时期出现的婚姻道德批判和道德建设，反映了历史转型时期人们自觉维护和完善宗法制婚姻制度的愿望，显示了宗法制婚姻观念由制度层面逐渐内化为公众的集体意识。这一切，都为宗法制婚姻延续提供了道德支持。春秋时期认可的婚姻规则基本为后世继承，春秋婚姻家庭的诸多道德故事也都成为后世学习的典范，《烈女传》中许多案例都来自春秋。《左传》所呈现的春秋宗法制婚姻制度的稳定及伦理观念的自觉因此也可视为宗法婚姻制度继往开来的新起点。

参考文献

一 著作

杨伯峻：《春秋左传注》，中华书局 1990 年版

杜　预：《春秋左传集解》，上海古籍出版社 1981 年版

何休等：《春秋公羊传注疏》，四库全书经部 145，上海古籍出版社 1981
　年版

司马迁：《史记》，中华书局 1982 年版

杜　预：《春秋释例》，丛书集成本

服　虔：《春秋传服氏注》，上海辞书出版社

范宁等：《春秋谷梁传注疏》，四库全书经部 145，上海古籍出版社 1981
　年版

孔颖达：《春秋左传正义》，中华书局 1980 年版

孙诒让：《周礼正义》，中华书局 1987 年版

胡培翚：《仪礼正义》，江苏古籍出版社 1993 年版

陈　澔：《礼记集说》，中华书局 1994 年版

卢兴基编：《顾炎武文集》，黑龙江人民出版社 1984 年版

洪亮吉：《春秋左传诂》，上海辞书出版社 1997 年版

顾栋高：《春秋大事表》，中华书局 1993 年版

刘毓崧：《通义堂文集》，文物出版社 1984 年版

刘师培：《刘申叔遗书》，江苏古籍出版社 1997 年版

章炳麟：《春秋左传读》，《章太炎全集》第二卷，上海人民出版社 1982
　年版

杨树达：《春秋大义述》，上海古籍出版社 2009 年版

杨向时：《左传赋诗引诗考》，中华丛书 1972 年版

陈梦家：《尚书通论》，中华书局 1985 年版

钱　穆：《国史大纲》，商务印书馆（香港）1972 年版

钱　穆：近三百年学术史，商务印书馆 1997 年版

杨　宽：《西周史》，上海人民出版社 1999 年版

[德]恩格斯：《家庭、私有制和国家的起源》，人民出版社 1972 年版

童书业：《春秋左传研究》，上海人民出版社 1999 年版

吕思勉：《先秦史》，上海古籍出版社 1999 年版

陈戍国：《中国礼制史》，湖南教育出版社 1991 年版

杨向奎：《宗周社会与礼乐文明》，河北教育出版社 1998 年版

吕祖谦：《左氏传说》，中华书局 1990 年版

[美]汤姆逊，何子恒译：《古代哲学家》，三联书店 1963 年版

江　林：《诗经与宗周礼乐文明》，上海古籍出版社 2010 年版

任剑涛：《伦理王国的构造》，中国社会科学出版社 2005 年版

方光华：《中国古代本体论思想史稿》，中国社会科学出版社 2005 年版

韩　星：《儒法整合》，中国社会科学出版社 2005 年版

周德伟：《自由哲学和中国圣人圣学》，中国社会科学出版社 2005 年版

赵友林：《春秋三传书法义例法研究》，人民出版社 2010 年版

刘知几：《史通》，上海古籍出版社 1978 年版

杨　华：《先秦的礼乐文化》，湖北教育出版社 1997 年版

沈玉成：《春秋左传史稿》，江苏古籍出版社 1992 年版

彭　林：《中国古代礼仪文明》，中华书局 2004 年版

陈　来：《古代思想文化的世界》，三联书店 2009 年版

宋红兵：《国学与近代诸子学的兴起》，广西师范大学出版社 2010 年版

张树国：《春秋贵族衰亡期的历史叙事》，中国社会科学出版社 2008 年版

二　论文

詹子庆：论《左传》的政治思想倾向，史学史研究 1983 年第 4 期

晁福林：《论春秋之前天人观的演变与孔子思想体系的形成》，《陕西师大学报》1995 年第 1 期

林存光：《试论西周时期的政治思维》，《天津社会科学》1991 年第 4 期

罗军凤：《论章太炎春秋左传学的两次转变》，《求索》2010 年第 3 期

刘　曾：《刘逢禄论左氏之得失与晚清今古学之争》，《复旦学报》2009

年第 1 期

张全民:《试论春秋会盟的历史作用吉林大学学报》1994 年第 6 期

钱宗范:《中国宗法制度论》,《广西民族学院学报》1994 年第 6 期

晁福林:《试论春秋时期的祖先崇拜》,《陕西师大学报》1995 年第 6 期

陈筱芳:《春秋宗庙祭祀以及庙与寝的区别 西南民族大学学报》2006 年第 11 期

王慎行:《论西周孝道观的本质》,《人文杂志》1991 年第 2 蘬期

梁　颖:《试论西周春秋时代宗法制与分封制的结合广西师范大学学报》1993 年第 6 期

陈恩林:《关于周代宗法制度中君统与宗统的关系问题》,《社会科学战线》1989 年第 2 期

巴新生:《西周的德与孔子的仁》,《史学集刊》2008 年第 2 期

晁福林:《先秦时期德观念的起源及其发展》,《中国社会科学》2005 年第 4 期

张　史:《春秋时期晋国君位继承制度研究》,《晋阳学刊》1993 年第 1 期

杨乃乔:《经学与儒家诗学》,《中国社会科学》1995 年第 6 期

李无未:《春秋朝觐的衰变》,《东疆学刊》2002 年第 2 期

李玉洁:《春秋齐国的继承制度试析》,《管子学刊》2007 年第 3 期

王竹波:《论〈左传〉"以礼解经"》,《现代哲学》2012 年第 4 期

孙熙国、肖　燕:《德的本义及其伦理和哲学意蕴的确立》,《理论学刊》2012 年第 8 期

后 记

　　本书是北京市教委人文社科面上项目"《左传》之礼研究"的成果。该课题立项已有数年。《左传》之礼是一个复杂而有难度的课题，申报这一课题是基于本人对《左传》的兴趣和阅读《左传》时发现礼在《左传》叙事中具有的支配性作用，这种作用是《左传》与其他史书不同的地方，因此，便有了研究的兴趣。进入研究阶段后，方才发现课题研究的不易。一是自己的知识储备和能力还不足以驾驭这样的问题，二是礼学问题本身极为复杂，三代之礼的现有材料难以寻找和确定，为研究增加了难度，三是《左传》研究史史料浩如烟海，不易选择，四是工作忙乱和研究条件也为研究增加了困难。因此，研究就集中在对《左传》文本的研读上，对其他资料的应用也是尽力而为，对《左传》之礼的研究也算是一般性的梳理，深入研究只待后来。

　　本书写作和出版得到了北京青年政治学院科研处的大力支持。中国社会科学院赵俊研究员、北京师范大学王学松教授、北京青年政治学院浦卫忠教授、中国政法大学大学张国钧教授为本书写作提出了宝贵意见。中国社会科学出版社任明先生为本书出版付出巨大努力。在此一并致谢。

作者

2014 年 12 月